WANDERN UND GENIESSEN
in den Schweizer Alpen

Heinz Staffelbach

WANDERN UND GENIESSEN
in den Schweizer Alpen

Die schönsten Zweitagestouren
mit Berghotel-Komfort

Unter Mitwirkung von Magda Rüegg

AT Verlag

Danke!

Ein grosser Dank geht an dieser Stelle an alle Wirtinnen und Wirte der Berghotels und Berghäuser, die mich bei meinen Recherchen mit ihrer Gastfreundschaft und mit wertvollen Tipps und Informationen unterstützt haben.

Herzlich danken möchte ich Jacques A. Stähli von Fujifilm (Switzerland) für die grosszügige Unterstützung mit Filmmaterial.

Ein besonderer Dank geht auch wieder an meine Lebenspartnerin Magda Rüegg, die mich auf vielen Touren begleitet und bei der Fotografie geholfen hat. Vielen Dank!

FUJIFILM

Zu den Fotografien: Sämtliche Fotografien entstanden mit Fujifilm Velvia- und Fujifilm Provia-Filmen. Ich verwendete Kleinbild-, Mittelformat- und Gross-formatkameras.

Umschlagbilder
Vorderseite: Ein perfekter Wandertag und ein gemütliches Berghaus – das ist der Inbegriff von Wandern und Geniessen. Unterwegs bei der Iffigenalp, hinten das Schnidehorn.
Kleines Bild: Das Gasthaus Spinas im Val Bever (Oberengadin).
Rückseite: Oben Berggasthaus Mettmenalp. Unten Berggasthaus Bollenwees.

5. Auflage, 2014

© 2006
AT Verlag, Baden und München
Fotos: Heinz Staffelbach, mit Ausnahme der folgenden: Seite 24 links: Hotel Fex,
Seite 55 Mitte: Berghaus Erika, Seite 73 unten und 75 rechts: Gasthaus Meglisalp,
Seite 87 rechts: Hotel Tödiblick
Kartenausschnitte: Atelier Guido Köhler & Co., Binningen
Lithos: Vogt-Schild Druck AG, Derendingen
Druck und Bindearbeiten: Firmengruppe APPL, aprinta druck, Wemding
Printed in Germany

ISBN 978-03800-817-0

www.at-verlag.ch

INHALTSVERZEICHNIS

WANDERN UND GENIESSEN

Vorwort

Gibt es etwas Erholsameres als ein Wochenende in den Bergen? Nach den zwei Tagen haben sich die kleinen Alltagssorgen in nichts aufgelöst, und die grösseren sind plötzlich ganz klein geworden. Voller Energie und Optimismus packt man dann wieder den Alltag und die Arbeit an.

Doch was ist das Rezept für ein perfektes Wander-Wochenende? Zuerst einmal braucht es Berge, und von denen gibt es in der Schweiz glücklicherweise eine ganze Menge. Durch die grandiose Naturkulisse führt dazu ein weltweit einmalig dichtes und gut unterhaltenes Wanderwegnetz, vorbei an glitzernden Bergseen, über sonnendurchflutete Alpen und auf spektakuläre Aussichtspunkte. Dafür wäre also gesorgt.

Für ein zweitägiges Bergerlebnis braucht es aber auch eine Unterkunft. Auch davon gibt es bei uns eine grosse Anzahl, mit unterschiedlichem Komfort, mit weniger oder mehr Sternen sozusagen. Da sind auf der einen Seite zahlreiche Hütten, oft an einmaligen Aussichtsplätzen, meist aber mit nur bescheidenem (oder gar keinem) Komfort. Massenlager ist das Stichwort, und das heisst öfter, als einem lieb ist, dicke Luft, schnarchende Nachbarn und Karabinergerassel mitten in der Nacht – kurz, wenig und nicht allzu guter Schlaf. Glücklich jene, die wie ein Murmeltier schlafen können. Wer nicht nur ein Dach über dem Kopf sucht, sondern den Abend und die Nacht richtig auskosten möchte, der bevorzugt ein Haus mit einigen Sternen mehr – ein Berghaus oder ein Berghotel. Dort zieht man sich nach einem anstrengenden Wandertag in ein heimeliges Doppelzimmer zurück, wäscht sich in der Dusche den Staub und die Müdigkeit von den Gliedern und geniesst schliesslich ein feines Essen in der gemütlichen Gaststube. Dann geht's unter die frisch duftende Daunendecke, um am nächsten Morgen ausgeruht den zweiten Wandertag unter die Füsse zu nehmen.

Genau das ist das Rezept dieses Buches: attraktive zweitägige Wanderungen in den Bergen, kombiniert mit einem Wohlfühlaufenthalt in einem komfortablen Berghaus. Doch der Teig allein macht noch keinen Kuchen, und auch mit diesem Rezept ist der Kuchen eines erholsamen Wander-Wochenendes noch nicht fertig gebacken. Der letzte und vielleicht wichtigste Punkt heisst: Geniessen! Denn es ist durchaus möglich, auf dem verträumtesten Wanderweg in der atemberaubendsten Berglandschaft unterwegs zu sein, ohne wirklich dort zu sein; stattdessen ist man in Gedanken noch im Alltag oder schon am Ziel oder darauf fixiert, die ausgeschilderte Zeit zu unterbieten. Wer die Wanderung wirklich erleben und geniessen will, sollte mit Herz, Leib und Seele dabei sein, die Landschaft sehen, hören, riechen und spüren, die Pflanzen, die Tiere und auch sich selbst. Das Wichtigste dabei: sich Zeit nehmen. Gönnen Sie sich den Luxus, eine vierstündige Wanderung auf acht volle Stunden zu verteilen, an den Blumen zu riechen, im hohen Gras zu dösen, mit dem Fernglas Gemsen zu suchen, den perfekt runden Stein zu finden ... Die acht Stunden für die Wanderung werden Sie so nicht brauchen, sondern gewinnen.

Ich wünsche Ihnen genüssliche Stunden auf dem Wanderweg.

Heinz Staffelbach

EINE KLEINE GEBRAUCHSANLEITUNG FÜR DIESES BUCH

Berghäuser und Berghotels

Berghäuser und Berghotels bieten in der Regel bedeutend mehr Komfort als Hütten und Unterkünfte von Alpenclubs, Alpen- und Wandervereinen. Es sind privat geführte Häuser, die wie Hotels und nicht wie Hütten funktionieren. Beachten Sie deshalb:

- Reservieren Sie Ihre Übernachtung telefonisch. Fragen Sie bei dieser Gelegenheit auch, wann Sie spätestens für das Nachtessen eintreffen sollten, und weisen Sie auf Sonderwünsche wie vegetarisches Essen oder rauchfreie Sitzplätze hin. Erkundigen Sie sich nach den Preisen.
- Besonders beliebte Häuser können auf Wochen oder gar Monate hinaus ausgebucht sein – vor allem an den Wochenenden. Es gibt aber auch immer wieder Absagen, so dass auch kurzfristige Anfragen eine Chance haben.
- Annullieren Sie Ihre Reservation, wenn Sie nicht auf die Tour gehen können.
- Hüttenschuhe werden meistens nicht bereitgestellt. Also selbst mitnehmen, notfalls tun es auch dicke Socken.
- Frotteewäsche wird in der Regel zur Verfügung gestellt, Seife nur in den teureren Häusern.
- Berghotels sind keine Kletterhütten. Besprechen Sie mit dem Wirt, der Wirtin, falls Sie das Morgenessen besonders früh haben möchten. (Die Touren in diesem Buch sind jedoch nie so lang, dass die normalen Morgenessenszeiten nicht ausreichen würden.)

Preise

Die Preise von Übernachtungen in Berghäusern und Berghotels variieren beträchtlich je nach gebotenem Komfort. Eine Übernachtung im Doppelzimmer mit Nachtessen und Frühstück ist in einigen Häusern für weniger als SFr. 50.– pro Person zu haben, das teuerste Angebot liegt bei SFr. 150.–. Der Durchschnitt der ausgewählten Häuser liegt bei SFr. 80.– pro Person.

Bei den Preisangaben für eine Übernachtung im Doppelzimmer mit Nachtessen und Frühstück werden drei Kategorien verwendet:

Preisklasse tief: bis SFr. 70.–
Preisklasse mittel: ab SFr. 70.– bis SFr. 90.–
Preisklasse hoch: über SFr. 90.–

Einige Berghotels bieten unterschiedlich komfortable Zimmer an. In diesen Fällen können mehrere Preisklassen vermerkt sein.

Bewertung der Berghäuser und Berghotels

Qualitätsmerkmale wie das Niveau der Küche oder die Freundlichkeit der Bedienung wurden nicht systematisch bewertet. Sie finden aber Angaben zur Atmosphäre und Ambiance der Häuser. Das Komfortniveau der Zimmer wurde in drei Kategorien eingeteilt:

Auch ein Rücken – jener der Jungfrau – kann entzücken.

Oben: Aussichts- und Plauderpause auf dem Glasergrat, hinten der Piz Beverin.

Unten: Der Bewimperte Steinbrech liebt feuchten Schutt über alles.

Einfach: Kleine Zimmer mit einfacher Möblierung, in der Regel ein Doppelbett, vielleicht zwei Stühle und ein kleiner Schrank.

Komfortabel: Grössere Zimmer mit mehr Komfort, also etwa einem Schreibtisch, Dusche oder WC im Zimmer oder auch mit einem Balkon.

Luxuriös: Grössere Zimmer mit viel Komfort, der einem Dreisternhotel entspricht. Grosszügige Möblierung, in der Regel Dusche und WC im Zimmer.

Küche und Infrastruktur

Speisekarte und Weinkarte sind in einem Berghotel nicht in Stein gemeisselt und können (sollten) stets wieder angepasst oder aufgefrischt werden. Dies trifft natürlich besonders bei einem Besitzer- oder Pächterwechsel zu. Haben Sie bitte dafür Verständnis, dass die Karten bei Ihrem Besuch noch viel leckerer klingen, als ich sie bei meinem Besuch der Häuser vorfand.

Dasselbe gilt auch für Anzahl oder Einrichtung der Zimmer, die vorhandenen Spielgeräte für Kinder, die genauen Öffnungszeiten oder die Regelungen für die Aufnahme von Hunden – auch hier können sich immer wieder mal Änderungen ergeben. Auch das gehört zum Erlebnis des Wandern: immer Neues entdecken, und stets offen sein für Unerwartetes.

Die Wanderungen

Die Wandervorschläge sind so gewählt, dass sie eine abwechslungsreiche zweitägige Tour ergeben. Ist die Wanderung an einem der beiden Tage bedeutend länger oder anstrengender als am anderen, so ist meistens der zweite Tag der anstrengendere, was sich nach meiner Erfahrung bewährt hat. Die Touren lassen sich natürlich auch in umgekehrter Richtung machen. Die Richtung ist allerdings immer so gewählt, dass sich optimale Verbindungen mit Zug und Bus ergeben. Ist die vorgeschlagene Tagesetappe speziell anstrengend oder lang, wird meistens eine kürzere Alternative vorgeschlagen (und umgekehrt ebenso). So kann fast jede Tour der eigenen Kondition und den eigenen Bedürfnissen angepasst werden.

Die Schwierigkeit der Wanderungen wurde anhand der neuen Skala des SAC beurteilt. Diese reicht von der Stufe 1 (am einfachsten) bis 6 (am schwierigsten). Die grosse Mehrzahl der Touren in diesem Buch entspricht der Stufe 2 (Bergwanderung, weiss-rot-weiss markiert), nur wenige entsprechen den Stufen 3 oder 4.

Schwierigkeit der Wanderungen

T1 Wandern

Weg, Gelände: Weg gut gebahnt. Falls nach SAW-Normen markiert: gelb. Gelände flach oder leicht geneigt, keine Absturzgefahr.

Anforderungen: Keine. Orientierung problemlos, auch ohne Karte möglich.

T2 Bergwandern

Weg, Gelände: Weg mit durchgehendem Trassee und ausgeglichenen Steigungen. Falls markiert: weiss-rot-weiss. Gelände teilweise steil, Absturzgefahr nicht ausgeschlossen.

Anforderungen: Etwas Trittsicherheit, Trekkingschuhe empfehlenswert. Elementares Orientierungsvermögen.

T3 Anspruchsvolles Bergwandern

Weg, Gelände: Am Boden ist meist noch eine Spur vorhanden; ausgesetzte Stellen können mit Seilen oder Ketten gesichert sein. Eventuell braucht man die Hände, um das Gleichgewicht zu halten. Falls markiert: weiss-rot-weiss. Zum Teil exponierte Stellen mit Absturzgefahr, Geröllflächen, weglose Schrofen.

Anforderungen: Gute Trittsicherheit, gute Trekkingschuhe. Durchschnittliches Orientierungsvermögen, elementare alpine Erfahrung.

T4 Alpinwandern

Weg, Gelände: Weg nicht überall sichtbar, Route teilweise weglos, an gewissen Stellen braucht es die Hände zum Vorwärtskommen. Falls markiert: weiss-blau-weiss. Gelände recht exponiert, heikle Grashalden, Schrofen, einfache, apere Gletscher.

Anforderungen: Vertrautheit mit exponiertem Gelände, stabile Trekkingschuhe. Gewisse Geländebeurteilung und gutes Orientierungsvermögen, alpine Erfahrung.
Quelle: Schweizerischer Alpenclub.

Eine Art Ehrenkodex für den Bergwanderer

- Die grösste Umweltbelastung verursacht die Anreise von zuhause in die Berge. 200 Kilometer Autofahrt produzieren 40 Kilogramm des Treibhausgases Kohlendioxid. Wer diese Belastung zu reduzieren helfen will, benützt die öffentlichen Verkehrsmittel. Zusätzlicher Vorteil: Man muss nicht zum Ausgangspunkt zurückkehren und kann sich bequem und meist schneller als mit dem Privatauto nach Hause chauffieren lassen.
- Wer Blumen liebt, lässt sie stehen. Gepflückte Blumen sind tote Blumen. Das gilt nicht nur für seltene und geschützte Arten, sondern für sämtliche Pflanzen.
- Machen Sie nur ein Feuer, wenn es absolut nötig ist, und dann ein möglichst kleines Feuer in einer bestehenden Feuerstelle.
- Wer Tiere liebt, beobachtet sie aus sicherer Distanz und vermeidet jegliche Störung. Besonders wichtig ist dies im Winter und bei Tieren, die brüten oder Junge aufziehen. Wer Tiere füttert, schadet ihnen: Sie können krank werden und verlieren die Fähigkeit, selbständig in der Natur zu überleben.
- Die Verpackung, die man in die Berge trägt, nimmt man auch wieder mit nach Hause.
- Kurz: «Take only pictures, leave only footprints» oder: Bilder sind alles, was Sie mitnehmen, und Fussstapfen alles, was Sie hinterlassen.

Zu den Kartenausschnitten

In den Kartenausschnitten wird die folgende Kennzeichnung verwendet:

  Route
Alternativen
Berghotel/Berghaus
Postautohaltestelle

Oben: Die Blüten der Narzissenblütigen Anemone ähneln denjenigen des Apfelbaums.
Unten: So macht Wandern auch den Kleineren Spass. Ob Mürren.

DURCH URWALD UND NATIONALPARK

Ofenpass–God Tamangur–S-charl–Il Fuorn
Pensiun Crusch Alba, Gasthaus Mayor

- Anspruchsvolle Wanderung
- Durch den Nationalpark
- Eine der Unterkünfte speziell gediegen

«Tamangur! Das pocht so weich und schmeichelnd, etwas fremd und zauberhaft an unsere Seele. Plötzlich singt und schwingt etwas in unserem Innern, eine wundersame Sehnsucht nach Wald und Berg und Einsamkeit und Frieden. Das alles schliesst das Wort Tamangur in sich: Einsamkeit, Stille und vor allem Frieden.

Weit hinten im Herzen des S-charl-Tales lebt und träumt der Arvenwald. Fernab vom Getriebe der unruhigen Welt bekleidet er einen steilen, rauhen Berghang und ist wie ein vergessenes Stück Land aus Urzeiten. Wie eine zur Muschel geformte Hand umfängt ihn das Tal. Die Matten und sanften Kuppen, blumenübersät, mildern etwas den wilden, drohenden und geheimnisvollen Eindruck, der dem Wald innewohnt. Seine Grösse, seine Seele wirkt so überwältigend, so wuchtend auf den Wanderer, dass er mit leisen, zagen Händen die rauhen Stämme dieser Waldriesen umfassen könnte und ihn bitten möchte: Du gewaltiger Kämpfer, du grosser Wissender, schenke mir deine Kraft im Lebenskampf, lehre mich deine Bescheidenheit!»

Kein anderer Schweizer Wald scheint so sagenumwoben und wurde so mystifiziert wie der alte Bergwald von Tamangur, kein anderer Wald ist so tief verankert in der Seele der Rätoromanen. Und niemand hat ihn so lebendig beschrieben wie Domenic Feuerstein in seinem Buch «Der Arvenwald von Tamangur».

Da bleiben nur noch ein paar praktische Details anzufügen. Man erreicht den Wald auf einer einfachen Route vom Ofenpass in etwa zwei Stunden. Der Wald ist nicht gross, etwa zwei Kilometer lang und einen halben Kilometer breit; umso mehr sollte man sich die Zeit nehmen, langsam und mit offenen Sinnen an den mächtigen Baumgestalten vorbeizuschlendern, um die Kraft und die Vergänglichkeit dieses alten Waldes zu erleben und zu spüren. Was heute kaum noch jemand weiss: Hier hätte der erste Nationalpark der Schweiz entstehen sollen. Das Augenmerk der dabei federführenden Schweizerischen Naturforschenden Gesellschaft richtete sich auf den Arvenwald von Tamangur und die Region um den Ofenpass. Schliesslich aber wurde der Grundstein zum ersten Nationalpark der Schweiz im Val Cluozza bei Zernez gelegt. Der God

Links: Auch im Winter geöffnet:
das Gasthaus Mayor.
Mitte: Der Steinbock-Tisch im «Crusch Alba»
ist noch frei.
Rechts: Alles ist vergänglich: die Alp Tamangur
Dadora und auch der Monte San Lorenzo.

Belohnung für das frühe Aufstehen: Pisocgruppe mit der Clemgia.

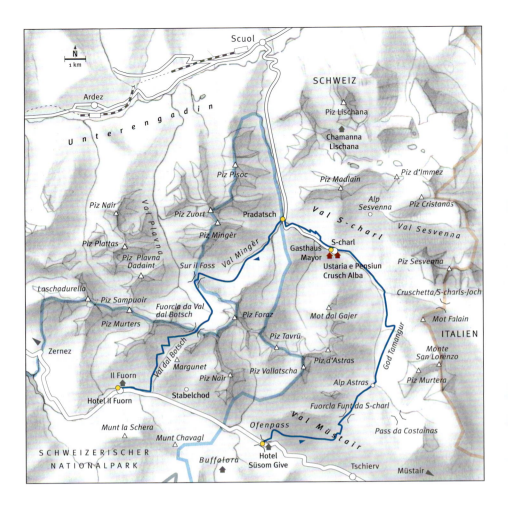

Tamangur war damals in einem erbärmlichen Zustand. Wie praktisch alle Wälder der Schweiz wurde er schamlos ausgebeutet. Vieh zertrampelte die jungen Arven, Brände wurden gelegt, um Weideland zu gewinnen, Holz für den Betrieb der Käsereien geschlagen, Arvenzapfen und Nadelstreu in grossen Mengen gesammelt. Nur dank Schutzmassnahmen konnte der Wald vor dem vollständigen Untergang gerettet werden.

S-charl, eine malerische, kleine Ansammmmlung von Häusern weiter unten im Tal, ist untrennbar mit den umgebenden Wäldern verbunden. Denn am Mot Madlain wurde während vielen Jahrhunderten Silber und Blei abgebaut, und für die Sicherung der Stollen wurde viel Holz benötigt. Das 16. Jahrhundert war die Blütezeit des Bergbaues, dann kehrte für fast zweihundert Jahre Ruhe in das kleine Bergdorf ein. Anfang des 19. Jahrhunderts erlebte der Bergbau nochmals eine kurze Renaissance, doch 1827 wurden die Bergwerke dann endgültig stillgelegt.

Am zweiten Tag der Wanderung geht es in den Nationalpark. Hinten im Val Mingèr bestehen im Herbst gute Chancen, Rothirsche zu beobachten. Die beste Zeit dafür ist Ende September, Anfang Oktober. «Pièce de résistance» des Tages ist der Aufstieg zur Fuorcla Val dal Botsch. Hier gilt es, gut dreihundert Höhenmeter durch eine rutschige Geröllhalde hochzukraxeln. Gefährlich ist dies nicht, es braucht aber schon etwas Kondition, denn mit jedem Schritt vorwärts geht es wieder einen halben zurück. Immerhin bietet sich bei jeder Verschnaufpause ein prächtiger Blick über das Val Plavna und ins Silvrettagebiet auf der anderen Seite des Inns.

Charakter

Eine wunderschöne Rundtour beim und durch den Schweizerischen Nationalpark. Zu den Höhepunkten gehören der alte Arvenwald Tamangur, der hübsche Weiler S-charl mit zwei prächtigen Gasthäusern und die Wanderung durch den Nationalpark. Speziell lohnend ist es im Herbst (Ende September, Anfang Oktober) mit den golden gefärbten Lärchen und der Möglichkeit, im hinteren Val Mingèr Rothirsche zu beobachten.

Die Wanderung

Anfahrt: Mit dem Zug stündlich bis Zernez, von hier mit dem Postauto auf den Ofenpass.
Ausgangspunkt: Postautohaltestelle Süsom Givé (Passhöhe).
1. Tag: Vom Ofenpass durch Wälder und über Weiden auf die Fuorcla Funtana da S-charl und via Alp Astras zum God Tamangur. Bei Tamangur Dadora wieder hinab auf die Naturstrasse und auf dieser nach S-charl. 15 km, 290 m Aufstieg, 630 m Abstieg, ca. 4½ Std., T2.
2. Tag: Von S-charl mit dem Postauto zur Haltestelle Pradatsch am Eingang zum Val Mingèr. Durch das Val Mingèr zum Pass Sur Il Foss. Traverse und Aufstieg durch eine etwas rutschige Geröllhalde auf die Fuorcla Val dal Botsch, mit schöner Aussicht über das Unterengadin. Auf der Südseite der Fuorcla auf gutem Weg, aber steil hinab und durch Wald wieder an die Ofenpassstrasse und rechts zur Postautohaltestelle beim Hotel Il Fuorn. Ab Haltestelle Pradatsch 15 km, 1080 m Aufstieg, 940 m Abstieg, 6½ Std., T2. Ab S-charl knapp eine Stunde zusätzlich.
Endpunkt: Postautohaltestelle Il Fuorn. Von hier mit dem Postauto zurück nach Zernez.

Ustaria e Pensiun Crusch Alba ed Alvetern

Art und Ambiance: Schönes, edel-bündnerisch eingerichtetes Berghaus mit gehobenem Komfort. Drei getrennte Gaststuben, dazu ein «Piertan» (ehemaliger Hausgang) für Tagesgäste. Grosse Gartenterrasse mit Bäumen und Sonnenschirmen.
Zimmer: 2 Einzel-, 14 Doppel-, 1 Dreierzimmer, von einfach bis luxuriös, die meisten mit Dusche, WC und Lavabo. Lager für 8 und 10 Personen.
Küche: Bündner Gerichte, bei Halbpension Auswahl zwischen vegetarischem oder «klassischem» Abendessen. Engadiner Spezialitäten, in der Saison Wild. Weine vorwiegend aus der Bündner Herrschaft und aus dem Veltlin.

Urkraft im Ur-Wald: Arve im God Tamangur.

Für Kinder: Spielgeräte vor dem Haus, Spielzimmer.
Hunde: Auf Voranmeldung ohne Zuschlag erlaubt.
Preisklasse: Mittel bis hoch.
Öffnungszeiten: Anfang Juni bis ca. 20. Oktober.
Adresse: Ustaria e Pensiun Crusch Alba ed Alvetern, 7550 Scuol, Telefon 081 864 14 05, www.cruschalba.ch

Gasthaus Mayor

Art und Ambiance: Einladend wirkender Holz- und Steinbau am nördlichen Ende von S-charl, heimelige Stüvetta und rustikaler Arvensaal, zwei Terrassen, eine mit schönstem Blick auf die Pisocgruppe.
Zimmer: 2 Einzel-, 11 Doppel-, 1 Fünfbettzimmer, komfortabel, teilweise mit Dusche und WC, teilweise mit Lavabo.
Küche: Kreative Berghausküche, Bündner Spezialitäten, zahlreiche Wild- und Fischgerichte. Gerichte für Vegetarier wie Spätzlipfanne oder Blätterteigpastetchen. Schweizer Weine.
Für Kinder: Spielplatz mit Schaukeln, Rutschen usw. vor dem Haus.
Hunde: In den Zimmern ohne Zuschlag erlaubt.
Preisklasse: Mittel bis hoch.
Öffnungszeiten: Pfingsten bis etwa Ende Oktober und 20. Dezember bis Ostern.
Adresse: Gasthaus Mayor, 7550 Scuol, Telefon 081 864 14 12, www.gasthaus-mayor.ch

Wildbeobachter haben gute Chancen auf Margunet.

Weitere Berghäuser

- Hotel Süsom Givé, Zimmer und Lager, Telefon 081 858 51 82, www.val-muestair.ch
- Hotel Il Fuorn, Zimmer und Lager, Telefon 081 856 12 26, www.ilfuorn.ch

Weitere Informationen

Landeskarte 1:50 000, 259 oder 259T Ofenpass
Landeskarte 1:25 000, 1219 S-charl und 1239 Sta Maria
Schweizerischer Nationalpark, 7530 Zernez, Telefon 081 856 12 82, www.nationalpark.ch. Verkehrsverein, 7530 Zernez, Telefon 081 856 13 00, www.zernez.ch. Für S-charl: Scuol Tourismus, 7550 Scuol, Telefon 081 861 22 22, www.scuol.ch

Bücher

Domenic Feuerstein, Der Arvenwald von Tamangur, Asmus, Leipzig 1939
Heinz Staffelbach, Die schönsten Wälder der Schweiz, Werd Verlag, Zürich 2002
Heinz Staffelbach, Der Schweizerische Nationalpark und das Val Müstair, Werd Verlag, Zürich 2006

VON EIS UND SCHNEE ZU WEIN UND PALMEN

Bernina–Alp Grüm–Le Prese
Albergo Belvedere, Albergo Alp Grüm

- Mittelschwere Wanderung
- In der Nähe von Gletschern

So reisserisch die Kapitelüberschrift tönen mag, ist sie doch durchaus wörtlich zu nehmen: Beim Lagh da Palü steht man direkt unter dem gleichnamigen Gletscher, während man unten in Poschiavo, keine sechs Kilometer Luftdistanz entfernt, zu Palmen aufschaut. Das dürfte einmalig sein in der Schweiz, und der Botaniker J. Braun-Blanquet hat es treffend formuliert: «In einer Beziehung jedenfalls mag sich kaum ein anderes Gebiet innerhalb der Schweizer Grenzen mit dem Puschlav messen: Nirgends bietet sich dem aufmerksamen Beobachter besser Gelegenheit, den graduellen Übergang von der submediterranen zur hochalpin-nordischen Vegetation besser zu verfolgen als hier.»

Der erste Tag der Tour steht noch ganz im Zeichen der hochalpinen Landschaft: Man bewegt sich stets oberhalb der 2000-Meter-Marke, zur Rechten reicht der Blick zu Beginn zum eisgepanzerten Fast-Viertausender Piz Palü, später ergiesst sich der Cambrenagletscher weit über die Flanken des Piz Cambrena hinab. Was man kaum

Oben: Die Alp Palü mit dem gleichnamigen Gletscher.

Mitte: Zuerst noch einen Apfel, dann geht's hinunter nach Poschiavo.

Rechts: Ein Haus mit Aussicht: das Albergo Ristorante Belvedere.

vermuten würde: Der Berninapass war vor nicht allzu langer Zeit bewaldet; in Flachmooren haben Botaniker Überreste von Stämmen und Zapfen von Arven, Lärchen und Bergföhren gefunden.

Am zweiten Tag geht es dann hinab ins mediterran anmutende Puschlav. Die schönste Route ist dabei der Sentiero Panoramico, der in gut fünf Stunden von der Alp Grüm nach Le Prese führt. Nach der ersten Wanderstunde gelangt man am Südende des kleinen Trogtales bei Cavaglia zum neu angelegten Gletschergarten, dem Giardino dei Ghiacciai. Zwei, drei Minuten vom Wanderweg entfernt lässt sich eine erste Serie von Gletschertöpfen bestaunen, mehrere Meter tiefe, glatt polierte Gruben, die durch die Schmelzwasser aus dem Fels geschliffen wurden.

Eine knappe Stunde später durchquert man das Val Varuna, das Tal, durch das im Juli 1987 nach einem heftigen Unwetter der Grossteil der 200 000 Kubikmeter Schlamm, Erde und Geröll ins Tal donnerte und dazu führte, dass Poschiavo inner-

halb von dreissig Stunden überflutet wurde. Vom Val Varuna geht es kontinuierlich abwärts bis nach Le Prese in der Talsohle des Puschlavs. Alpenrosen und Gletschereis hat man nun endgültig hinter sich gelassen, stattdessen geniesst man einen Capuccino oder ein Glas Veltliner in einem Café am Marktplatz.

A propos Veltliner: Das Puschlav gehört nicht zum Veltlin, es gibt hier nicht einmal Reben; und dennoch sind das Veltlin und der Veltliner untrennbar mit dem Puschlav verbunden. Dass das südliche Nachbartal Reben ein ideales Klima bietet, wusste man schon 1625: «Dieses Geländ ist von natur trefflich wol in die Sonn gericht

Der kleinste der drei Seen auf dem Berninapass: der Lej Pitschen mit dem Piz Cambrena.

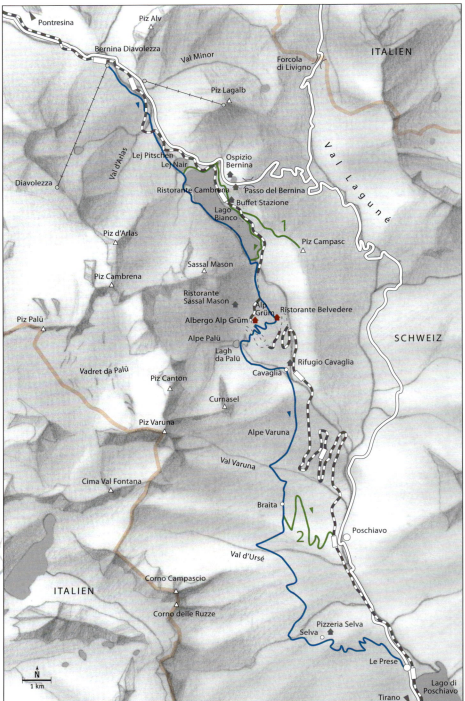

(...) wegen der Fewrigen Sonnstralen die am Mitnächtigen Gebürg sich im wieder-
schlahen zweifache / mächtige Hitze empfangt / die aber durch die kühlen Bergwind
/ und erquicklich daherrauschenden strudelwässerlein (...) also natürlich gemiltert
wird» (aus: Johann Guler von Weineck, Chorographische und Historische Beschrei-
bung dess Veltlins, Strassburg 1625, S. 2–4). Dass hier, unterstützt von fleissigen Händen, ein guter Tropfen heranreift, verwundert nun nicht mehr: «Sonst in gemein ist
dieser Landsart Wein am Geschmack sehr gut / unnd lieblich / und an der würckung
treffentlich stark / und dem Menschen / wegen der natürlichen wärme / und auff-
trücknens der Flüssen / für andere aus gesund / und dienstlich. Er ist auch beständig /
und lässt sich als lang man gern will / auffhalte / je länger er ligt / je kräfftiger und
wolgeschmäckter er wird». Salute!

Charakter

Wer ganz gut mal ohne stundenlange schweisstreibende Aufstiege auskommen kann und lange, sanfte Abstiege mag, wird diese einfache Tour ganz im Südosten der Schweiz lieben. Sie führt am ersten Tag durch eine Landschaft mit hochalpiner Kulisse, am zweiten in die mediterrane Wärme des Puschlavs. Unterkunft bieten zwei Berghäuser auf der Alp Grüm.

Die Wanderung

Anfahrt: Mit der Rhätischen Bahn von Samedan oder St. Moritz stündlich auf den Berninapass.
Ausgangspunkt: Haltestelle Bernina Diavolezza.
1. Tag: Eine einfache Route, zum Teil auf kleinen Naturstrassen und stets in der Nähe des Bahntrassees, führt durch das langgezogene Hochtal beim Berninapass und an der Westseite des Lago Bianco entlang zur Alp Grüm. 10 km, 220 m Aufstieg, 160 m Abstieg, 2¾ Std., T2.
2. Tag: Von der Alp Grüm hinab zum malerischen Lagh da Palü und weiter zur kleinen Hochebene bei Cavaglia (Gletschermühlen). Weiter auf dem Sentiero Panoramico zur Alpe Varuna und via Braita und Val nach Selva (Berghaus). Von hier hinab nach Le Prese. 18 km, 290 m Aufstieg, 1460 m Abstieg, 5 bis 5½ Std., T2.

Albergo Ristorante Belvedere

Art und Ambiance: Schlichtes Steinhaus an phänomenaler Aussichtslage hoch über dem Puschlav, nur einige Minuten von der Zughaltestelle Alp Grüm. Einfache, gemütliche Gaststube mit schöner Holzdecke, familiäre Atmosphäre. Terrasse mit Tiefblick ins Puschlav.
Zimmer: 10 Doppelzimmer, 5 davon mit Lavabo. Einfach ausgestattet, ein luxuriöseres Zimmer, einige Zimmer mit Gletscher-, andere mit Talblick. WC und Dusche im Haus. Lager für 22 Personen im Nebengebäude, Dusche und WC im Hauptgebäude.
Küche: Einfache Berghauskost mit vielen frischen Produkten. Spezialitäten: Pizzoccheri, Rösti, Wähen. Vor allem Veltliner Weine, weitere aus der Schweiz und aus Italien.
Nichtraucherzonen: Keine.
Hunde: In den Zimmern erlaubt, ohne Zuschlag.
Preisklasse: Mittel bis hoch.
Öffnungszeiten: Anfang Juni bis Ende Oktober.
Adresse: Albergo Ristorante Belvedere, Annamaria und Battesta Albin, 7710 Alp Grüm, Telefon 081 844 03 14, www.belvedere-engadin.ch, info@belvedere-engadin.ch.

Oben: Traumstrecke für Bahnfreunde: die Berninastrecke. Hinten der Piz d'Arlas.
Unten: Ein Haus mit Anschluss: das Albergo Alp Grüm.

Albergo Alp Grüm

Art und Ambiance: Währschaftes Gebäude aus grossen, rohen Steinen, das auch als Bahnhof der Station Alp Grüm dient. Funktionelles, helles Bahnhofsbuffet, separates Stübli. Terrasse mit Blick auf den Palügletscher.
Zimmer: 3 Doppel- und 2 Dreibettzimmer mit Lavabo, 1 Doppelzimmer (mit Kajütenbett) und 1 Vierbettzimmer ohne Lavabo. Praktisch alle Zimmer neu renoviert und recht komfortabel. Dusche und WC auf der Etage. Lager für 14 und 25 Personen.
Küche: Gutbürgerlich. Spezialitäten: Wildpfeffer, Pizzoccheri, Spätzligratin mit Pilzen. Weine aus dem Veltlin und dem Piemont.

Hunde: Kleine Hunde in den Zimmern erlaubt.
Preisklasse: Mittel bis hoch.
Öffnungszeiten: Mitte Mai bis Ende Oktober sowie in der Wintersaison.
Adresse: Albergo Alp Grüm, 7710 Alp Grüm, Telefon 081 844 03 18, www.alpgruem.ch.vu

Alternativen

1 Gipfel am ersten Tag: Alpiner wird es am ersten Tag mit der Besteigung des Piz Campasc: Dem Ostufer des Lago Bianco entlang und über einen oben steilen Rücken auf den Gipfel, mit ausgezeichneter Rundsicht über das Puschlav und ins Palümassiv. Gesamtlänge und -dauer erster Tag sind dann: 17 km, 580 m Aufstieg, 520 m Abstieg, 5¼ Std., T2–3.
2 Abkürzung zweiter Tag: Vom Sentiero Panoramico kann man an verschiedenen Orten schon früher ins Tal absteigen, z. B. bei Braita hinab nach Poschiavo. Zweiter Tag dann: 13 km, 270 m Aufstieg, 1390 m Abstieg, 4 Std., T2.

Weitere Berghäuser

- Buffet Stazione, Zimmer und Lager, Telefon 081 844 03 07
- Ospizio Bernina, Zimmer und Lager, Telefon 081 844 03 03, www.bernina-hospiz.ch
- Ristorante Cambrena, Zimmer, Telefon 081 844 05 12, www.cambrena.ch
- Restaurant Sassal Mason, Zimmer, Telefon 081 844 03 23, www.sassalmasone.ch
- Rifugio Cavaglia, Zimmer, Telefon 081 844 05 65, www.rifugiocavaglia.ch
- Pizzeria Selva, Zimmer und Lager, Telefon 081 844 07 46, www.selva-pensione-ristorante.ch

Weitere Informationen

Landeskarte 1:50 000, 269 oder 269T Bernina und 279 Brusio
Landeskarte 1:25 000, 1258 La Stretta, 1278 La Rösa und 1298 Lago di Poschiavo
Kur- und Verkehrsverein, 7504 Pontresina, Telefon 081 838 83 00, www.pontresina.com.
Tourismusverein Val Poschiavo, Telefon 081 844 05 71, www.valposchiavo.ch.

Bücher

Otmaro Lardi und Silva Semadeni, Das Puschlav, Haupt Verlag, Bern 1994

EIN KLASSIKER IN DER EISWELT DER BERNINA

Pontresina–Val Roseg–Fuorcla Surlej–Surlej
Hotel Rosegggletscher

- Mittelschwere Wanderung (mit einfacherer Alternative)
- In der Nähe von Gletschern
- Sicht auf Viertausender

«In der ganzen Schweiz und vielleicht auf unserem ganzen Kontinent findet sich keine solch aussergewöhnliche und wunderbare Gletscherregion», schrieb 1760 Sigmund Gruner in seinem Buch «Eisgebirge des Schweizerlandes». Tatsächlich zeichnet sich das Berninamassiv durch eine ausgeprägte Harmonie und Ausgeglichenheit aus, mit Gipfeln, die wie von Künstlerhand gezeichnet formvollendet aufragen, und Gletschern, die wie im Lehrbuch von den steilen Flanken ins Tal fliessen.

Eines dieser Täler ist das Val Roseg (rätoromanisch korrekt «Val Rosetsch» ausgesprochen), das den Archetyp des ausgewogenen Alpentales perfekt verkörpert. Nichts fehlt hier, alles fügt sich in müheloser Leichtigkeit ineinander. Durch den sanft geneigten Talboden schlängelt sich ein munterer Bach, schon fast ein Fluss, auf beiden Seiten gesäumt von einem Lärchenwald, der sich im Spätherbst in leuchtendes Gold verwandelt. Weiter hinten im Tal löst sich der Wald langsam auf und gibt den Blick frei auf einen eindrücklichen Kranz von Berggipfeln, bedeckt von Eisströmen, die zerschrunden und zerrissen bis zum Talboden reichen und hier in einen Schmelzwassersee und dann in ein weites Schottervorfeld übergehen.

Der erste Tag dieser Wochenendtour ist sehr leicht; in zwei Stunden ist man vom Bahnhof in Pontresina beim Hotel Rosegggletscher, das sich genau in der Mitte des Tals befindet. Dabei lohnt es sich aber, mehr Zeit für diese Etappe einzuplanen, sich unter einer Lärche ins weiche Gras zu legen und dem Rauschen und Gurgeln des Baches zuzuhören oder mit einem Fernglas die Berghänge zu beiden Seiten nach Wild abzusuchen. Dabei bestehen gute Chancen, Rothirsche, Gemsen oder Rehe zu entdecken, denn sie sind in dem mit einem Jagdbann belegten Tal recht häufig. Ende September, Anfang Oktober hallt das Röhren der brünftigen Hirsche die ganze Nacht durch das Tal. Steinböcke wird man allerdings vergeblich suchen, sie kommen im Val Roseg nicht vor. (Eine grosse Steinbockkolonie gibt es in der Region um das Albrishorn östlich von Pontresina.)

Der zweite Tag führt in die hochalpine Welt, ohne dass man dabei auf einen einfachen Wanderweg verzichten muss. Die beste Aussicht auf den Piz Bernina, den Tschierva- und den Rosegggletscher bietet sich von etwas unterhalb der Fuorcla Surlej. Und von hier leuchtet auch der vielleicht berühmteste Grat der Schweizer Alpen unter dem azurblauen Himmel: der Biancograt, Traum jedes Alpinisten, eine lange, mehrfach gewundene Firnschneide, die sich hoch über den wild zerklüfteten Wänden und Karen in den Himmel schwingt.

Den ersten Vorstoss zum Biancograt wagte 1868 C. H. Roberts mit den zwei Engadiner Führern Peter Jenny und Alexander Flury. Sie schafften allerdings nur die Überschreitung der Fuorcla Prievlusa am Fuss des Biancograts. Acht Jahre später wurde der Grat dann zum ersten Mal von Henry Cordier und Thomas Middlemore mit ihren Führern Johann Jaun und Kaspar Maurer überschritten. Doch wer den Biancograt geschafft hat, ist noch nicht auf dem Piz Bernina, dessen letzte Meter technisch recht schwierig sind. Cordier bezeichnete diesen letzten Abschnitt denn auch als «absolut unüberwindlich». Natürlich war der Eroberungsdrang der Alpinisten stär-

Oben: Die Fuorcla Surlej ist von der Luftseilbahnstation Murtel auch mit Kindern einfach erreichbar.
Unten: Kompromisslose Geniesser fahren mit der Pferdekutsche zum Hotel.

Solche Bilder vergisst man nie. Auf der Fuorcla Surlej, links der Piz Bernina, rechts der Piz Roseg.

Frei und unverbaut fliesst die Ova da Roseg durchs Tal. Hinten der Piz Glüschaint.

Wer kann ihm schon wiederstehen, dem legendären Dessertbuffet im Hotel Roseggletscher?

Charakter

Vielleicht die schönste Tour im Berninamassiv, mit Blick auf eine gewaltige Gletscherwelt und den einzigen Viertausender Graubündens. Einem einfachen Spaziergang am ersten Tag durch das Val Roseg folgt am zweiten Tag eine längere Etappe über die Fuorcla Surlej, mit Abstieg zu Fuss oder mit der Luftseilbahn nach Surlej. In der Mitte der Tour liegt das komfortable Hotel Roseggletscher, tagsüber Treffpunkt von Pferdekutschen-Gästen und Schleckmäulern.

Die Wanderung

Anfahrt: Mit dem Zug stündlich bis Pontresina.
Ausgangspunkt: Bahnhof in Pontresina.
1. Tag: Ein einfacher, verträumter Weg führt von Pontresina durch das Val Roseg zum Hotel Roseggletscher. Dabei wählt man den Weg an der

rechten, östlichen Talseite oder die «Hauptstrasse», die aber immer noch eine Naturstrasse ist. Sie führt durch etwas offeneres Gelände und bietet damit häufigere Ausblicke auf die Berge; man muss sie allerdings mit Bikern und Kutschen teilen. 8 km, 220 m Aufstieg, gut 2 Std., T1.
2. Tag: Drei Wege führen vom Hotel Roseggletscher auf die Fuorcla Surlej: Der kürzeste über die Alp Surovel ist recht steil, der längste (und anspruchsvollste, mit einigen Leitern) führt am Schmelzwassersee entlang und fast bis zur Chamanna Coaz. Der mittlere Weg über die Alp Ota ist die Wahl der Geniesserinnen. Von der Fuorcla Surlej (Restaurant) über den malerischen Lej dals Chöds hinab nach Surlej. 15 km, 770 m Aufstieg, 960 m Abstieg, 5 bis 5½ Std., T2.
Endpunkt: Bushaltestelle bei der Talstation in Surlej. Von hier mit dem Bus stündlich zum Bahnhof in St. Moritz.

Hotel Roseggletscher

Art und Ambiance: Grösserer Bau aus den 1970er Jahren mit Bündner Elementen. Am Rand einer weiten Ebene im hinteren Val Roseg auf 1999 Meter Höhe mit Blick auf die Berge um den Roseggletscher. Touristenlager in separatem Haus, Pferdekutschenstation vor dem Haus (Verbindung nach Pontresina), grosse Sonnen-

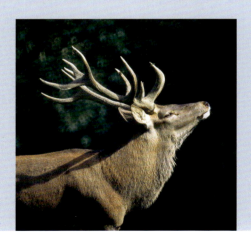

Im Herbst hallt das Röhren der Rothirsche durch das Val Roseg.

terrasse. Viele Tagestouristen (das Haus hat um die 500 Sitzplätze), oft Prominenz aus St. Moritz.
Zimmer: 2 Einzelzimmer (eines davon mit Dusche, eines mit Lavabo/Etagendusche), 10 Doppelzimmer (fünf davon mit Dusche, 5 mit Lavabo/Etagendusche), 3 Fünferzimmer (mit Lavabo/Etagendusche). Zimmer eher neu, hell, komfortabel, rustikal. Lager für 80 Personen in Zimmern mit 8 bis 20 Plätzen.
Küche: Gehobene Bündner Küche mit Veltliner Einschlag. Spezialitäten: von ca. 10 bis 17 Uhr legendäres Dessertbuffet mit 20 bis 30 verschiedenen Kuchen, Torten, Strudeln, Beerendesserts und Cremen. Das ganze Jahr Wild. Weine aus der ganzen Welt, Schwerpunkt Norditalien und Bündner Herrschaft.
Hunde: In den Zimmern (Zuschlag) und im Restaurant erlaubt.
Preisklasse: Mittel bis hoch.
Öffnungszeiten: Ausser November und Mai ganzjährig geöffnet.
Adresse: Hotel Roseggletscher, 7504 Pontresina, Telefon 081 842 64 45, www.roseggletscher.ch

Alternative

1 Mit der Luftseilbahn: Die Bergstation Murtel liegt eine halbe Stunde von der Fuorcla Surlej entfernt. Die Fahrt hinab nach Surlej erspart am zweiten Tag etwa 2 Stunden Laufzeit und 900 Höhenmeter Abstieg. Traverse: T2.

Weitere Berghäuser

Berghaus Fuorcla Surlej, Lager, Telefon 081 842 63 03, www.corvatsch.ch

Weitere Informationen

Landeskarte 1:50 000, 268 oder 268T Julierpass
Landeskarte 1:25 000, 1257 St. Moritz und 1277 Piz Bernina
Kur- und Verkehrsverein, 7504 Pontresina, Telefon 081 838 83 00, www.pontresina.com. Kur- und Verkehrsverein Silvaplana, Telefon 081 838 60 00, www.silvaplana.ch

Bücher

Daniel Anker (Hrsg.), Piz Bernina. König der Ostalpen, AS Verlag, Zürich 1999
Mario Vannuccini und Luca Merisio, Bernina, Montabella Verlag, St. Moritz 2001

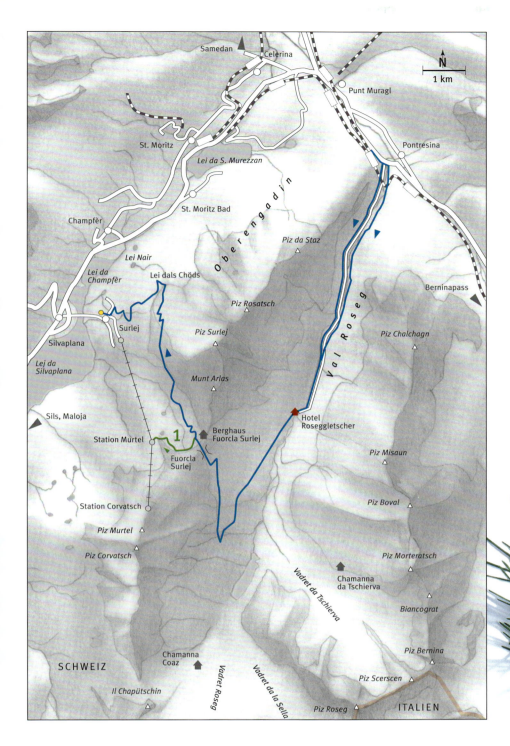

ker; nur zwei Jahre danach, am 12. August 1878, wurde der Piz Bernina zum ersten
Mal bestiegen. Die Glanzleistung vollbrachten der Deutsche Paul Güssfeldt mit seinen beiden Führern aus Pontresina, Hans Grass und Johann Gross. Mit der damals
verfügbaren Ausrüstung war diese Besteigung eine ausserordentliche alpinistische
Leistung. Heute zählt sie nur noch zu den klassischen Routen im mittleren Schwierig-
keitsgrad. Wie lange der Biancograt uns allerdings im Zeitalter des Treibhauseffekts
und des Gletscherrückgangs noch erhalten bleibt, weiss niemand.

DIE RUHIGE SEITE DES OBERENGADINS

Sils Maria–Muott'Ota–Val Fex–Piz Chüern–Sils Maria
Hotel Fex

- Eher einfache Wanderung (mit schwierigerer Alternative)
- Gipfelbesteigung
- Speziell gediegenes Haus

Wer kennt sie nicht, die Kalenderlandschaft des Oberengadins mit den blau funkelnden Seen, den goldenen Lärchenwäldern und den überzuckerten Bergspitzen? Wer dieses Hochtal aber nicht nur von Kalendern und Werbepostern kennt und über die Jahre immer wieder besucht hat, weiss auch um die Kehrseite der Medaille: ungezügelte Bauwut, Verkehr, Helikopterlärm und planierte Berge. Dennoch gibt es immer noch das ursprüngliche, unverfälschte Oberengadin. Man findet es beispielsweise im Val Fex, einem etwa zehn Kilometer langen Tal, das sich von Sils Maria aus nach Süden erstreckt.

Ganz unberührt vom Tourismus ist allerdings auch das Val Fex nicht geblieben. Der erste Besucher, der das Tal beschrieben hat, könnte der Churer Jakob Papon gewesen sein. In seinem Büchlein «Engadin. Zeichnungen aus der Natur und dem Volksleben eines unbekannten Alpenlandes» schreibt er 1857: «Das bei den Häusern von Sils Maria mit seiner dunklen Felsenschlucht ausmündende Fexental öffnet sich in seinem Innern zu den prächtigsten Wiesengründen. Dort bewohnt Sommer und Winter ein aus wenigen Familien bestehendes Alpvölkchen einen freundlichen Weiler, angesichts der ewigen Gletscher, die weit ausgedehnt und in imposanten Formen vom Piz Tremoggia, der Chapütscha und dem Piz Chötsch herabstammen. Die Älpler leben, wie es sich in solcher Höhe von selbst versteht, vom Ertrag ihrer Herden.» Der Name «Fex» stammt übrigens vom lateinischen *feta* ab; es bedeutet «das Tier, das ge-

Oben: Zum Ausruhen, Wandern und
Schlemmen: Hotel Fex.
Mitte: Würziges und Edles im Hotel Fex.
Rechts: Alter Weg bei der Alp Munt.

worfen hat», und bezieht sich auf das Schaf. Der Name des benachbarten Val Fedoz leitet sich von demselben Wort ab.

Einige Jahre nachdem die obigen Zeilen geschrieben wurden, setzte der Tourismus im Val Fex so richtig ein. Begonnen hat es mit dem Hotel Alpenrose, das 1862 in Sils Maria errichtet wurde, später folgte das Hotel Edelweiss. Um 1878 wurde im Weiler Chalchais (wo sich heute das Hotel Fex befindet) ein einfaches Restaurant mit einigen Betten für Bergsteiger eröffnet. Und bereits 1888 schreibt Friedrich Nietzsche, der acht Sommer in Sils Maria verbrachte, über einen seiner Ausflüge: «Nachmittag war ich hinten im Fextal – dort gab es mindestens 70 Fremde.»

Natürlich stand auch das Val Fex unter dem Druck der Erschliessung und Entwicklung. Im 19. Jahrhundert bestanden gar Pläne, eine Bahnlinie durch das Tal und durch einen Tunnel ins italienische Val Malenco zu ziehen. Vorsorglich wurde ein komplettes Hotel aus St. Moritz ins Fextal verschoben, das sich ideal als Bahnhofsgebäude geeignet hätte. Aus den Plänen für die Bahnlinie wurde dann doch nichts, der «Bahnhof» aber steht heute noch und ist jetzt das architektonisch etwas überraschende, einladende Hotel Fex.

Das Val Fex hat schliesslich eine ruhigere Gangart gewählt als manche Ortschaft unten im Haupttal. Dabei ist es zu einem guten Teil der 1962 gegründeten Vereinigung Pro Fex zu verdanken, dass das Tal seinen ursprünglichen, einfachen Charakter behalten hat, dass es nicht von Hotels und Ferienwohnungen überzogen und vom Autoverkehr überrollt wurde (das Tal ist weitgehend autofrei). Strenge Auflagen bestehen für den Aus- und Neubau von Ställen und Häusern – ohne dabei den einheimischen Bauernfamilien zu verunmöglichen, einen modernen Landwirtschaftsbetrieb zu führen.

Das Hotel Fex bietet alles, was sich der Genusswanderer wünscht. Es liegt im Herzen des Tales, am Ende der Fahr- beziehungsweise Pferdekutschenstrasse, mit herrlichem Blick auf den gletschergeschmückten Gipfelkranz zwischen Piz Tremoggia und Piz Fora. In Ambiance und Ausstattung ist es ein klassisches, gediegenes, aber trotzdem familiär wirkendes Hotel, in dem man am liebsten mehr als nur eine Nacht bleiben würde. Dann könnte man den hinteren Teil des Tales erkunden, den Nachmittag auf der Sonnenterrasse verbringen oder sich bei schlechtem Wetter unter die warme Bettdecke oder in die Bibliothek zurückziehen, um sich in ein gutes Buch zu vertiefen, vielleicht in Ulrich Knellwolfs «Tod in Sils Maria» mit «13 üblen Geschichten» oder, wer es anspruchsvoller mag, in die Gedankenwelt von Friedrich Nietzsche. Dabei sollte man sich aber keinesfalls das Abendessen entgehen lassen, denn die viergängigen Menüs sind kaum zu übertreffen. Ein Beispiel gefällig? Unser Abendmenü war: Vrenis Ziegenkäse aus Isola an Baumnussvinaigrette mit Rucola und Tomatenwürfelchen, Fexer Heusuppe mit Salsizstreifen, Medaillons vom Hirschfilet an Wildrahmsauce mit Grapparosinen, serviert mit Kräuterpizokels und Rosenkohl nach Misoxer Art, und zum Abschluss kalter Bündner Rötelisabayon mit Früchteallerlei. Und so gut, wie es klingt, war es auch.

Am Lej da Segl.

Charakter

Was macht eine Genusswanderung aus? Eine schöne Wanderung und ein einladendes Berghaus für eine erholsame Nacht. Und wie sieht eine Genusswanderung für Geniesser aus? Zwei wunderschöne, nicht zu anstrengende Wandertage in einer ursprünglichen Bergwelt und ein komfortables, freundliches Hotel mit erstklassigem Essen. Voilà – das ist die Tour ins Fextal.

Die Wanderung

Anfahrt: Mit dem Zug bis St. Moritz und von hier stündlich mit dem Bus bis Sils Maria.
Ausgangspunkt: Postautohaltestelle Sils Maria Post.
1. Tag: Von Sils Maria auf dem unteren Schluchtweg durch die Drögschlucht. Dann durch Lärchenwälder und über alpine Tundra auf den Muott'Ota (2449 m) mit weiter Rundsicht über das Oberengadin, ins Val Fedoz und über das Val Fex. Abstieg über die Alp da Segl zum Hotel Fex. 9 km, 680 m Aufstieg, 500 m Abstieg, 3 bis 3½ Std., T2.
2. Tag: Vom Hotel Fex auf der Strasse etwa 300 Meter talauswärts, dann rechts hoch auf durchwegs gutem, nirgends schwierigem Weg auf den Chüern (2689 m) mit schöner Sicht auf den Piz Fora und im Nordwesten zum Piz Lagrev. Vorbei am Lej Sgrischus nach Munt Sura und via die Aussichtskanzel Marmorè zurück nach Sils Maria. 12 km, 710 m Aufstieg, 890 m Abstieg, ca. 4 Std., T2.
Endpunkt: Postautohaltestelle Sils Maria Post. Von hier stündlich mit dem Bus zum Bahnhof in St. Moritz.

Hotel Fex

Art und Ambiance: Klassischer, rund hundertjähriger Stein-Riegel-Bau auf knapp 2000 Meter Höhe im Herzen des Val Fex, erreichbar auch mit der Pferdekutsche ab Sils Maria. Gediegener Speisesaal mit Cheminée und grosser Fensterfront gegen die Berge. Zwei Aufenthaltsräume, grosse Terrasse.
Zimmer: 3 Einzel-, 12 Doppelzimmer, komfortabel bis luxuriös, bündnerisch-rustikal, 13 davon mit Dusche oder Bad und WC im Zimmer, 2 mit WC und Lavabo im Zimmer und Dusche auf der Etage.
Küche: Vier-Gang-Menüs zum Abendessen, vielfältig, von bündnerisch über italienisch bis zur

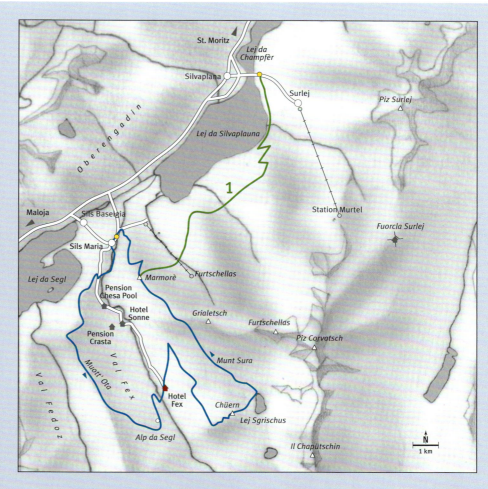

traditionellen Berghauskost. Spezialitäten: Kräuterpizokels, Polenta, einmal pro Woche Bündner Abend. Für Vegetarier spezielles Vier-Gang-Menü. Mehr als hundert Weine, vor allem aus Italien und der Bündner Herrschaft.
Für Kinder: Spielplatz mit Rutsche, Schaukel, Spiele im Haus.
Hunde: In den Zimmern erlaubt (Zuschlag), im Speisesaal nicht.
Preisklasse: Hoch.
Öffnungszeiten: Um 10. Juni bis 20. Oktober und Mitte Dezember bis Mitte April.
Adresse: Hotel Fex, 7514 Sils-Fex, Telefon 081 832 60 00, www.hotelfex.ch

Alternative

1 Bis Surlej: Am zweiten Tag bei Marmorè nicht nach Sils Maria absteigen, sondern nordöstlich nach Surlej (oder Silvaplana). Länge/Wanderzeit zweiter Tag dann 17 km, 710 m Aufstieg, 890 m Abstieg, ca. 5 Std., T2. Von Surlej mit dem Postauto zum Bahnhof in St. Moritz.

Weitere Berghäuser

- Pension Chesa Pool, Zimmer, Telefon 081 838 59 00, www.chesapool.ch
- Hotel Sonne, Zimmer, Telefon 081 826 53 73, www.hotel-sonne-fex.ch
- Pension Crasta, Zimmer, Telefon 081 826 53 92, www.pensiuncrasta.ch

Weitere Informationen

Landeskarte 1:50 000, 268 oder 268T Julierpass
Landeskarte 1:25 000, 1277 Piz Bernina
Verkehrsverein, 7514 Sils Maria,
Telefon 081 838 50 50, www.sils.ch.

Bücher

Flurin Camenisch, Diego Giovanoli und Duri Stupan, Val Fex. Ausblick in ein stilles Tal, Haupt Verlag, Bern 2001
Constantin Wieser, Val Fex: das Tal, die Häuser und ihre Bewohner, Pro Fex, Trin 2000

ÜBER ZWEI PÄSSE VOM ALBULATAL INS OBERENGADIN

Preda–Fuorcla Crap Alv–Spinas–Fuorcla Valletta–Celerina
Berggasthaus Suvretta

- Eher anspruchsvolle Wanderung (mit einfacherer Alternative)
- Zwei Passübergänge
- Sicht auf Viertausender

Zwei Wege gibt es, um von Preda im Albulatal nach Spinas im Val Bever zu gelangen. Fünf Jahre dauerte es, bis man die direkte Route in gefährlicher und mühsamer Arbeit aus dem Urgestein des Dschimelsmassivs gehauen hatte. Im Juli 1903 war sie schliesslich fertiggestellt und wurde in einem grossen Festakt eröffnet: Der erste Zug rollte durch den neuen, fast sechs Kilometer langen Albulatunnel. Heute braust man in wenigen Minuten hindurch, döst im Panoramawagen oder schlürft einen Capuccino,

Links: Das Berggasthaus Spinas.
Mitte: Ein Plätzchen zum Meditieren:
Lai da Palpuogna mit den Dschimels.
Rechts: Grossköpfige Gemswurz im Schutt
bei der Fuorcla Valletta.

und nur wenige Passagiere sind sich wohl der Strapazen und Gefahren bewusst, die die Bauarbeiter damals auf sich genommen haben, um uns heute diesen Komfort zu ermöglichen.

Der Aufwand war für die damalige Zeit beträchtlich. An beiden Portalen wurde für die Energieversorgung ein eigenes Kraftwerk erstellt – bei Preda war dies der Stausee Lai da Palpuogna, auf der Engadiner Seite wurde die Beverin gestaut, um die Turbinen anzutreiben. Bei Spinas, neben dem heutigen Berggasthaus Suvretta, entstand eine kleine Stadt, komplett mit Schule, Krankenstation und Restaurant. Zeitweise arbeiteten mehr als 1300 Personen am Bau des zweithöchsten Alpendurchstichs der Schweiz.

Dass es beim Tunnelbau geologische Probleme gab, erstaunt wenig. Oft kam es zu Wassereinbrüchen, und das sechs Grad kalte Wasser vermengte sich mit dem feinen Gestein zu einer eiskalten, breiigen Masse. Zeitweise betrug der Wassereinbruch

Verschnaufpause auf der Fuorcla Crap Alv.

Charakter

Eine Tour, die fast allen etwas zu bieten hat: Bahnhistorisches (Lehrpfad zwischen Bergün und Preda mit Kehrtunneln und Viadukten), Idyllisches (diverse Bergseen), Botanisches (aussergewöhnliche Blumenvielfalt), Zoologisches (Gemsen, Steinböcke, Hirsche und Murmeltiere) und schliesslich eine klassische Aussicht auf das Piz-Palü-Piz-Bernina-Massiv.

Die Wanderung

Anfahrt: Mit dem Zug stündlich bis Preda.
Ausgangspunkt: Preda.
1. Tag: Beim Bahnhof Preda etwa 200 Meter westlich, Richtung Bergün, unter den Geleisen hindurch und dann auf einfachem, gut markiertem Weg durch Wald hoch zum Lai da Palpuogna, weiter nach Crap Alv und in einem grossen Bogen unter dem Dschimels auf die Fuorcla Crap Alv. Auf der Südseite steil hinab ins Val Bever und auf einer Naturstrasse zum Berggasthaus Spinas. 13 km, 680 m Aufstieg, 650 m Abstieg, 3¾ Std., T2.

2. Tag: Vom Berggasthaus in steilem Zickzack das Valletta da Bever hinauf, zuerst durch Wald, später über Weiden, auf den kleinen Passübergang zwischen Piz Padella und Cho d'Valletta. Weiter auf gutem, einfachem Weg auf die Fuorcla Valletta und auf der anderen Seite mit prächtigem Blick zum Piz Palü und ins Berninamassiv via Marguns (Restaurant) nach Celerina. 18 km, 1040 m Aufstieg, 1130 m Abstieg, 5¾ Std., T2.
Endpunkt: Bahnhof Celerina. Von hier stündlich mit dem Zug weiter.

Berggasthaus Spinas

Art und Ambiance: Schlichtes, hübsches Haus aus Holz und Stein, einige Kilometer von Bever im Val Bever am Rand einer grösseren, baumdurchsetzten Lichtung, nur einige Schritte vom Bahnhof Spinas. Einfache Gaststube, schöne Terrasse.
Zimmer: 5 Einzel-, 7 Doppel-, 2 Dreierzimmer, einfach, alle mit Lavabo. Dusche und WC auf der Etage.

Küche: Traditionelle Berghauskost, italienische Gerichte. Für Vegetarier: Käsekuchen, Rösti, Polenta. Weine aus der Schweiz und aus Italien.
Für Kinder: Einige Spielgeräte vor dem Haus, Spiele im Haus.
Hunde: In den Zimmern erlaubt (Zuschlag).
Preisklasse: Mittel bis hoch.
Öffnungszeiten: Anfang Juni bis etwa 20. Oktober und Weihnachten bis Anfang April.
Adresse: Berggasthaus Spinas, 7502 Bever, Telefon 081 851 19 20, www.spinasbever.ch

Alternativen

1 Start in Bergün: Von Bergün nach Preda führt der bahnhistorische Lehrpfad. Die Route durch das enge Albulatal ist auch landschaftlich reizvoll. Zusätzlich 8 km, 430 m Aufstieg, 2½ Std., T2.
2 Luftseilbahn nach Celerina: Die Gondelbahn erspart einem 550 Meter Abstieg. Länge und Wanderzeit am zweiten Tag dann: 12 km, 1040 m Aufstieg, 580 m Abstieg, 4¼ Std., T2.

Weitere Berghäuser

- Vegi-Pension Sonnenhof, Zimmer und Lager, Telefon 081 407 13 98, www.preda-sonnenhof.ch
- Hotel Preda Kulm, Zimmer, Telefon 081 407 11 46, www.preda-kulm.ch

Weitere Informationen

Landeskarte 1:50 000, 258 oder 258T Bergün und 268 oder 268T Julierpass
Landeskarte 1:25 000, 1237 Albulapass und 1257 St. Moritz
Bergün Ferien, Telefon 081 407 11 52, www.berguen.ch. Tourismusverein Bever, Telefon 081 852 49 45, www.engadin.stmoritz.ch/bever. Celerina Tourismus, Telefon 081 830 00 11, www.celerina.ch.

Bücher

Hans Hofmann, Rhätische Bahn – der Bahnbau: die Männer der Bauzeit und ihre Werke 1886–1914, Calanda Verlag, Chur 1989
Bernhard Studer, Rhätische Bahn. Eisenbahnerlebnis in Graubünden, Dietschi AG, Olten 2002

dreihundert Liter pro Sekunde. So kam man im Frühling 1900 während einer besonders schwierigen Phase in zehn Wochen nur gerade zwei Meter vorwärts! Als die ausführende Baufirma diese Schwierigkeiten nicht mehr allein bewältigen konnte, nahm der Kanton Graubünden das Projekt an die Hand. Am 29. Mai 1902 gelang schliesslich der Durchstich.

Die Geschichte des Berggasthauses Spinas ist eng mit der des Tunnelbaus verbunden. Zwar stand hier schon vor dem Tunnelbau ein kleines Restaurant. Zur Blüte kam es aber erst mit dem Eintreffen der Arbeiter und Ingenieure mit ihren Familien. 1910, einige Jahre nach der Fertigstellung des Tunnels, wurde es in ein Hotel umgewandelt und erhielt einen neuen Dachstock; in dieser Form ist es bis heute erhalten geblieben, ohne dabei «ältlich» zu wirken. 1957 bis 1984 diente das Haus dem Schweizerischen Blindenbund als Ferienheim.

Die alternative Route von Preda nach Spinas führt nicht durch den Berg, sondern in einem hohen Bogen über den Berg und ist für den Wanderer um einiges spannender. Dabei muss man Acht geben, nicht schon kurz nach dem Start «hängen zu bleiben», denn am idyllischen Lai da Palpuogna lässt sich wunderbar am Ufer picknicken oder unter einem Baum dösen. Der Aufstieg zum höchsten Punkt der Tour, der Fuorcla Crap Alv (2466 m), ist weder lang noch übermässig steil, und in anderthalb Stunden ist man oben – falls man nicht bei den einsamen Seen unter dem Dschimels nochmals eine längere Genusspause einschaltet.

Für viele Passwanderer folgt der Höhepunkt des Tages kurz nach dem Kulminationspunkt, beim steilen Abstieg zum Talboden des Val Bever. Leicht ist es, in einem guten Sommer über die Schönheiten der Alpenflora ins Schwärmen zu kommen. Was einen aber auf dieser Wegstrecke erwartet, ist schlicht fantastisch. Hier findet man Horstseggen-, Krummseggen- und Borstgrasrasen, was noch eher trocken klingt. Diese sind aber übersät mit Myriaden von auffälligen und auch unscheinbareren Blumen, wie beispielsweise dem Schwarzen Männertreu, der Alpen-Aster, der Schwefel-Anemone, der Bärtigen Glockenblume und dem Eberreisblättrigen Greiskraut. Das Geheimnis dieser Vielfalt und Dichte liegt nicht nur in der Geologie oder dem Klima des Standorts, sondern ist vor allem darin begründet, dass hier eine Wild- und Waldschutzzone ausgeschieden wurde. Das verhindert, dass die Blütenpracht vorzeitig den Mäulern der hungrigen Rinder zum Opfer fällt. Gut zu wissen, dass dieses Phänomen nicht nur in einem speziell glücklichen Sommer, sondern in den meisten Jahren beobachtet werden kann.

Links oben: Der erste Schnee hat den Piz Ela überzuckert.
Oben: Geschafft – auf die Fuorcla Valletta.
Unten: Verschnaufpause auf der Fuorcla Crap Alv.

ZWEI TAGE IM NEUEN PARC ELA

Julierpass–Fuorcla digl Leget–Alp Flix–Piz Colm–Tinizong
Berghaus Piz Platta

- Mittelschwere Wanderung (mit einfacherer Alternative)
- Moorlandschaft
- Speziell gediegenes Haus

Oben: Aussichtspunkt im Val d'Agnel.
Unten: Aus der Perspektive eines kleinen
Nickerchens: Gewöhnliche Margeriten.

Nach fünf Minuten ist alles weit weg. Heulen auf dem Julierpass noch Kolonnen von Motorrädern über das Asphaltband, liegt der Geruch von verbranntem Öl in der Luft und huschen Buspassagiere eilig zum WC-Häuschen, ist nach einigen Minuten auf dem Wanderweg dies alles vergessen. Man passiert eine kleine Kuppe, und schon liegt die Hektik weit zurück. Kühle Bergluft streift die Haut, das Rauschen der Bergbäche dringt ans Ohr, und der würzige Duft der Alpwiesen weckt Erinnerungen an frühere Wanderungen. Nach kurzer Zeit ist auch in die Beine nach der langen Fahrt mit dem Postauto wieder Leben zurückgekehrt, und der Kopf wird klar und wach.

Das Val d'Agnel zieht sich als schönes Hochtal vom Julierpass nach Norden. Auch wenn es von rauhen, wild zerfressenen Felsgipfeln umgeben ist, sind die tieferen Lagen gute Weidegründe, und zahlreiche Rinder tun sich am saftigen Grün gütlich. Auch Picknickplätze für Wanderer gibt es zuhauf, und so setzt man sich gerne zwischen dichten Büscheln von Enzianen und gelb leuchtenden Habichtskräutern ins Gras, lehnt sich an einen Felsblock und verzehrt die Köstlichkeiten aus dem Rucksack.

Nicht einmal eine halbe Stunde ist es vom Talboden auf die Fuorcla digl Leget auf 2700 Meter Höhe. Welch ein Kontrast! Eine Fels- und Steinwüste, kaum ein Kräutlein kann hier überleben, und ein kalter, schneidender Wind fegt unablässig über den flachen Pass. Ob es so wohl in Tibet oder im Karakorum aussieht? Lohnend ist auf jeden Fall die Besteigung des namenlosen Berges westlich der Fuorcla, des Punktes 2860. Der Aufstieg ist einfach, doch – seltsam – bald ist es totenstill. Kein Lüftchen weht, nicht einmal die eigenen Schritte auf dem Schutt hört man, kein Klirren, kein Poltern, kein Rutschen. Die Erklärung liegt in der Beschaffenheit des Gesteins. Es handelt sich um Rauhwacke, auch Tuffstein genannt, wild und scharfkantig zerlöchert und zerfranst, und auch kleine Brocken haben sich so eng ineinander verzahnt, dass sie sogar unter der Last eines Wanderers keinen Millimeter weichen. Das poröse, hellbeige Dolomitgestein ist trotz seinem lavaähnlichen Aussehen nicht vulkanischen Ursprungs, sondern ein Sedimentgestein, aus dem eingelagerte Gips- oder Kalkfragmente herausgelöst wurden und so Poren und Löcher hinterlassen haben. Nur wenig westlich des Passes finden sich völlig andersartige Gesteine, rot und grün gefärbt; es sind verschieferte Vulkanite, also erstarrtes und verformtes Magma.

Oben auf dem Gipfel ist es noch immer windstill. Im Süden, über dem Septimerpass, ragen die Bergeller Granitzähne in den dunstigen Himmel. Am Boden leuchtet das Blau des Himmelsherolds aus dem Schutt, und nicht weit davon haben sich einige Polster von Alpen-Mannsschild mit ihren zarten rosa Blüten im Untergrund verkrallt. Das perfekte Plätzchen hier oben lädt nochmals zu einer langen, wenn auch ungeplanten Pause ein.

Das Berghaus Piz Platta auf der Alp Flix wurde 1908 erbaut. «Bei zahlreichen, leichten Spaziergängen in vorzüglicher, frischer Bergluft mit viel Sonne ist die Gegend absolut staubfrei und gänzlich vom Nordwind abgeschlossen. Auch der Hochtourist findet die beste Gelegenheit, seinen Sport auszuüben, denn eine mächtige Kette von Bergen umrahmt das malerische Plateau.» So steht es in einem alten Hotel-

Auf der Alp Flix, hinten der Piz Platta.

prospekt, und so ist es auch heute noch. Dem Berghaus sind seine «inneren Werte» von aussen nicht anzusehen. Hinter einer unscheinbaren, wettergegerbten Holzfassade versteckt sich nämlich ein komplett renoviertes, fast schon etwas luxuriöses Interieur im Bündner Stil, geschmackvoll, einladend, aber nicht überladen. Mitte Juli ist es noch lange hell, und so sitzt man gerne auf der schönen Terrasse unter dem grossen Sonnendach. Zuerst ein kühles Bier, dann vielleicht Capuns oder Pizokels mit Gemü-

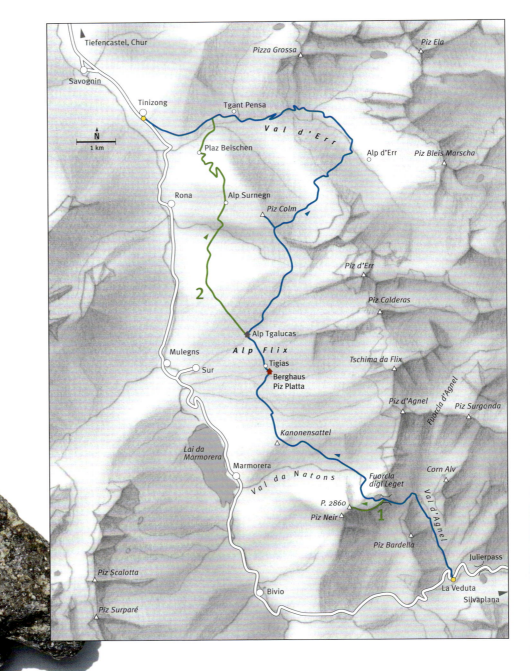

sestreifen, Butter und Käse, und zum Dessert ein Berghonigparfait mit karamellisierten Baumnüssen oder ein Schokoladenkuchen mit Beerensauce. Noch ein perfektes Plätzchen auf dieser Wochenendtour!

Die Alp Flix ist weit mehr als eine grosse Sonnenterrasse mit prächtigem Blick auf den Piz Platta und den Piz Arblatsch auf der anderen Talseite. Sie ist auch in mehrfacher biologischer Hinsicht von Interesse. Sie bietet eine relativ grosse Moorlandschaft von etwa siebzig Hektaren mit Gross-, Kalk- und sauren Kleinseggenriedern von nationaler Bedeutung. Eine grosse Region um den Piz Ela ist auch als eidgenössisches Jagdbanngebiet ausgeschieden. Die Region um die Alp Flix ist vor allem wegen einem einzigartigen wissenschaftlichen Projekt bekannt geworden. Vor einigen Jahren wurden an einem «Tag der Artenvielfalt» von 74 Spezialisten möglichst viele Tier- und Pflanzenarten identifiziert. Das erstaunliche Resultat ergab nicht weniger als 2092 Arten, darunter auch eine bisher unbekannte Dung-Mückenart, die inzwischen den Namen Rhexosa flixella erhalten hat. Und nicht zuletzt liegt die Alp Flix auch mitten im neuen Parc Ela, einem Naturpark von 600 Quadratkilometer Grösse zwischen Bergün, Bivio, Tiefencastel und Filisur.

Charakter

Eine doppelt genüssliche Tour: Die Aufstiege sind an beiden Tagen eher gering, und das Berghaus Piz Platta liegt wunderschön auf der Alp Flix und verwöhnt mit gehobenem Komfort. Auch landschaftlich bietet die Wanderung, die zum Teil auf der neuen Veia Parc Ela verläuft, viel: Hochtäler, karge, wilde Passlandschaft, Seen, blumenreiche Alpwiesen, Wälder und verträumte Moorlandschaften.

Die Wanderung

Anfahrt: Mit Zug und Postauto auf den Julierpass (zwei Kurse am Morgen).
Ausgangspunkt: Postautohaltestelle Julier, La Veduta.
1. Tag: Von der Haltestelle beim Restaurant nördlich ins Val d'Agnel und nach etwa drei Kilometern links hoch zur Fuorcla digl Leget (2711 m)

Berghaus Piz Platta

Art und Ambiance: Von aussen unscheinbares, sonnengebräuntes Haus mit neuem, (edel-)bündnerischem Interieur am Rand der idyllischen Hochebene Alp Flix. Geschmackvoll eingerichtete Gaststube im Bündner Stil, gedeckte Sonnenterrasse mit Blick auf die Dreitausender zwischen Oberhalbstein und Avers.
Zimmer: 6 Doppel-, 2 Viererzimmer, komfortabel bis fast luxuriös, alle mit Dusche und WC. *Küche:* Traditionelle Berghauskost und bündnerische Menüs, viele einheimische Produkte. Spezialitäten: Capuns, Gemüsepizokels, Puschlaver Pizzoccheri, Polenta mit Pilzragout, Risotto mit Pilzen und Trüffelöl. Vielfältiges Weinangebot, vor allem regionale Weine.
Für Kinder: Spiele im Haus, Besuch auf dem nahegelegenen Bauernhof.
Hunde: In den Zimmern ohne Zuschlag erlaubt.

2 Vereinfachung zweiter Tag: Von der Alp Flix kann man direkter und fast ohne weitere Aufstiege nach Tinizong gelangen: an den Seen auf der Alp Flix vorbei, über die Alp Surnegn und via Plaz Bleischen nach Tinizong. 11 km, 180 m Aufstieg, 920 m Abstieg, knapp 3 Std., T2.

Weiteres Berghaus

Agrotourismus Alp Flix, Tipis, Essen im Haupthaus, Telefon 081 637 12 16

Weitere Informationen

Wanderkarte Parc Ela 1:50 000 mit zahlreichen Zusatzinformationen auf Vorder- und Rückseite
Landeskarte 1:50 000, 268 oder 268T Julierpass und 258 oder 258T Bergün

Landeskarte 1:25 000, 1256 Bivio und 1236 Savognin

Tibet in der Schweiz – bei der Fuorcla digl Leget.

Die Alp Flix mit dem Berghaus Piz Platta.

«Cool», dass ihr mich in die kühlen Berge mitgenommen habt. Im Hintergrund der Piz Julier.

und zum kleinen See. Auf der anderen Seite über etwas rutschigen Schutt und über Geröll hinab, dann hoch über dem Val Natons über alpine Rasen flach zum Kanonensattel und hinab auf die Alp Flix. 12 km, 510 m Aufstieg, 770 m Abstieg, 3¼ Std., T2.
2. Tag: Vom Berghaus auf einer Naturstrasse nach Tgalucas und von dort durch Alpwiesen hinauf zum Piz Colm (2415 m). Weiter ins Val d'Err (Einkehrmöglichkeit auf der Alp d'Err, 10 Minuten das Tal hoch) und via Tgant Pensa hinab nach Tinizong. 17 km, 600 m Aufstieg, 1340 m Abstieg, 5 Std., T2.
Endpunkt: Tinizong. Von hier mit dem Postauto nach Chur oder zum Bahnhof Tiefencastel (fast stündlich).

Preisklasse: Hoch.
Öffnungszeiten: Mitte Mai bis Ende Oktober. Von Weihnachten bis Mitte April jeweils Freitag bis Sonntag.
Adresse: Berghaus Piz Platta, Alp Flix, 7456 Sur, Telefon 081 659 19 29, www.flix.ch

Alternativen

1 Gipfelbesteigung am ersten Tag: Von der Fuorcla digl Leget lohnt sich der kurze Abstecher auf den namenlosen Gipfel Punkt 2860. Der nicht markierte Aufstieg ist einfach und führt über einen breiten, nur allmählich ansteigenden Rücken auf den Gipfel. Hin und zurück 2 km, je 150 m Auf- und Abstieg, ¾ Std., T2.

Kur- und Verkehrsverein Bivio, Telefon 081 684 53 23, www.bivio.ch. Savognin Tourismus, Telefon 081 659 16 16, www.savognin.ch. Zum neuen Parc Ela: www.parc-ela.ch.

Bücher

Savognin: Geschichte, Wirtschaft, Gemeinschaft, Gemeinde Savognin, 1988

KLEINER PASS BEIM GROSSEN PASS BEIM PIZ PLATTA

Cunter–Fuorcla Curtegns–Val Grond–Faller–Mulegns
Berghaus Radons

- Eher anspruchsvolle Wanderung
- Passüberquerung
- Gediegenes Haus

«Eine Handvoll Ställe und Heugaden, ausgedehnte Matten, auf denen die Reamser ihr Vieh sömmern, eingebettet in die grandiose Gebirgswelt zwischen den bündnerischen Tälern Oberhalbstein und Avers, das ist Radons. (...) Am schönsten ist es, kurz vor dem Einnachten in Radons anzulangen. Greifbar vor dem späten Ankömmling steht das Berghaus Radons mit rauchendem Kamin und dem Schein dämmrigen Petrollichts hinter den Fenstern, ein Symbol der Geborgenheit und des tiefsten Friedens» (NZZ, 9. Januar 1941).

Eine Weile ist es her, seit diese Zeilen kurz nach der Eröffnung des Berghauses vor dem Zweiten Weltkrieg geschrieben wurden, und einiges hat sich seither verändert hier oben, hoch über Savognin. Es ist nicht mehr die «paradiesische Domäne des Skifahrers, dem es beliebt, abseits von der Heerstrasse seine Spur in die weisse Unendlichkeit zu ziehen»; heute überziehen zahlreiche Lifte die Hänge am Piz Martegnas. Auch der Kamin raucht nicht mehr, Elektrizität und moderner Komfort haben längst

Links: Komfortables Haus hoch über Savognin:
Berghaus Radons.
Rechts: Markierungen weisen den Weg sicher
auf die Fuorcla Curtegns.

das Petrollicht im Berghaus ersetzt. Radons ist aber im Sommer noch immer eine ruhige Ecke fern vom Touristentrubel und Passstrassenlärm, eingebettet in saftige Alpweiden und umgeben von einigen Dreitausendern.

Ruhig und noch einsamer wird es dann auf der Wanderung über die Fuorcla Curtegns, über die man ins Val Gronda, nach Faller und schliesslich nach Mulegns gelangt. Nur wenige Wanderer wählen die Route, und so sind in den höheren Lagen

Die Ava da Faller im Val Grond, hinten das Usser Wisshorn.

und auch im dichten Gras des Val Gronda zwischen den Markierungen oft keine Wegspuren auszumachen. Eine genüssliche Pause oben auf dem Pass lohnt sich auf jeden Fall, und dies nicht nur wegen des Blickes auf den mächtigen, dunklen Piz Platta oder den Usser Wissberg, der unter der gleissenden Mittagssonne hell leuchtet. Es ist eine karge Felslandschaft, und doch blühen im Schutt Polsterpflanzen wie die Kiesel-Polsternelke und der Alpen-Mannsschild, als gäbe es kein besseres Plätzchen.

Die Zweitagestour bietet nicht nur landschaftlich viel, sondern auch historisch. Keinem Reisenden über den Julierpass entgeht die grosse Burg Rätia Ampla, die schlicht, aber umso eindrücklicher am Hang bei Riom sitzt und das ganze Surses zu überwachen scheint. Der heutige Bau stammt aus dem 13. Jahrhundert, mehr als dreihundert Jahre war er Sitz der Vögte des Bischofs von Chur. 1552 konnte sich das Tal von der bischöflichen Herrschaft loskaufen, und von da an diente die Burg als Tagungsort und Gefängnis. Bereits ab dem 17. Jahrhundert war die Burg nicht mehr be-

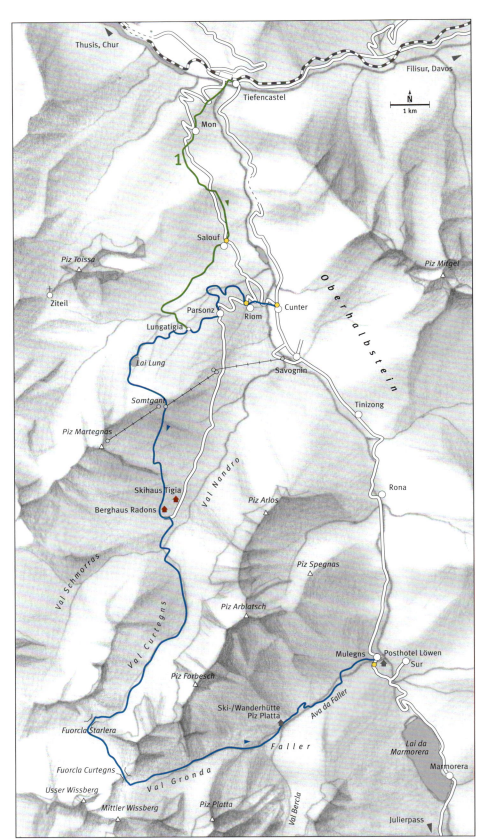

wohnt – die Balken wurden für Hotelbauten nach Maloja transportiert. Und das übriggebliebene Holz wurde nach dem Dorfbrand von 1865 für den Wiederaufbau von Riom verwendet. Gut hundert Jahre war die Burg eine verlotterte Ruine, bis man 1977 die Anlage restaurierte und ein neues Dach aufsetzte. Heute finden in der Burg Rätia Ampla kulturelle Anlässe statt.

Auf der Fuorcla Curtegns mit dem Piz Platta.

Riom mit der Burg Rätia Ampla.

Charakter

Was macht Graubünden so attraktiv? Es sind vor allem einsame, naturnahe Berglandschaften einerseits und hübsche Bergdörfer andererseits. Beides kann man auf dieser Tour auskosten, mit den geschichtsträchtigen Dörfern bei Savognin und einem wenig begangenen Pass am zweiten Tag. Das Berghaus Radons schliesslich bietet alles für einen richtigen Wohlfühl-Aufenthalt.

Die Wanderung

Anfahrt: Stündlich mit Zug und Postauto bis Cunter.
Ausgangspunkt: Cunter, Posta.
1. Tag: Von Cunter über die Geglia und auf der anderen Seite hoch nach Riom und weiter zur höher gelegenen Gemeindefraktion Parsonz. Via Lungatigia hinauf und vorbei am kleinen See Lai Lung nach Somtgant und leicht abfallend nach Radons. 13 km, 1080 m Aufstieg, 390 m Abstieg, 4½ Std., T2.
2. Tag: Von Radons durch das langgestreckte Val Curtegns auf die Fuorcla Starlera hinauf und links weiter über viel Geröll, aber einfach auf die Fuorcla Curtegns (2660 m). Auf der anderen Seite hinab ins Val Gronda und streckenweise nur mit Wegspuren, aber immer wieder markiert nach Tga (Alpbeizli) und auf einer Naturstrasse nach Mulegns. 22 km, 790 m Aufstieg, 1190 m Abstieg, 6 Std., T2.
Endpunkt: Postautohaltestelle Mulegns. Von hier alle ein bis zwei Stunden Verbindung z. B. zum Bahnhof Tiefencastel.

Berghaus Radons

Art und Ambiance: Das Berghaus Radons besteht eigentlich aus zwei Häusern – die rustikale Gaststube liegt im älteren Teil, die Zimmer befinden sich im neuen Teil. Die Funktionalität der Winter-Infrastruktur kann der Atmosphäre des

Hauses für den Sommergast nichts anhaben. Grosse Sonnenterrasse mit Blick ins Val Curtegns und zum Piz Arblatsch.
Zimmer: 3 Doppelzimmer, 2 Doppelzimmer mit Kajütenbetten, 1 Dreier-, 2 Viererzimmer, komfortabel, alle mit Lavabo. Dusche und WC auf der Etage.
Küche: Viele Bündner und einige italienische Gerichte. Spezialitäten: Tgern salada (Rindfleisch-Carpaccio mit Olivenöl, Parmesan, Rucola und Olivenbrot), Pizokel-Topf. Für Vegetarier: diverse Bündner Gerichte, Älplermagronen, Ravioli alle Calabrese usw. Grosse Weinkarte mit Weinen vor allem aus der Schweiz und Italien.
Für Kinder: Diverse Klettergeräte, Spiele im Haus.
Hunde: Nach Absprache, ohne Zuschlag.
Preisklasse: Mittel bis hoch.
Öffnungszeiten: Juli bis 20. Oktober und Weihnachten bis Mitte April.
Adresse: Berghaus Radons, 7460 Savognin, Telefon 081 659 10 10, www.radons.ch

Skihaus Tigia

Art und Ambiance: Schlichtes Haus in Tigia, fünf Fussminuten vor Radons. Einfache, heimelige Gaststube mit Cheminée in der Mitte des Raumes.
Zimmer: 7 einfache Doppelzimmer, Dusche und WC auf der Etage.
Küche: Traditionell. Spezialitäten: Pizokels mit Kräutern, Capuns. Für Vegetarier einfaches Menü. Vor allem Bündner Weine.
Hunde: Nach Absprache.
Preisklasse: Tief bis mittel.
Öffnungszeiten: Mitte Juni bis 20. Oktober und Wintersaison.
Adresse: Ski- und Ferienhaus Tigia, 7463 Riom, Telefon 081 684 11 35, www.tigia.uffer.net

Alternative

1 Längerer erster Tag: Wer am ersten Tag mehr Zeit hat und eine längere Wanderung unternehmen will, kann in Tiefencastel starten und kommt so auch durch die hübschen Dörfer Mon und Salouf. 20 km, 1500 m Aufstieg (!), 500 m Abstieg, 6½ Std., T2.

Weitere Berghäuser

• Ski- und Wanderhütte Piz Platta, Lager für 2, 4, 6 und 8 Personen, offen Mitte Juli bis Mitte August, Telefon 081 684 55 95, www.savognin.ch
• Löwen in Mulegns, Zimmer, nur mit Frühstück, Telefon 081 684 51 41, www.savognin.ch

Weitere Informationen

Wanderkarte Parc Ela 1:50 000, mit zahlreichen Zusatzinformationen auf Vorder- und Rückseite
Landeskarte 1:50 000, 258 oder 258T Bergün und 268 oder 268T Julierpass
Landeskarte 1:25 000, 1236 Savognin und 1256 Bivio, für die Region um Tiefencastel evtl. auch 1216 Filisur
Savognin Tourismus, Telefon 081 659 16 16, www.savognin.ch. Zum neuen Parc Ela: www.parc-ela.ch.

Bücher

Heimatbuch Riom-Parsonz, Riom-Parsonz 2001

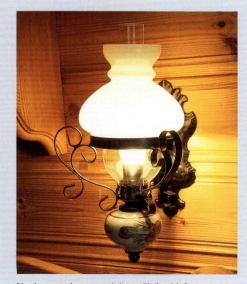

Noch etwas lesen, und dann tiiief schlafen.

PASSLANDSCHAFTEN ZWISCHEN RHEINWALD UND SAFIENTAL

Splügen–Safierberg–Safiental–Alperschällilücke–Sufers
Berggasthaus Turrahus

- Eher anspruchsvolle Wanderung (mit einfacherer Alternative)
- Zwei Passübergänge

Das Safiental liegt zwar auf der Karte fast in der Mitte des Kantons Graubünden, ist aber trotzdem eine der Regionen, die am meisten unter dem Bevölkerungsschwund gelitten hat. 1850 zählte man in Safien, Tenna, Valendas und Versam noch fast 1800 Personen, bis 1980 sank die Zahl auf unter 1000. Die Entvölkerung setzte bereits im 17. Jahrhundert ein; damals lockte der Sold in fremden Regimentern, in französischen, holländischen und neapolitanischen Diensten. Später versuchten viele ihr

Links: Der Bewimperte Steinbrech im Bachbett des Stutzbaches.
Mitte: Pausenplätzchen mit Aussicht und Tiefblick. Hinten die Pizzas d'Anarosa.
Rechts: Felsenfeste Wegweiser auf der Alperschällilücke.

Glück als Zuckerbäcker und Kaffeehausbetreiber, oft in den Städten der österreichisch-ungarischen Donaumonarchie. Um 1830 setzte die Auswanderung nach Übersee ein, allein im Jahr 1847 zogen 28 Personen aus der kleinen Streusiedlung Arezen nach Amerika, an den Oberlauf des Mississippi. Später lockte gar Neuseeland, und zahlreiche Safientaler begannen am Mount Taranaki von neuem als Bauern.

Das Safiental wurde ursprünglich von Romanen aus den Gebieten Heinzenberg, Schams und Rheinwald bewirtschaftet; hier wurden sogar Relikte aus der Bronzezeit gefunden. Zwischen etwa 1300 und 1310 wurden deutschsprachige Walser offenbar planmässig auf Betreiben der Landesherren vom Rheinwald her im hinteren Safiental angesiedelt. Im späten 14. Jahrhundert kam es zu einem zweiten Besiedelungsschub, gefördert durch die Rhäzünser, die damals die Landesherren waren. Die Romanen scheinen sich bis etwa 1500 in Safien gehalten zu haben; mit den Walsern wurde das Tal aber endgültig deutschsprachig, was es auch heute noch ist.

Ein Märchenwald? Der Camaner Wald im Safiental.

Das hintere Safiental ist über zahlreiche Pässe mit den umliegenden Talschaften verbunden, von denen zwei besonders wichtig waren: Der Glaspass, damals «Stäga» genannt, führte etwa in der Talmitte nach Osten, zum Heinzenberg und nach Thusis. Ganz hinten im Tal gelangte man via Safierberg, der damals noch «Löchliberg» genannt wurde, zum Säumerort Splügen im Rheinwald. Dies ist ein relativ einfacher Pass, der auch gut mit Maultieren begangen werden konnte. Um den Säumern und

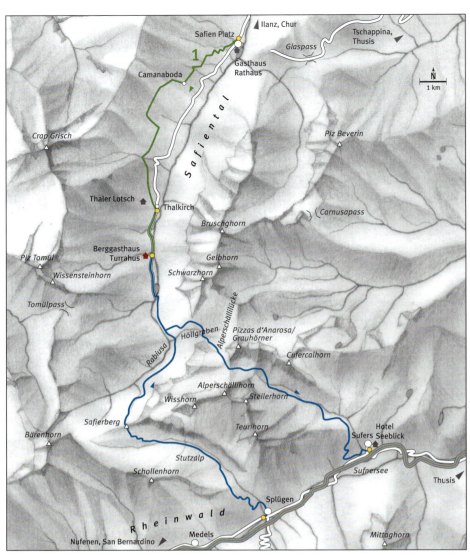

Oben: Über den Dächern von Splügen.
Unten: Weites, offenes Safiental.

ihren Tieren vor dem langen Aufstieg noch eine Rast zu bieten oder die Tiere zu wechseln, gab es schon seit langer Zeit ein einfaches Gasthaus im hintersten Talgrund, das Turrahus. Das etwa dreihundert Jahre alte Walserhaus dient heute, erweitert und renoviert, als Berggasthaus.

Etwas weiter östlich vom Safierberg führt die Alperschällilücke zwischen dem gleichnamigen Horn und den Pizzas d'Anarosa hindurch. Trotz der Nähe und der ähnlichen Höhe könnten die beiden Pässe unterschiedlicher nicht sein. Führt der Übergang über den Safierberg auf einem guten, meist breiten Weg über sanfte Berghänge und -rücken, windet sich die viel weniger begangene Route über die Alperschällilücke durch eine wilde, schroffe Berglandschaft. Bei Biggenmad gilt es zuerst, eine steile Grashalde zu erklimmen. Der Weg ist zwar durchwegs steil, aber nirgends gefährlich. Dann geht es durch den Höllgraben, mehrere steile Bachrunsen, bei denen vor allem bei Nässe Vorsicht am Platz ist. Die Passlandschaft schliesslich ist eine Welt der Steine, der Felsen und des Gerölls, über weite Strecken ohne jeglichen Pflanzenwuchs, eine Mondlandschaft von ganz besonderem Reiz. Die Suferser Seite des Passes ist wesentlich einfacher zu begehen, aber auch hier ist man meist nur auf einem schmalen Pfad unterwegs, und in den höheren Lagen ist dieser oft gar nicht sichtbar, so dass man sich von Markierung zu Markierung vortastet. Eine spannende Route für Liebhaber einsamer Berglandschaften, und ein ideales Kontrastprogramm zum sanften Safierberg.

Charakter

Zwei komplett verschiedene Passerlebnisse zwischen Rheinwald und Safiental: der Safierberg, die einfache historische Route, und die Alperschällilücke, ein wilder, einsamer Übergang. Wem ein Pass genügt, kann zusätzlich den Camaner Höhenweg im Safiental unter die Wanderschuhe nehmen.

Die Wanderung

Anfahrt: Mit dem Zug bis Thusis und von dort stündlich mit dem Postauto bis Splügen.
Ausgangspunkt: Splügen, Post.
1. Tag: Anfänglich recht steil, später flacher, meist über Wiesen und Weiden hoch auf den Safierberg. Auf dessen Nordseite, nur auf kurzer Strecke steil, hinab ins Safiental. 16 km, 1040 m Aufstieg, 790 m Abstieg, 5 Std., T2.
2. Tag: Vom Turrahus etwa 3 Kilometer auf gleichem Weg zurück, dann östlich steil hoch durch Grashalden, durch einige Bachrunsen, über Felsabsätze und ein steiles Bachbett hoch zum Seelein auf 2454 m Höhe. Durch grobes Geröll und Tundra auf die Alperschällilücke (2614 m). Auf der anderen Seite durch eine felsige Landschaft, später über Weiden und durch Lärchen-Arven-Wald hinab nach Sufers. 17 km, 920 m Aufstieg, 1190 m Abstieg, 5½ Std., T3.
Endpunkt: Postautohaltestelle Sufers. Von hier stündlich z. B. zum Bahnhof Thusis.

Berggasthaus Turrahus

Art und Ambiance: Alleinstehendes, renoviertes dreihundertjähriges Walserhaus ganz am Ende der Postautolinie ins Safiental. Zwei nostalgisch-rustikale Gaststuben, Gartenterrasse. «Hot pot» (grosse, holzbefeuerte Rundwanne) vor dem Haus für Gruppen bis 7 Personen auf Anmeldung.
Zimmer: 8 Doppel-, 1 Dreier-, 2 Viererzimmer, einfach, Dusche, WC und Waschtrog auf der Etage. Lager für 8 und 17 Personen.
Küche: Traditionelle Schweizer Küche. Spezialitäten: Capuns, Grilladen, in der Saison Wild. Vegetarisches Menü auf Anfrage. Weine aus aller Welt.
Für Kinder: Sandkasten und Schaukel vor dem Haus, Spiele im Haus.
Hunde: In den Zimmern erlaubt, ohne Zuschlag.
Preisklasse: Mittel.
Öffnungszeiten: Anfang Juni bis Ende Oktober und Mitte Dezember bis Ende April.

Adresse: Berggasthaus Turrahus, 7109 Thalkirch Safien, Telefon 081 647 12 03, www.turrahus.ch

Alternativen

1 Camaner Höhenweg, eine einfache Alternative für einen lockeren ersten Tag. Von der Postautohaltestelle Safien Platz hoch zum Camanaboda und zu den Camanahütten, dann wieder hinab, durch schöne Fichtenwälder nach Thalkirch und zum Turrahus. 13 km, 570 m Aufstieg, 290 m Abstieg, 3¾ Std., T2.
Am zweiten Tag kann man dann den einfacheren

Gemütliches Walserhaus: Berggasthaus Turrahus.

Safierberg oder die anspruchsvollere Alperschällilücke wählen.
Safier Heimatmuseum auf dem Camanaboda, offen jeden zweiten Sonntag von 14 bis 17 Uhr, Auskunft Telefon 081 647 11 17.

Weitere Berghäuser

- Diverse Hotels in Splügen
- Gasthaus Rathaus in Safien Platz, Zimmer, Telefon 081 647 11 06, www.gasthaus-rathaus.ch

- ThalerLotsch, Zimmer, nur Selbstkocherküche, Telefon 081 647 12 73, www.thalerlotsch.ch
- Hotel Seeblick in Sufers, Zimmer, Telefon 081 664 11 86

Weitere Informationen

Landeskarte 1:50 000, 257 oder 257T Safiental, für Splügen 267 oder 267T San Bernardino
Landeskarte 1:25 000, 1234 Vals und 1235 Andeer, für Splügen 1255 Splügenpass, für den Camaner Höhenweg 1215 Thusis

Splügen/Rheinwald Tourismus, Telefon 081 650 90 30, www.viamalaferien.ch. Verkehrsverein Safien, Telefon 081 630 60 16, www.safiental.ch.

Bücher

Hans und Leonhard Bandli, Im Safiental, Verlag Bündner Monatsblatt, Chur 1991

EINE GRATWANDERUNG HOCH ÜBER DEM HEINZENBERG

Präz–Glaspass–Carnusapass–Wergenstein
Berghaus Obergmeind, Berggasthaus Beverin

- Anspruchsvolle Wanderung (mit einfacherer Alternative)
- Gratwanderung und Passüberquerung

Links: Berghaus Obergmeind.
Rechts: Magische Stimmung beim Bischolsee,
hinten der Piz Beverin.

Eine Grattour – das klingt nach schroffen Felszacken, schwindelerregenden Abgründen und Wegen, auf denen kaum ein Wanderschuh Platz hat. Solche Touren gibt es zahllose in den Schweizer Alpen, aber nirgends ist dieses Bild unpassender als auf dem «Grat» hoch über dem Heinzenberg. Schon der erste Anblick dieser weiten, fast flachen, offenen Wiesen- und Weidelandschaft hoch über dem Domleschg lässt vermuten, dass es dort oben so wild nicht zu und her gehen kann. Und so ist es auch – zumindest zur Hälfte, wie man ehrlicherweise gleich anfügen muss. Auf der Ostseite geht der Grat zwischen der Präzer Höhi und dem Tguma in sanfte Weiden über, und nicht selten teilt man sich die besten Aussichtspunkte mit ein paar Kühen oder Rindern, die hier oben ein kühlendes Lüftchen geniessen. Auf der Westseite fällt die Krete ziemlich steil in das langgezogene Safiental ab, doch nirgends so, dass Schwindelanfällige sich hinsetzen müssten. Luftig ist es aber in jedem Fall, und das Panorama könnte weiter kaum sein, mit der langgezogenen Pyramide des Piz Beverin im Süden, der Kette des Stätzerhorns im Osten, dem Calanda-Ringelspitz-Gebiet im Norden und dem Zackengrat beim Piz Fess im Westen.

Idealer Startpunkt für diese Tour ist Präz, das von Thusis mit dem Postauto einfach erreichbar ist. Das kleine Haufendorf mit den Weilern Dalin und Raschlegnas wurde bereits 1290 als «Parez» erwähnt, die Gegend war aber schon vorher besiedelt. Der Turm der Burg Heinzenberg etwas unterhalb des Dorfes stammt aus dem Jahr 1200, und 1958 wurde in Raschlegnas eine lepontinische Stele mit etruskischer Inschrift aus dem 3. Jahrhundert vor Christus gefunden. Dies ist nicht erstaunlich, denn im Domleschg, dem weiten Talgrund zwischen Rothenbrunnen und Thusis, wurden Relikte aus der Steinzeit und Siedlungsfunde aus der Bronzezeit gefunden, und zur Zeit der Römer lag das Tal an der viel begangenen Transitachse über den Splügen- und den San-Bernardino-Pass.

Für eine komfortable Nacht bieten sich zwei Häuser an. Das Berghaus Obergmeind, zu dem auch das Berghotel Solaria gehört, liegt etwas oberhalb von Tschap-

pina. Es liegt im Herzen des kleinen Skigebiets, was aber das Sommererlebnis kaum beeinträchtigt. Weiter hinten, auf dem Glaspass, liegt das Berggasthaus Beverin. Wer ein gepflegtes Restaurant und ein modernes Hotelzimmer vorzieht, wählt das Berghaus Obergmeind (das auch über einige rustikale Zimmer verfügt); wer ein Haus abseits, im Grünen mit einem nostalgischen «Stübli» vorzieht, meldet sich im Berggasthaus Beverin an.

Erstes Licht am Piz Beverin.

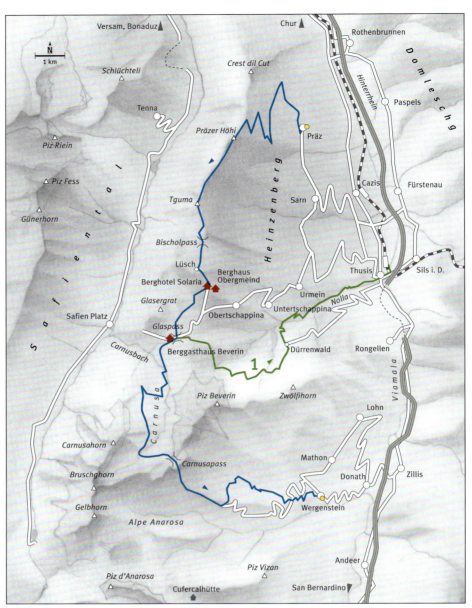

Oben: Das Berggasthaus Beverin liegt am
historischen Glaspass.
Unten: Neu in Alt auf Neu: das Berghaus
Obergmeind.

Der namensgebende Piz Beverin dominiert das Panorama für Wanderer im
Domleschg und auf dem Heinzberg. Und das, obwohl er die 3000-Meter-Marke um
gut zwei Meter verpasst, was er aber mit seiner schönen Pyramidenform wieder kom-
pensiert. Der zweite Tag des Genuss-Wochenendes führt aber nicht auf den Berg –
obwohl er auch für Wanderer durchaus besteigbar ist –, sondern über den Carnusapass, der zwischen dem Piz Beverin und dem etwas höheren Bruschghorn weiter westlich hindurchführt. Der Aufstieg zum Pass beginnt gleich mit einem Abstieg, fällt der
Weg vom Glaspass doch zuerst gut 200 Meter zum Carnusabach ab. Dann geht es
durch Wiesen und über Weiden, an der Tritthütta vorbei, im Zickzack hoch in den
Einschnitt zwischen Piz Beverin und Bruschghorn und schliesslich auf den 2605
Meter hohen Pass. Hier kann man sich genüsslich ins Gras legen und eine wohlver-
diente Rast halten, vor sich das weite Panorama zwischen Aroser Rothorn und Pizzas
d'Anarosa. Eile ist nicht nötig – die Sonne steht noch hoch, der Abstieg nach Wergenstein ist einfach, und das letzte Postauto reicht auch noch.

Charakter

Zwei Tage mit unterschiedlichem Charakter prägen diese Wochenendtour hoch über dem Domleschg und der Viamala. Der erste Tag führt über den einfachen Grat, eher ein Rücken, hoch über dem Heinzenberg, mit sehr schönem Rund- und Weitblick. Der zweite Tag ist mit der Überquerung des Carnusapasses deutlich alpiner, ohne aber irgendwelche Schwierigkeiten aufzuweisen.

Die Wanderung

Anfahrt: Mit dem Zug via Chur nach Thusis und von dort mit dem Postauto bis Präz (alle ein bis zwei Stunden am Morgen).

Ausgangspunkt: Postautohaltestelle Präz, Post.

1. Tag: Von Präz in grossen Kehren durch Wald und über Weiden auf die Präzer Höhi. Von dort dem Grat bzw. dem Bergrücken entlang zum Tguma (2163 m). Hinab zur Alp Bischola (Getränke), zum malerischen, kleinen Bischolsee und via Lüsch (Getränke) zum Berghaus Obergmeind oder zum Gasthaus Beverin. Bis Berghaus Obergmeind 15 km, 600 m Aufstieg, 1050 m Abstieg, 4½ bis 5 Std., T2. Zum Gasthaus Beverin zusätzlich eine halbe Stunde.

2. Tag: Vom Berghaus Obergmeind zum Glaspass, hinab zum Carnusabach und dann in einem grossen Bogen zwischen Bruschghorn und Piz Beverin auf den Carnusapass (2605 m). Vom Pass über Weiden hinab nach Wergenstein. Vom Berghaus Obergmeind 21 km, 1110 m Aufstieg, 1430 m Abstieg, 7 Std., T2. Vom Berggasthaus Beverin eine halbe Stunde weniger.

Endpunkt: Wergenstein. Von hier mit dem Postauto nach Zillis und von dort zum Bahnhof Thusis oder Chur.

Berghaus Obergmeind und Berghotel Solaria

Art und Ambiance: Das Berghaus Obergmeind ist ein Mix aus Alt und Neu: ein zweihundertjähriger, urchiger Kern und ein gediegener Esssaal im Stil eines gutbürgerlichen Restaurants. Grosse Sonnenterrasse. Das dazugehörige Berghotel Solaria, nur einige Schritte entfernt, ist ein neueres, zweckmässig eingerichtetes Skihotel.

Zimmer: Im Berghaus Obergmeind 4 Doppel-, 1 Vierer- und 1 Achterzimmer, einfach, rustikal, Dusche, Lavabo und WC auf der Etage. Im Berghotel Solaria 8 Doppelzimmer (4 davon mit Dusche und WC) und 3 Viererzimmer, modern, funktionell, hell, Dusche, Lavabo und WC auf der Etage. Mehrbettzimmer für 6 und 14 Personen.

Küche: Gutbürgerlich. Spezialitäten: Rösti, Capuns. Für Vegetarier: verschiedene Gerichte wie Rösti, Pasta. Bündner, Schweizer und andere europäische Weine.

Für Kinder: Spielplatz mit Rutschbahn, Turm, Reck, Schwungseil. Töggelikasten, Videokonsole im Haus.

Hunde: Hunde in den Zimmern erlaubt (Zuschlag).

Preisklasse: Mittel bis hoch.

Öffnungszeiten: Anfang Juni bis Ende Oktober plus Wintersaison.

Adresse: Berghaus Obergmeind, 7428 Tschappina, Telefon 081 651 13 22 www.berghaus-obergmeind.ch und www.hotelsolaria.ch

Berggasthaus Beverin

Art und Ambiance: Schlichte Schale, gemütlicher Kern. Etwas erhöht in den Wiesen über dem Glaspass gelegen, mit grosser Terrasse und schönem Blick auf den Piz Beverin. Einfache, heimelige Essstube mit grossem Kachelofen.

Zimmer: 3 Einzel-, 11 Doppel-, 2 Fünferzimmer, einfach, rustikal, teilweise recht geräumig. Zwei der Doppelzimmer mit Dusche und WC, für die anderen Dusche und WC auf der Etage.

Küche: Deftige Hausmannskost mit Portionen für den grossen Hunger. Spezialitäten: Grillspezialitäten (Grill im Freien), Älplermagronen, hausgemachte Kuchen. Für Vegetarier: verschiedene Gerichte wie Lasagne, Spaghetti. Vor allem Bündner Weine, daneben auch aus dem Tessin und aus Italien.

Für Kinder: Spielplatz mit Schaukel, Klettergerüst, Rutsche, Wippe.

Hunde: Hunde in den Zimmern erlaubt.

Preisklasse: Tief.

Öffnungszeiten: Mitte Mai bis Mitte Oktober plus Wintersaison.

Adresse: Berggasthaus Beverin, 7428 Tschappina – Glaspass, Telefon 081 651 13 23, www.berggasthaus-beverin.com

Alternative

1 Kürzerer zweiter Tag: Wem am zweiten Tag mehr nach Abwärts als nach Aufwärts zumute ist, kann vom Glaspass an den Nordhängen des Piz Beverin und der tief eingeschnittenen Nolla entlang nach Thusis wandern. Vom Berghaus Obergmeind 14 km, 300 m Aufstieg, 1420 m Abstieg (also trotz allem kein Spaziergang), 4 Std., T2.

Weitere Informationen

Landeskarte 1:50 000, 257 oder 257T Safiental
Landeskarte 1:25 000, 1215 Thusis und 1235 Andeer
Verkehrsverein Cazis-Heinzenberg, Telefon 081 650 90 30, www.viamala.ch

Noch ist es klirrend kalt, aber nicht mehr lange. Bei Obergmeind, Richtung Aroser Rothorn.

IM WALSER-HOCHTAL ZWISCHEN LANGWIES UND KLOSTERS

Langwies–Mattjischhorn–Peist
Berghaus Casanna

- Mittelschwere Wanderung (mit einfacher Alternative)
- Gipfelbesteigung

Für einmal ist es umgekehrt. Kurz nach Langwies führt der Wanderweg durch die enge Schlucht des Fondeier Bachs, die Felswände steigen zu beiden Seiten hoch, das Wasser tost über Klippen in die Tiefe, und immer wieder ergiessen sich weite Schuttrunsen ins Tobel. Plötzlich aber ändert die Szenerie abrupt, das Tal öffnet sich, und man tritt in eine weite, sanfte Wiesenlandschaft, wie man sie eher aus tieferen Lagen kennt.

Ganz oben: Der Weiler Strassberg im Fondei,
hinten der Durannapass.
Oben: Im Sommer und im Winter ein lohnendes Ziel:
das Ski- und Berghaus Casanna.
Rechts: Der Fondeier Bach mit der Chüpfenflue.

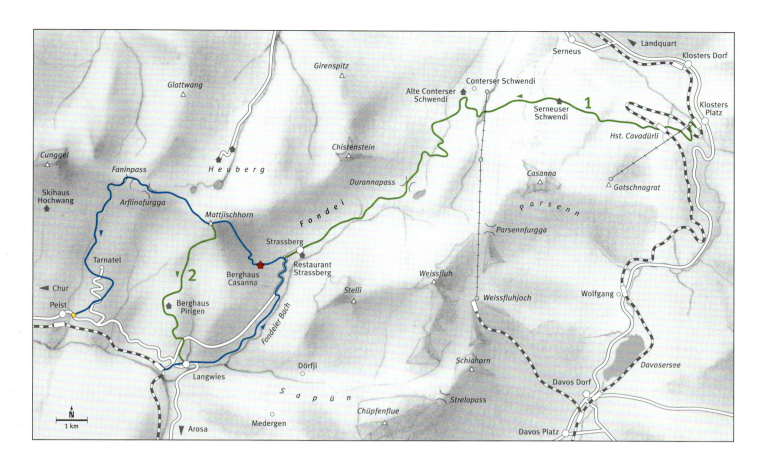

Auffallend im grünen, fast lieblichen Hochtal Fondei sind die vielen kleinen, braungebrannten Häuser, die über die Wiesen und Weiden verstreut liegen. Nur bei Strassberg schmiegen sich ein, zwei Dutzend Bauten zu einem Dörfchen zusammen. Das Hochtal auf knapp 2000 Metern wurde etwa ab dem 14. Jahrhundert von Walsern besiedelt; zu Beginn des 17. Jahrhunderts lebten hier über zweihundert Personen. Am östlichen Ende des Fondei führt der Durannapass nach Klosters und Serneus im Prättigau, zu wichtigen Märkten für die einstigen Walser-Siedler. Auch Waldungen hatten die Walser auf dieser Seite des Passes, und das Holz wurde in mühsamer Plackerei mit Rindern, Kühen, Ochsen und Pferden als Zugtiere ins Fondei geschleift.

Heute gibt es im Hochtal immer noch fünf bestossene Alpen, die meisten der schmucken Häuser wurden aber in Ferienhäuser umgebaut. Es ist ein stilles, unspektakuläres Tal, ideal für Wanderer und Ruhesuchende. Trotzdem erscheint das Hochtal immer wieder mal in den Zeitungen. Bereits in den siebziger Jahren bestand die Absicht, im Raum Prättigau - Schanfigg - Davos das grösste mechanisierte Skigebiet der Schweiz zu schaffen. 1995 gab es konkrete Pläne, im Fondei drei Sessellifte und ein Restaurant zu erstellen. Als Reaktion darauf wurde die Arbeitsgruppe «Für ds Fondei» gegründet, die seither gemeinsam mit dem WWF und Pro Natura Graubünden für ein skiliftfreies Fondei kämpft. Ein jahrelanges Seilziehen folgte, in dem die wirtschaftlichen Interessen der einen Seite gegen den Landschaftsschutz, den Moorschutz und den Schutz des kulturellen Erbes der Walser stehen. Der Ausgang der Geschichte ist noch nicht definitiv entschieden. Die Anlagen figurieren zwar immer noch im kantonalen Richtplan als «Option» – eine Formulierung, die es rechtlich eigentlich gar nicht gibt –, doch aus finanziellen Überlegungen soll das Projekt von den Initianten vorerst schubladisiert worden sein.

Am Eingang zum Fondei sitzt auf der nördlichen Seite das unauffällige Berghaus Casanna. Was auch immer die Wetterküche zubereitet hat, hier fühlt man sich wohl, entweder auf der grossen Terrasse mit Blick über das Fondei und hinüber zur Medierger Flue oder, wenn es stürmt und regnet, drinnen in der alten Stube. Hier ist

Frühling beim Berghaus Casanna, im Hintergrund
die Mederger und die Tiejer Flue.

es so richtig heimelig, mit einem wärmenden Ofen, schönem, altem Täfer, und liebevoll eingerichtet. Und wer die müden Beine hochlagern möchte, begibt sich durch die
engen und verwinkelten Gänge in sein Zimmer und lauscht dem Bergwind oder dem
fernen Gebimmel der Kühe. Im «Casanna» tickt die Uhr etwas langsamer oder jedenfalls anders, und das wird spätestens dann ohrenfällig, wenn die Uhr unten in der
Gaststube die Stunde «schlägt» ...

Charakter

Das Fondei ist ein stilles, offenes, unbewaldetes Hochtal zwischen dem Schanfigg und dem Prättigau. Es strahlt nicht hochalpine Trutzigkeit aus, eher erinnert es an weite Wiesenlandschaften im Norden. Die Wanderwege sind fast durchwegs einfach, selbst die Besteigung des Mattjischhorns ist auch für Anfänger machbar. Wer alpineres Gelände vorzieht, ist in kurzer Zeit im Gebiet des Weissfluhjochs.

Die Wanderung

Anfahrt: Mit dem Zug nach Chur und von hier stündlich mit der Rhätischen Bahn bis Langwies.
Ausgangspunkt: Bahnhof Langwies.
1. Tag: Vom Bahnhof zum Dorfkern von Langwies hoch, dann durch die enge Schlucht im unteren Fondei hinauf in die Wiesenlandschaft vor Strassberg und zum Berghaus Casanna. 6 km, 620 m Aufstieg, 2 Std., T2.
2. Tag: Vom Berghaus Casanna durch Wiesen und Weiden auf das Mattjischhorn (2461 m). Oft weglos, aber einfaches Gelände und gut mit Pfosten markiert. Vom Mattjischhorn auf einer Krete hinab zur Arflinafurgga und zum Faninpass, von dort hinab via Tarnatel und Chegelboden nach Peist. 12 km, 510 m Aufstieg, 1130 m Abstieg, 4¼ Std., T2.
Endpunkt: Bahnhof Peist. Von hier stündlich mit dem Postauto oder dem Zug nach Chur.

Ski- und Berghaus Casanna

Art und Ambiance: 1730 erbauter, später erweiterter Holzbau mit neuerem angebautem Wohnhaus der Wirtefamilie. Erhöht auf 1950 Metern in der offenen Wiesenlandschaft am Eingang zum Fondei mit Blick über das weite Hochtal und die Mederger und die Tiejer Flue bei Arosa. Rustikale Stube, grosse Sonnenterrasse.
Zimmer: 2 Einzelzimmer, 7 Doppelzimmer, 3 Dreibettzimmer, 2 Vierbettzimmer, einfach, mit viel Holz, Dusche und WC auf der Etage.
Küche: Gutbürgerlich, Spezialitäten: in der Saison Wild (Gamsrüggen, Hirschpfeffer), Bündner Gerichte wie Capuns und Plains. Für Vegetarier: reichhaltige Salate, Gemüseplatten, kleinere vegetarische Gerichte. Grosses Weinangebot.
Für Kinder: Bach vor dem Haus. Separate Spielstube im Haus.
Hunde: In den Zimmern erlaubt (Zuschlag).
Preisklasse: Mittel.
Öffnungszeiten: Mitte Juni bis Ende Oktober plus Skitourenzeit.

Weite Wiesen, kleine Weiler: Das ist das Fondei.

Adresse: Ski- und Berghaus Casanna, 7057 Fondei/Langwies, Telefon 081 374 20 82, www.skihaus-casanna.ch

Alternativen

1 Start in Klosters: Wem die zwei Stunden am ersten Tag zu wenig sind, kann von Klosters zum Berghaus Casanna wandern. Von Klosters Platz via Serneuser und Conterser Schwendi auf den flachen, einfachen Durannapass (2120 m) und dann meist leicht absteigend zum Berghaus Casanna. 16 km, 1000 m Aufstieg, 240 m Abstieg, 5 bis 5½ Std., T2.
2 Endpunkt in Langwies: Vom Mattjischhorn direkt via Pirigen (Restaurant) nach Langwies absteigen. Länge und Wanderzeit des zweiten Tages sind dann: 7 km, 510 m Aufstieg, 1120 m Abstieg, 3¼ Std., T2.

An Frühlingsanemonen vorbei auf das Mattjischhorn.

Das Quirlblättrige Läusekraut ist ein giftiger Schmarotzer – aber trotzdem schön.

Weitere Berghäuser

- Restaurant Strassberg, Zimmer und Lager, Telefon 081 374 22 32, www.berggasthaus-strassberg.ch
- Berghaus Pirigen, Lager, Telefon 081 374 20 64, www.berggasthaus-pirigen.ch
- Skihaus Hochwang, Lager, Telefon 081 374 11 08, www.hochwanghuette.ch
- Serneuser Schwendi, Zimmer und Lager, Telefon 081 422 12 89, www.schwendiserneus.ch
- Alte Conterser Schwendi, Lager, Telefon 081 332 13 24, www.alteschwendi.ch

Weitere Informationen

Landeskarte 1:50 000, 248 oder 248T Prättigau
Landeskarte 1:25 000, 1176 Schiers und 1196 Arosa, für Wanderung ab Klosters auch 1177 Serneus und 1197 Davos
Verkehrsverein, 7057 Langwies, Telefon 081 374 22 55, www.langwies.ch. Klosters Tourismus, Telefon 081 410 20 20, www.klosters.ch

DIE SCHÖNSTE AUSSICHT ÜBERS PRÄTTIGAU

Madrisa–Rätschenhorn–Schlappin–Klosters
Berghaus Erika, Berggasthaus Gemsli

- Mittelschwere Wanderung (mit einfacherer Alternative)
- Gipfelbesteigung
- Zwei rustikale Berghäuser

Bedächtig und sanft steigt die kleine rote Gondel von Klosters zur Station Madrisa auf der Saaser Alp hinauf. Sanft, grün und weit ist die Alp, wo im Sommer denn auch 130 Kühe gehalten werden. Bald aber ändert sich die Szenerie abrupt. Denn die saftigen Alpweiden sind von einem Kranz karger und schroffer Felsrücken und -zacken eingerahmt, unter denen besonders das Rätschenhorn auffällt, auf das die hier beschriebene Wanderung führt. Aus der Ferne, in der flimmernden, dunstigen Hitze des Sommers, leuchtet der flache, weisse Felsrücken, als sei er von Schnee bedeckt. Dem ist natürlich nicht so. Vielmehr besteht der karstige, zerfressene und geröllige Rücken aus hellgrauem Malmkalk, der vor gut 150 Millionen Jahren am Grund eines Meeres abgelagert wurde. An Leuchtkraft gewinnt der helle Kalk durch den Gegensatz mit den dunklen Gneisen der Silvrettadecke, die den Kalk einrahmen. Noch erstaunlicher wirkt dieser Gegensatz, wenn man auf dem Rätschenjoch steht, dem Pass zwischen dem Rätschenhorn und dem Madrisahorn. Da meint man im Norden auf den ersten Blick eine grosse Gletscherzunge zu sehen, die in die Alpweiden vorstösst. Erst auf den zweiten Blick erkennt man, dass diese sogenannte Gafier Platte aus fast weissem Kalkgestein besteht, das sich in Form einer riesigen Gletscherzunge aus den Alpweiden erhebt.

Schlappin, der verträumte Weiler im gleichnamigen Tal, hat zwei kleine Berggasthäuser anzubieten, das Berghaus Erika und das Berggasthaus Gemsli. Nichts schöner, als im Sommer hier oben, auf gut 1600 Metern unter einem schattenspendenden Sonnenschirm zu sitzen, ein kühles Bier und einen würzigen Bündnerfleisch-

Links: Steinmann vor dem hinteren Schlappintal.
Rechts: Alphüttenromantik auf der Saaser Alp.

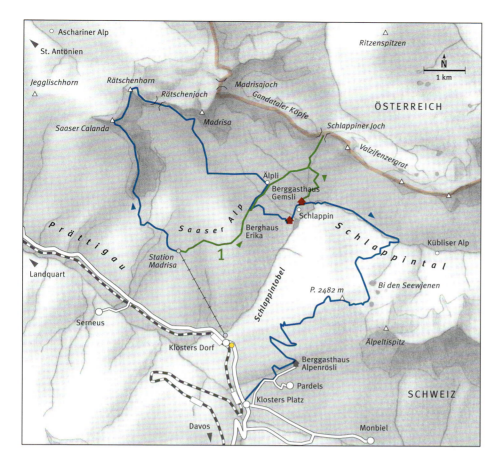

Teller zu geniessen. Und sollte es einmal neblig und kalt sein, verzieht man sich in die heimeligen Stuben in einem der beiden Häuser oder zieht sich mit einem dicken Buch unter die flauschigen Decken in den rustikalen Zimmern zurück.

Endgültig in die Neuzeit katapultiert wurde die alte Walsersiedlung Schlappin 1955. Damals landete hier zum ersten Mal ein Flugzeug. Der Pilot war Otto Kreuzeder, ein Hobbyflieger, der sich damals als Erster in den breiten, verschneiten Talboden wagte. Es glückte, und so flog der mutige Pilot regelmässig Versorgungsflüge nicht nur nach Schlappin, sondern auch zur Keschhütte, zur Silvrettahütte und zur Alp Trida bei Samnaun. Die Schlappiner Route hatte dabei aber doch ihre eigenen Tücken. Zum Starten konnte zwar das Gefälle des Talbodens zu Hilfe genommen werden. Doch etwas weiter unten spannte sich ein Telefonkabel über das Tal. Bei gutem, tragfähigem Schnee war es für das Flugzeug kein Problem, darüber hinwegzuziehen. Bei tiefem Schnee aber kam es auch mal vor, dass Otto Kreuzeder seine Piper im letzten Moment unter dem Telefonkabel hindurchziehen musste – jedesmal eine riskante, halsbrecherische Angelegenheit, die viel Fingerspitzengefühl erforderte. Es ging aber stets gut. Den Flugplatz in Davos, wo der tollkühne Pilot startete, gibt es heute nicht mehr, und auch das Flugzeug nicht. Den alten Holzpropeller aber gibt es noch; er ziert heute die Wand in der Gaststube des «Erika». Otto Kreuzeders Tochter Putzla Aeppli führte viele Jahre das Berghaus.

Der höchste Punkt des zweiten Wandertags ist zugleich auch der Höhepunkt des Tages. Die Aussicht von hier oben ist schlicht sensationell. Im Süden reicht der Blick über das lange Hochtal von Davos, im Westen über das ganze Prättigau. Wer mehr auf Berge denn auf Täler steht, dem bietet sich ein ungewohntes Panorama an, das vom Piz Palü über den Piz Bernina, das kühne Tinzenhorn, die Weissfluh bis zur langen Kette der Vorderrheiner Bergkette mit dem Tödi als mächtigem, breitem Ankerpunkt reicht.

Oben: Das Berggasthaus Gemsli – ein rundum wunderschönes Bündner Haus.
Unten: Rustikal und doch modern: das Berghaus Erika.

Hoch über dem Schlappintal und hoch über dem Alltag.

Es geht doch nichts über eine gemütliche Bündner Stube.

Verwöhnt werden im Berghaus Erika.

So lässt sich's wohlig schlafen. Im Berggasthaus Gemsli.

Charakter

Eine Route im hinteren Prättigau mit wechselnden Ausblicken und spannender Geologie. Am ersten Tag von der Saaser Alp Madrisa auf den zerfressenen Kalkrücken des Rätschenhorns, mit Blick über den Sankt Antönier Talkessel. Am zweiten Tag auf einen einmaligen Aussichtspunkt mit Blick über das halbe Bündnerland. Plus: zwei besonders rustikale, heimelige Berghäuser für eine besonders gemütliche Nacht.

Die Wanderung

Anfahrt: Mit dem Zug stündlich via Landquart nach Klosters Dorf und von dort mit der Gondelbahn zur Madrisa.
Ausgangspunkt: Bergstation der Luftseilbahn Madrisa.
1. Tag: Wer nach der langen Fahrt noch wacklige Beine hat, kann auf dem Energiespürweg zwischen der Bergstation und Untersäss neue Kraft tanken. Dann geht es zuerst über saftige Alpweiden, weiter über einen karstigen Rücken auf den Saaser Calanda und schliesslich auf das Rätschenhorn (2703 m). Traversierung über das Rätschenjoch zur Bergstation eines Skilifts und dann hinab durch etwas Geröll, Wiesen und Wald nach Schlappin. 12 km, 750 m Aufstieg, 1000 m Abstieg, 5–6 Std., T2.
2. Tag: Von Schlappin auf einer Naturstrasse das Schappintal hoch. Nach etwa einer Dreiviertelstunde rechts hoch (auf Abzweigung achten, Wegweiser auf Kniehöhe links der Strasse) nach Äbi, an einigen kleinen Seen vorbei und bei Punkt 2332 rechts (westlich) Richtung Kessigrat (auf der 50000er-Karte nicht vermerkt). Bei Punkt 2482 grandiose Aussicht über das gesamte Prättigau und in das Davoser Hochtal. Abstieg

über den Kessigrat (stellenweise steil und etwas luftig) nach Klosters Platz. 14 km, 800 m Aufstieg, 1250 m Abstieg, 5½ Std., T2–3.
Endpunkt: Bahnhof Klosters Platz. Von hier stündlich mit dem Zug nach Landquart oder Filisur/Thusis.

Berghaus Erika

Art und Ambiance: Schmucker, neuerer Holzbau mit rustikalem Kern in der Nähe des kleinen Stausees. Schöne, mit Geweihen und Schneeschuhen geschmückte Jägerstube mit verschiedenen Abteilen. Terrasse und Tische vor dem Haus.
Zimmer: 3 Doppelzimmer, sogenannte Brunftzimmer, relativ neu eingerichtet, komfortabel, mit massivem Baumstammbett. 1 Lager für 16 Personen.
Küche: «Hausfrauenkost», wie es die Wirtin selbst beschreibt. Spezialitäten, auch für Vegetarier: Schlappiner Rösti, Älplermagronen, »Chäsgetschäder», Forelle, im Herbst Wild. Vornehmlich Bündner Weine.
Für Kinder: Rutschbahn und Sandkasten, Spiele im Haus.
Hunde: In den Zimmern gegen Zuschlag erlaubt.
Preisklasse: Tief bis mittel.
Öffnungszeiten: Das ganze Jahr geöffnet.
Adresse: Berghaus Erika, 7252 Klosters Dorf, Telefon 081 422 11 17, www.schlappin.ch

Berggasthaus Gemsli

Art und Ambiance: Wunderschönes altes Walserhaus im oberen Teil Schlappins. Rustikalbündnerische Stube, überwacht von einem mächtigen Rothirsch. Terrasse mit Aussicht ins hintere Schlappintal.

Zimmer: 4 schöne, komfortable Doppelzimmer im Bündner Stil. 1 Zimmer mit Lavabo, sonst Dusche, WC und Lavabo auf der Etage. Lager für 6 und 17 Personen.
Küche: Gut und traditionell bündnerisch. Spezialitäten: Prättigauer Chnödli, Hauswürste, Kartoffelsalat, Gemspfeffer. Vor allem Bündner Weine.
Hunde: Nicht erlaubt.
Preisklasse: Tief bis mittel.
Öffnungszeiten: Anfang Juni bis Ende Oktober.
Adresse: Berggasthaus Gemsli, 7252 Klosters Dorf, Telefon 081 422 13 39, www.gemsli.ch

Alternative

1 Kürzerer erster Tag: Von der Bergstation Madrisa mit nur wenig Aufstieg via Zügenhüttli auf das Schlappiner Joch mit Tiefsicht auf das hintere Gargellner Tal in Österreich. Vom Joch auf direktem Weg hinab nach Schlappin. 8 km, 400 m Aufstieg, 640 m Abstieg, 3 Std., T2.

Weitere Informationen

Landeskarte 1:50 000, 248 oder 248T Prättigau Landeskarte 1:25 000, 1177 Serneus, für die letzten Wandermeter in Klosters auch 1197 Davos Klosters Tourismus, 7250 Klosters, Telefon 081 410 20 20, www.klosters.ch

Bücher

Christian Hansemann-Bergamin und Ulrich Senn-Stapfer, Das Prättigau, Haupt Verlag, Bern 1999 (z. Z. vergriffen)

WO SICH BÄREN- UND SCHMUGGLERPFADE KREUZEN

St. Antönien–Partnun–Schijenflue-Rundweg
Berghaus Sulzfluh, Berggasthaus Alpenrösli

- Mittelschwere Wanderung (mit einfacherer Alternative)
- Eindrückliche Karstlandschaft
- Eines der zwei Häuser speziell nostalgisch

St. Antönien – das klingt nach Österreich, nach Skiresort und unzähligen Bähnchen und Bahnen. Dreimal falsch. St. Antönien ist ein winziges Bergdorf in einem Seitental des Prättigau, «hinter dem Mond links», wie sich der Ort selbst auf der Karte platziert. So abgelegen ist St. Antönien aber auch wieder nicht, und statt einer Mondfähre verkehrt ein bequemes Postauto von Küblis hoch ins weite, offene Tal. Und Seilbahnen gibt es in diesem ursprünglichen Winkel schon gar nicht. Die gut erhaltene Kultur- und Naturlandschaft und die schmucken, alten Häuser sind es denn auch, auf denen der Ort seinen sanften und nachhaltigen Tourismus aufbauen will.

Der Aufstieg aus dem Dorf durch Wiesen und Jungwald hinauf unter das Chüenihorn kann schon anstrengend sein und an einem windstillen Sommertag das Wasser grosszügig aus dem Körper ziehen. Mit etwas Glück ist aber die Bauernfamilie auf dem Meierhofer Älpli nicht am Heuen oder sonstwie in den weiten Hängen beschäftigt und bietet den durstigen Gästen kühle Getränke an. Auch sonst hat man es hier

Links: Um die Schijenflue führt ein wunderschöner Rundweg.
Mitte: Frühmorgenidylle am Partnunsee.
Rechts: Die Grossköpfige Gemswurz im Kalkgestein der Schijenflue.

fast geschafft, denn der Weg wird nun zunehmend eben und führt an einigen Seelein vorbei zur Carschinahütte des SAC, einem trutzigen, runden Steinbau unter der mächtigen Südwand der Sulzfluh. Dies ist der höchste Punkt des ersten Tages und Grund genug, sich nochmals einen kühlen Trunk zu genehmigen.

«Flühe» und «Flue» gibt es in dieser Gegend eine ganze Menge – die imposanten Wände und Türme prägen den Charakter des ganzen Rätikons, des Gebirgszuges an der schweizerisch-österreichischen Grenze zwischen dem Falknis oberhalb von Maienfeld und der Sulzfluh hoch über St. Antönien. Geologisch handelt es sich bei der Schesaplana hauptsächlich um Dolomit, bei der Drusenfluh, der Sulzfluh und der Schijenflue um Kalk, der in der Zeitepoche des Jura, also vor gut 150 Millionen Jahren, am Grund eines Meeres abgelagert wurde.

Diese Gesteine neigen nicht nur zur Erosion in Form von Dolinen und Schratten, sondern auch zur Höhlenbildung, was in jüngerer und jüngster Zeit eine beson-

Hochsommer auf Plasseggen, hinten der Rotspitz.

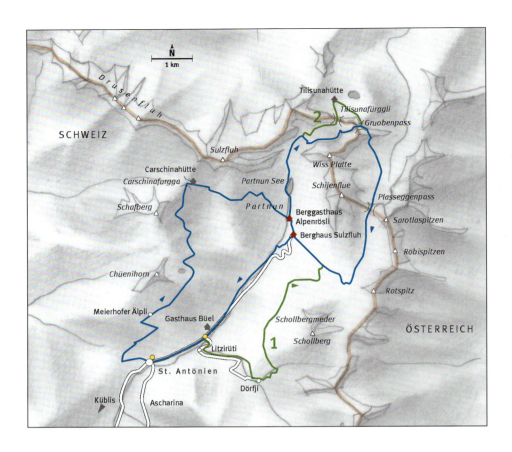

dere Bedeutung erlangt hat. In einigen der Höhlen wurden im letzten Jahrhundert Überreste von Höhlenbären entdeckt. Der Höhlenbär (Ursus spelaeus) kam zu seinem Namen, weil 95 Prozent seiner Nachweise aus Höhlen stammen – hier überdauerte er den Winter und brachte wahrscheinlich auch seine Jungen zur Welt. Die in der Sulzfluhhöhle gefundenen Knochen sind 80 000 bis 120 000 Jahre alt; die Tiere lebten damit also in der letzten Zwischeneiszeit oder in einer Warmphase der letzten Eiszeit. Am Ende der Eiszeit starben die Tiere aus; die Gründe dafür sind nicht restlos geklärt.

In jüngster Zeit waren die Höhlen im Karstgebiet ob Partnun beliebte Verstecke der Schmuggler. Bei Nacht und Nebel trugen sie Zigaretten, grüne Kaffeebohnen (reife Kaffeebohnen wären mit ihrem Duft zu verräterisch gewesen) und andere kostbare Ware über die grüne Grenze, im ständigen Katz-und-Maus-Spiel mit den Zöllnern und Grenzwächtern. Auf der beschriebenen Rundwanderung um die Schijenflue sind zahlreiche Höhlen zu erkennen, zu Begegnungen mit Bären oder Schmugglern dürfte es aber dennoch wohl nicht kommen.

Links: Nach einer Nacht im wohlig-warmen Bett ist fast kein Weg zu lang. Im Berghaus Sulzfluh.
Mitte: Nostalgisch, aber mit modernem Anbau: das Berghaus Sulzfluh.
Rechts: Das Berghaus Alpenrösli vor der mächtigen Wand der Sulzfluh.

Charakter

Zwei abwechslungsreiche, nirgends schwierige Wandertage am östlichen Ende des Rätikons, in einer eindrücklichen Berglandschaft mit mächtigen Kalkwänden, Domen und Karrenfeldern – und mit einem kurzen Sprung ins Österreichische. Zu den thematischen Höhepunkten gehören die Höhlen, in der Eiszeit Unterschlupf für Höhlenbären, später Verstecke für Schmuggler. Übernachten kann man in zwei schönen Häusern hoch über dem St.-Antönier-Tal.

Die Wanderung

Anfahrt: Mit dem Zug via Landquart nach Küblis und von dort mit dem Postauto (alle ein bis zwei Stunden) bis St. Antönien.

Ausgangspunkt: Postautohaltestelle St. Antönien Post.

1. Tag: Vom Ausgangspunkt durch Wiesen und Jungwald hinauf zum Meierhofer Älpli (manchmal Getränke im Bauernhaus erhältlich), vorbei an einigen Seen unter dem Chüenihorn und flach zur Carschinahütte unter den mächtigen Wänden der Sulzfluh. Von der Hütte durch etwas Geröll und über Weiden hinab nach Partnun am Fuss der eindrücklichen Schijenflue. 11 km, 820 m Aufstieg, 480 m Abstieg, 4 bis 4½ Std., T2.

2. Tag: Von Partnun zum Partnunsee (Ruderboot zur freien Verfügung, Kasse) und durch eine öde Karstlandschaft auf den Gruobenpass an der österreichischen Grenze (kleine Schutzhütte). Am Fuss des mächtigen, hell leuchtenden Kalkdoms der Schijenflue entlang zum Plasseggenpass, zurück durch Wiesen und Weiden nach Partnun und von hier hinab nach St. Antönien. 16 km, 680 m Aufstieg, 980 m Abstieg, 4 bis 4½ Std., T2.

Endpunkt: Postautohaltestelle Rüti bei St. Antönien. Von hier mit dem Postauto zum Bahnhof Küblis.

Tipp: Die Strecke von Partnun nach St. Antönien lässt sich pfeilschnell und mit kühlendem Wind in den Haaren hinter sich bringen: Trottinettmiete beim Berggasthaus Alpenrösli, Einzelfahrt bis St. Antönien SFr. 10.–.

Berghaus Sulzfluh

Art und Ambiance: Die Synthese aus Bergromantik pur und angepasster Moderne: traditioneller, wunderschön verschindelter Holzbau von 1875 mit neuem Anbau. Nostalgisches Restaurant mit Holzskis an der Wand und Petrollicht von der Decke – als sei man im Bündner Heimatmuseum zu Gast. Terrasse, Sprudelbad hinter dem Haus.

Zimmer: Im alten Haus 1 Einzel-, 5 Doppel- und 2 Dreierzimmer mit Lavabo, Dusche, WC auf der Etage. Einfache, nostalgische Zimmer mit Kerzenlicht und Waschzuber. Im neuen Haus 3 Doppelzimmer mit Dusche, WC und 1 Vierbettzimmer mit Dusche und WC auf der Etage, modern und hell. Lager für 6, 8, 10 und 20 Personen.

Küche: Traditionell, bündnerisch, naturnah. Spezialitäten, auch für Vegetarier: »Chäsgätschäder«, Rösti, Älplermagronen, in der Saison Wild. Vor allem Bünder und Schweizer Weine.

Für Kinder: Kleiner Spielplatz, Holzkegelbahn.

Hunde: In den Zimmern erlaubt (Zuschlag), im Lager nicht erlaubt.

Preisklasse: Mittel bis hoch.

Öffnungszeiten: Ganzjährig ohne November und bis 15. Dezember.

Adresse: Berghaus Sulzfluh, Partnun, 7246 St. Antönien, Telefon 081 332 12 13, www.sulzfluh.ch

Berggasthaus Alpenrösli

Art und Ambiance: Schlichtes, aber schönes, neues Haus aus Holz und Stein. Moderne Gaststube mit einer Prise Nostalgie, Kellerbar. Whirlpool, grosse Terrasse mit Sicht übers Partnunertal, Trottinett-Startplatz.

Zimmer: 1 Einzel-, 6 Doppel-, 3 Viererzimmer (Kajütenbetten), alle relativ neu, komfortabel und hell, Lavabo, WC und Dusche auf der Etage. 2 Lager für je 24 Personen.

Küche: Traditionell. Spezialitäten: Rösti, Älplermagronen, Fondue, Wähen. Für Vegetarier: Pasta. Schweizer Weine.

Für Kinder: Kleiner Spielplatz, Boccia.

Hunde: In den Zimmer erlaubt (Zuschlag), im Lager nicht.

Preisklasse: Mittel.

Öffnungszeiten: Anfang Juni bis Ende Oktober plus Wintersaison.

Adresse: Berggasthaus Alpenrösli, Käthi Meier und Ernst Flütsch, Partnun, 7246 St. Antönien, Telefon 081 332 12 18, www.berghaus-alpenroesli.ch

Alternativen

1 Abkürzung erster Tag: Von der Postautohaltestelle Litzirüti Richtung Gafia, kurz vor Dörfji links hoch Richtung St.-Antönier-Joch, nach etwa 200 Höhenmetern links abzweigen und über Schollbergmeder nach Partnun. 9 km, 540 m Aufstieg, 240 m Abstieg, 3 Std., T2.

2 Rundweg mit Tilisunahütte: Etwa eine halbe Stunde nach dem Partnunsee zum Tilisunafürggli und zur Tilisunahütte des ÖAV. Von hier der Grenze entlang zum Gruobenpass und weiter auf der beschriebenen Route. 13 km, je 720 m Auf- und Abstieg, 4½ bis 5 Std., T2.

Weitere Berghäuser

- Carschinahütte SAC, Lager, Telefon 079 418 22 80, www.carschina.ch
- Tilisunahütte ÖAV, Lager, Telefon 0043 664 110 79 69, www.tilisunahuette.at
- Mehrere Hotels in St. Antönien: Gasthaus Bellawiese, Telefon 081 332 15 36, www.bellawiese.ch; Hotel-Restaurant Madrisajoch, Telefon 081 330 53 53, www.madrisajoch.ch Hotel Rhätia, Telefon 081 332 13 61, www.hotel-rhaetia.ch Hotel-Wellness Büel in Litzirüti, Telefon 081 300 30 20, www.buel.ch

Weitere Informationen

Landeskarte 1:50 000, 248 oder 248T Prättigau und 238 oder 238T Montafon
Landeskarte 1:25 000, 1157 Sulzfluh und 1177 Serneus
St. Antönien Tourismus, Telefon 081 332 32 33, www.st-antoenien.ch.

Bücher

Christian Hansemann-Bergamin und Ulrich Senn-Stapfer, Das Prättigau, Haupt Verlag, Bern 1999 (z. Z. vergriffen)
Gisela Zimmermann und Guido Leutenegger, Naturkundlicher Alpenrundweg St. Antönien, zu beziehen bei St. Antönien Tourismus

WEITE ALPEN HOCH ÜBER MELS UND FLUMS

Weisstannental–Chapfensee–Madfurgga–Weisstannental
Berghotel Schönhalden

- Mittelschwere Passwanderung
- Oft längere Wandersaison

Während die Churfirsten und die Alvierkette nördlich und östlich des Walensees markant aus dem Talboden in die Höhe schiessen, reihen sich auf der anderen Talseite breite, sanft ansteigende Bergrücken aneinander. Nur ganz oben kulminieren sie in einigen Felskränzen und Gipfelchen, dem Maschgenkamm etwa, dem Hochfinsler oder – schon recht alpin – dem Pizol. Einige dieser Bergrücken eignen sich ideal als Skigebiete, und so haben zahlreiche Bahnen und Lifte die Hänge beim Flumserberg erobert, und auch am Pizol schmücken zahlreiche Masten die Landschaft. Die zwei Bergrücken dazwischen aber, am Hochfinsler und am Madchopf, sind weitgehend von diesem Industriezweig verschont geblieben. In diese ruhige Bergwelt führt diese zweitägige Wanderung.

Die zwei Tagesetappen sind dabei von ganz unterschiedlichem Charakter. Starten kann man am ersten Tag bei der Postautohaltestelle Schwendi im Weisstannental. Von dort führt die Route über Vermol und den Chapfensee hinauf zum Berghotel Schönhalden. Mit Höhenlagen zwischen 900 und 1500 Metern ist diese Strecke zwar nicht gerade alpin, aber doch sehr abwechslungsreich. Bis Vermol wechseln sich Bergwiesen, die im Juni von einem dichten Klappertopf-Teppich überzogen sind, mit steilen Wäldern knorriger Buchen ab, durchzogen von engen Tobeln, durch die während der Schneeschmelze das Wasser in die Tiefe schiesst.

Der Weiler Vermol mit der zierlichen Sankt-Martins-Kapelle gehört zu Mels, der grössten Gemeinde des Kantons Sankt Gallen, fast so gross wie der Kanton Zug.

Links: Der weite Talkessel bei Chläui,
links die Madfurgga.
Mitte: Berghotel Schönhalden mit den Churfirsten.
Rechts: Nach dem Volksglauben soll eine
Zubereitung aus der Mehlprimel die Atmung
beim Bersteigen erleichtern.

Während vielen Jahrhunderten bestimmte ein ganzer Reigen fremder Herren das Leben im kleinen Dorf an der Seez. Dazu gehörten auch die Klöster Disentis, Pfäfers und Schänis. Ab 1355 waltete ein österreichischer Vogt auf dem Nidberg, hundert Jahre später wurde er von Zürcher Truppen verjagt, die dabei auch gleich den herrschaftlichen Sitz schleiften. Damit trat aber keineswegs Ruhe ein. Nach einigen Wirren und dem missglückten Versuch, eine «Sarganserländische Republik» zu schaffen,

Schneeschmelze bei Gadims.

folgte die dreihundertjährige Zeit als Gemeine Herrschaft der Eidgenossenschaft; viele der hierher versetzten Herren der acht Alten Orte sollen besonders grausam gewesen sein. Erst mit dem Einmarsch der Franzosen und schliesslich 1803 der Gründung des Kantons Sankt Gallen kehrte Ruhe in Mels ein.

Zurück ins Heute. Am Chapfensee lässt sich ideal eine Mittagspause einschalten (Feuerstellen und Bänke sind vorhanden) oder zumindest eine Erfrischung in der «Besenbeiz» etwas westlich des Sees genehmigen. Vom See führt der Weg durch lockeren Wald und Wiesen zum Berghotel Schönhalden. Der hundertjährige Holzbau – ein ehemaliges Kurhaus – sitzt zwar einsam und fast verlassen auf 1500 Metern hoch über dem Seeztal; mit der Luftseilbahn, achtzig Betten und dem geschäftstüchtigen Wirtepaar ist hier aber oft viel los. Atemberaubend ist die Aussicht von der grossen Terrasse hinüber zu den Churfirsten und zur Alvierkette, und an einem lauen Sommerabend möchte man hier am liebsten sitzen bleiben, bis es dunkel und kühl wird, bevor man sich über die knarrende Treppe in die einfachen Zimmer zurückzieht.

Die zweite Tagesetappe hat bedeutend alpineren Charakter. Sie führt über Alpen und weite, offene Talkessel hinauf zur Madfurgga, einem Übergang auf rund 2200 Metern unmittelbar westlich des Madchopfs. Am lohnendsten ist die Tour im Frühsommer, wenn die Pflanzen des spektakulären Bergfrühlings noch nicht in den Mägen der Rinder und Kühe verschwunden sind. Dann leuchten hier Tausende Enziane aus dem frisch spriessenden Gras, an manchen Orten wehen Türkenbunde im frischen Wind, und auch Knabenkräuter sind leicht auszumachen. Der Abstieg von der Madfurgga nach Weisstannnen führt ohne grosses Federlesen 1200 Meter meist steil hinab. Die grandiose Aussicht auf den wilden Zackenkranz der Schwarzen Hörner und die Pyramiden des Fahnenstocks und Plattenspitzes lässt einen die schlotternden Knie und die brennenden Fusssohlen zumindest zeitweilig vergessen.

Der Chapfensee passt perfekt für die Mittagspause.

Charakter

Die tieferen Lagen im Weisstannental und am Hinterberg ob Mels sind mit einem Mosaik von Wäldern und Wiesen bedeckt, die Wanderwege sind hier praktisch durchwegs einfach und ungefährlich. In den höheren Lagen breiten sich weite Alpen aus, überragt von Felskränzen und -türmen. Die vorgeschlagene Route ist auch hier ungefährlich, stellenweise geht es aber weglos durch eher steile Grashänge. Vorsicht ist also vor allem bei Nässe geboten.

Die Wanderung

Anfahrt: Mit dem Zug nach Sargans und von dort ca. alle 2 Stunden mit dem Postauto Richtung Weisstannen.

Ausgangspunkt: Haltestelle Schwendi Dorf im Weisstannental.

1. Tag: Von Schwendi leicht ansteigend durch Wiesen und Wälder nach Vermol (Restaurant im Kurhaus Alpenrösli) und zum Chapfensee («Besenbeiz» etwas westlich davon). Von hier durch Wälder und Weiden zum Berghotel Schönhalden hinauf. 11 km, 690 m Aufstieg, 110 m Abstieg, 3½ Std., T2.

2. Tag: Vom Berghotel Schönhalden durch lockeren Wald nach Mädems-Hintersäss hinauf, zur Alp Chläui, auf die Madfurgga (2236 m) und auf der Ostseite steil hinab nach Weisstannen. Achtung: Die Strecke zwischen Mädems-Hintersäss und der Madfurgga ist schlecht markiert und oft weglos. Karte und Kompass mitnehmen und Augen offen halten. 14 km, 760 m Aufstieg, 1250 m Abstieg, 5½ bis 6 Std., T3.

Endpunkt: Weisstannen. Von dort mit dem Postauto zum Bahnhof Sargans.

Berghotel Schönhalden

Art und Ambiance: Ehemaliges, 1904 eröffnetes Kurhaus auf 1500 Meter mit eindrücklicher Aussicht auf die Churfirsten und die Alvierkette. Ältere Bausubstanz, teilweise erneuert. Grosse Terrasse. Luftseilbahn bis zum Haus.

Zimmer: 4 Einzel-, 10 Doppel-, 9 Dreier-, 6 Vierer-, 1 Achtbettzimmer, wenige mit Dusche, die anderen teilweise mit Lavabo; Dusche und WC auf der Etage. Einrichtung einfach, älteren Datums, Zimmer etwas hellhörig.

Küche: Gutbürgerlich-kreativ. Reichhaltige Salatteller, in der Saison Wild (z. B. Hirschfiletgulasch Stroganoff). Für Vegetarier: Reisrösti, Spätzlipfanne, Käsemakkaroni. Vor allem Schweizer Weine, weitere aus Europa und Übersee.

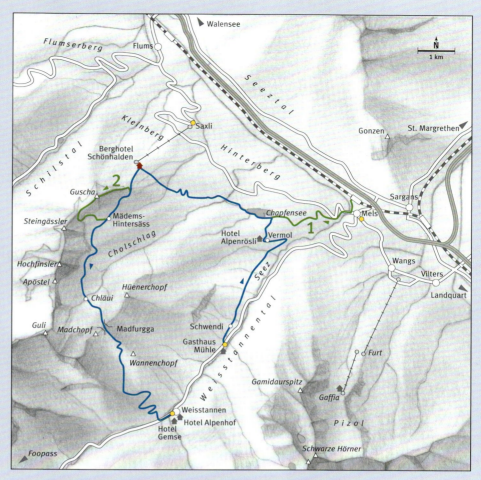

Für Kinder: Spielwiese mit Kletterturm, kleiner Streichelzoo.

Hunde: In den Zimmern erlaubt (Zuschlag).

Preisklasse: Mittel.

Öffnungszeiten: Ganzjährig geöffnet ausser April und November.

Adresse: Berghotel Schönhalden, 8894 Saxli-Flums, Telefon 081 733 11 96, www.schoenhalden.ch

Alternativen

1 Start in Mels: Bei ungünstiger Postautoverbindung ins Weisstannental kann man bereits in Mels (Bahnhof oder von einer der häufig angefahrenen Postautohaltestellen im Dorf) starten und trifft beim Chapfensee auf die beschriebene Route. Erster Tag dann 11 km, 1020 m Aufstieg, 20 m Abstieg, 4½ Std., T2.

2 Besteigung des Guscha: Kurz nach Punkt 1680 steil auf den Gipfel oder einfacher von Mädems-Hintersäss auf den Gipfel. Letztere Variante: 2 km, 350 m Aufstieg, 1¼ Std. für den Hinweg, T2

Weitere Berghäuser

- Hotel Alpenhof in Weisstannen, Zimmer und Lager, Telefon 081 723 17 63, www.alpenhof-weisstannen.ch
- Hotel Gemse in Weisstannen, Zimmer und Lager, Telefon 081 723 17 05, www.weisstannen.ch
- Gasthaus Mühle in Schwendi im Weisstannental, Telefon 081 723 15 01
- Hotel Alpenrösli in Mels-Vermol, Zimmer, Telefon 081 723 17 71

Weitere Informationen

Landeskarte 1:50 000, 237 oder 237T Walenstadt
Landeskarte 1:25 000, 1154 Spitzmeilen und 1155 Sargans
Mels Tourismus, Telefon 081 725 30 13, www.mels.ch. Heidiland, Telefon 081 720 08 20, www.heidiland.com.

Bücher

Leo Pfiffner, Mels zur Zeit der Landvogtei, 1483–1798. Einblick in 300 Jahre Untertanenschaft, Ortsgemeinde Mels, Mels 2003

AUF DEN SCHULTERN DER CHURFIRSTEN

Höhenweg Walenstadtberg–Oberschan
Berggasthaus Sennis-Alp

- Anspruchsvolle Wanderung (mit einfacherer Alternative)
- Oft längere Wandersaison
- Haus an idyllischem Bergsee

Wer unten dem Walensee entlangfährt, muss den Kopf beinahe zum Fenster hinausrecken oder zumindest einen Fensterplatz haben, um die Berggipfel zu sehen. Denn fast zwei Kilometer steigen die Churfirsten auf der anderen Seite des Sees in die Höhe, unten bewaldet und mit Felsbändern durchsetzt, oben senkrecht als schroffe Kalksteinwände in den Himmel ragend. Wie eine gigantische Wehrmauer reihen sie sich aneinander, die Türme und Zacken mit ihren klingenden Namen Selun, Frümsel, Brisi, Zuestoll oder Schibenstoll. Diesem Gelände scheint jede Eignung als Wandergebiet abzugehen. Doch dem ist nicht so. Etwa auf halber Höhe, im Bereich der Waldgrenze, hat die Geologie eine kleine Terrasse geschaffen, auf der man hoch über dem Walensee bequem am Fuss der Felstürme entlangwandern kann.

Von Walenstadtberg bis nach Oberschan sind es zwei mittellange Wandertage, Ausgangspunkt und Endpunkt sind mit öffentlichen Verkehrsmitteln erreichbar. Da der private Autobus nur ausnahmsweise bis Hochrugg oberhalb von Walenstadtberg

Links: Idyllische Lage: das Berggasthaus
Sennis-Alp.
Rechts: Unterwegs unterhalb der Churfirsten.

fährt, beginnt die Wanderung meist bei der Reha-Klinik auf knapp tausend Metern. Von hier aus muss der Höhenweg allerdings zuerst verdient werden. 700 Meter klettert der schmale Pfad durch einen steilen Wald und stellenweise durch ein abschüssiges Tobel empor. Eine einfache Route ist es nicht, einigermassen geübte Wanderer sollten aber mit den steilen Passagen kein Problem haben. Oberhalb der Waldgrenze erreicht man bei Tschingla mit 1527 Metern über Meer den höchsten Punkt an die-

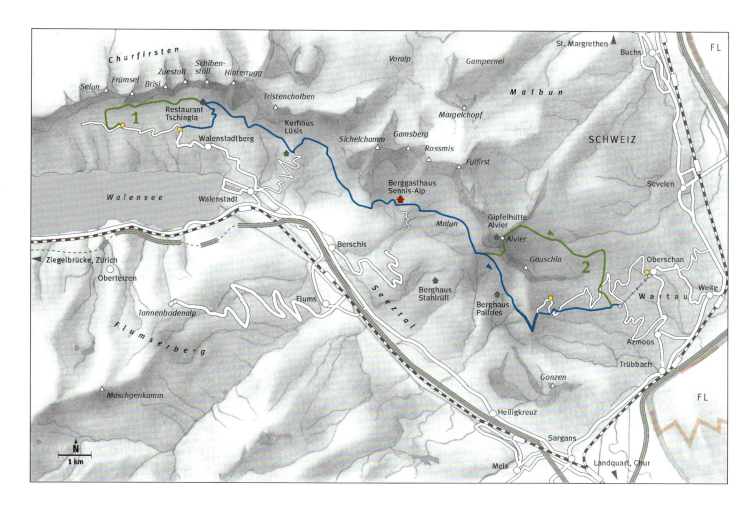

sem ersten Tag, zugleich das erste Restaurant und eine gute Gelegenheit, das durchnässte Hemd trocknen zu lassen.

Jetzt beginnt der angenehme Teil der Tagesetappe, der Höhenweg auf der Geländeterrasse hoch über dem Walensee. Sogar eine Naturstrasse ist es hier, die sich unter den hoch aufragenden Türmen der Churfirsten entlangschlängelt, durch Wiesen und Wälder und stets mit prächtigen Ausblicken auf das Seeztal und den Walensee. Ein weiterer Stopp für ein kühles Bier oder einen stärkenden «Zvieri»-Teller bietet sich beim Kurhaus Lüsis an, das in einem weiten, nur leicht geneigten Hang sitzt. Von hier geht es auf einem Wanderweg weiter durch Wälder und Weiden, durch steile Runsen und etwas Geröll zum Tagesziel Sennis.

Das Berggasthaus Sennis-Alp liegt etwas versteckt in einem alten Bergwald zu Füssen des mächtigen Gamsbergs und des Fulfirsts. Es wurde 1911 gebaut, um den betuchten Gästen, die nach Bad Ragaz pilgerten, auch Höhen- und Molkekuren anbieten zu können. Vieles erinnert noch an diese goldenen Zeiten der Kurhäuser: die zweistöckige, hölzerne Loggia, die alten Bilder und der kleine, verwunschene Bergsee vor dem Haus mit dem schmucken Inselchen, das man auf einem Holzsteg erreicht. Den Kurhausmief hat das Haus aber längst abgeschüttelt. Der grosse renovierte Esssaal mit schönem Täfer und vielen Fenstern gleicht einem herrschaftlichen Jägersaal. Am Abend kann es hier an den langen Tischen unter den wachenden Blicken der Gems- und Hirschtrophäen recht lebhaft zu und her gehen. Wer seine müden Glieder hochlagern will oder den wohlverdienten Schlaf sucht, geht in die oberen Etagen. Hier dringt einem nur noch das Plätschern des nahen Bachs und das Knarren der alten Holzböden ans Ohr.

Bereits 1842 wurde in der Region der Eidgenössische Freiberg Churfirsten eingerichtet, um den nach dem 18. Jahrhundert dezimierten oder zum Teil auch bereits fast ausgerotteten Bestand an Rothirschen, Gemsen und Rehen zu sichern. Damals

Bergfrühling vor der Gamsbergkette.

erstreckte sich das Schutzgebiet über die ganze Bergkette vom Gonzen bis zum Speer. Aufgrund von Konflikten mit dem Waffenplatz Walenstadt wurde das Schutzgebiet später massiv verkleinert, dafür ein Ersatzgebiet beim Pizol geschaffen, in dem dann die erste Wiederansiedlung des Steinbocks in der Schweiz glückte. Das kantonale Wildasyl um den Alvier umfasst heute noch etwa zwanzig Quadratkilometer. Hier leben nicht nur wieder Rothirsche, Gemsen und Steinböcke, sondern auch Murmeltiere, Adler, Schneehühner und Birkhühner.

Ganz anders als die erste Tagesetappe ist der Charakter der zweiten. Nicht mehr enge Terrassen und steile Aufstiege prägen die Route, sondern weite, offene Hänge am Fuss des Alviers und nur mässige Aufstiege. Die Aussicht ist dafür umso weiter und reicht vom Prättigau über den Pizol bis in die Glarner Alpen, und bei Palfris öffnet sich der Blick gar auf das Liechtensteinische. Die Wanderung endet bei der Bergstation der Luftseilbahn, mit der man nach Oberschan gelangt.

Charakter

Wanderung auf der Südseite der Churfirsten und der Gamsberg-Alvier-Kette. Die etwa zwanzig Kilometer lange Bergkette zeichnet sich durch die sanfte Nordabdachung aus, während die Südseite in schroffen Felswänden abstürzt. Hier verläuft die beschriebene Wanderung. Abgesehen vom Aufstieg durch ein steiles Tobel bietet sie keine besonderen Schwierigkeiten, vielmehr schöne Aussichten über den Walensee und ins St. Galler Oberland.

Die Wanderung

Anfahrt: Mit dem Zug bis Walenstadt und von dort mit dem Bus des Autobusbetriebs Walenstadt auf den Walenstadtberg (etwa sechsmal täglich).
Ausgangspunkt: Haltestelle Reha-Klinik.
1. Tag: Abstieg zum Punkt 830. Steiler Aufstieg durch eine Runse nach Tschingla (Restaurant), dann meist leicht absteigend auf einer Naturstrasse nach Lüsis (Restaurant). Auf einem Wanderweg durch Wiesen, Wälder und Runsen zum Berggasthaus Sennis-Alp. 13 km,

bach. An Sonntagen von ca. Mitte Mai bis Mitte Oktober fährt ein Bus um 16:26 ab Scheidweg (Punkt 1362 m).

Das Berggasthaus Sennis-Alp

Art und Ambiance: Sanft erneuertes Kurhaus vom Beginn des 20. Jahrhunderts mit viel Holz, von Wald umgeben auf 1397 Metern. Romantischer See vor dem Haus. Gediegener Esssaal und Jägerstübli, Gartenterrasse.
Zimmer: 15 geräumige, komfortable Doppelzimmer, 10 davon mit Lavabo, Familienzimmer mit Matratzen am Boden (4 Fünferzimmer und 5 Viererzimmer), WC und Dusche auf der Etage.
Küche: Traditionelle Küche. Spezialitäten: auf Vorbestellung «Sennis-Magrunä», Geschnetzeltes mit Rösti, im Herbst Wildgerichte. Für Vegetarier: Menü mit Gemüseschnitzel statt Fleisch, Suppen, Spaghetti.
Für Kinder: Spielwiese mit Sandkasten und Kletterbäumen, Bocciabahn, Badesee, Spielen im Bach.
Hunde: Auf Anfrage.
Preisklasse: Mittel.

2 Besteigung des Alvier (alpin): Ab Berggasthaus Sennis-Alp zum Punkt 1755 und von hier steil auf den Alvier. Abstieg nach Stofel und zur Luftseilbahn. Vom Berggasthaus 950 m Aufstieg, 3½ Std., steile Passagen, teilweise mit Leitern, einige Halteseile (kann als blau-weiss markierte Route betrachtet werden), T3.

Weitere Berghäuser

- Restaurant Tschingla, Zimmer und Lager, Telefon 081 735 21 61, www.alp-tschingla.ch
- Berggasthaus Alp Lüsis, Zimmer und Lager, Tel. 081 735 11 72, www.luesis.ch
- Bergrestaurant Stralrüfi, Lager, www.stralruefi.ch
- Berghaus Palfries, Zimmer und Lager, Telefon 081 783 12 24, www.palfries.ch
- Gipfelhütte Alvier, Lager, Telefon 079 681 81 82, www.palfries.ch

Weitere Informationen

Landeskarte 1:50 000, 237 oder 237T Walenstadt
Landeskarte 1:25 000, 1134 Walensee,
1135 Buchs und 1155 Sargans

Der Steinbock lebt heute wieder in der Alvierkette.

Wer sich Zeit nimmt, hat mehr Zeit.

Das Flühblümchen wächst oft auf Kalkfelsen.

Aufstieg 1000 m, Abstieg 600 m, 5 Std., T3, steile Abschnitte.
2. Tag: Vom Berggasthaus Sennis-Alp auf einer Naturstrasse nach Malun und weiter zum Punkt 1755. Nach Vorder Palfris (Restaurant) und nach dem Pass bei Punkt 1711 hinab Richtung Oberschan. 13 km, Aufstieg 350 m, Abstieg 780 m, 4½ Std., T2.
Endpunkt: Bergstation der Luftseilbahn Oberschan–Hotel Alvier (ganzjährig in Betrieb), ab Oberschan mit dem Postauto zum Bahnhof Trüb

Öffnungszeiten: Von Anfang Juni bis Anfang Oktober.
Adresse: Berggasthaus Sennis-Alp, Telefon 081 733 35 34, www.sennis-alp.ch

Alternativen

1 Start ab Hochrugg: Auf einfachem Weg ab Hochrugg via Schrina-Obersäss und Palfris nach Tschingla. (Nur der erste Postautokurs um 8.35 Uhr ab Walenstadt fährt bis Hochrugg.) 15 km, 940 m Aufstieg, 750 m Abstieg, 5½ Std., T2.

Tourist Information Walenstadt
Tel. 081 720 17 17, www.tourismus-walenstadt.ch; Informationen auch unter www.heidiland.com

ALPSTEIN-TRAVERSE I: DIE SÜDROUTE

Hoher Kasten–Fälensee–Zwinglipass–Wildhaus
Berggasthaus Bollenwees

- Mittelschwere Wanderung
- Eindrückliche Grattour
- Haus an wildromantischem Bergsee

Gäbe es ein Zentrum der Schweizer Berghauskultur, wäre dieses bestimmt im Alpstein zu suchen. Hier, etwa zwanzig Kilometer südlich von Sankt Gallen, im Gebirge zwischen Appenzell und Wildhaus, mit dem Säntis als höchster Erhebung findet man nicht weniger als zwei Dutzend Berghäuser, und kaum ein Pass, kaum eine Erhebung taucht im Fernglas auf, auf denen nicht eine Schweizer Fahne neben einem währschaften Schindelhaus weht. Hand in Hand mit der Berghausdichte geht diejenige der Wanderer. Der Alpstein ist mit seinen vielen Felswänden nicht nur ein Mekka für Kletterer, sondern mit seiner fein gegliederten Topografie, mit seinen malerischen Seen, Pässen und Aussichtskanzeln, aber auch mit seinen Alpaufzügen, Stubeten und Sennhütten eine bevorzugte Destination für Wanderer. Auf den beliebten Routen wird man an einem sonnigen Sommer- oder Herbstwochenende mit Bestimmtheit nicht allein unterwegs sein. Dafür hat man auch die Gewissheit, dass einem der Freudenjuchzer auf dem Gipfel in Kürze erwidert wird.

Den Alpstein mit seinen schroffen Türmen und Graten zu besuchen, ohne etwas von der Geologie zu wissen, ist wie eine Besteigung des Vesuvs ohne Kenntnis, dass man sich auf einem Vulkan bewegt. Darum hier das Wichtigste in Kürze. Die Grosszahl der auffälligsten Gipfel im Alpstein besteht aus Schrattenkalk. Dieser wurde im Urmittelmeer Tethys abgelagert und ist zwischen 50 und 140 Millionen Jahre alt. Mit der Hebung der Alpen, die vor etwa 50 Millionen Jahren begann und den Höhepunkt vor etwa 12 Millionen Jahren erreichte, wurden auch diese Kalkschichten in die Höhe

Links: Magischer Fälensee.
Mitte: Perfekte Abendsonne für das Berggasthaus Bollenwees.
Rechts: Wunderschön: der Gratweg vom Hohen Kasten zur Saxerlücke.

Das ist der Alpstein: Kalkberge, Grate, Seen. Aussicht vom Hohen Kasten.

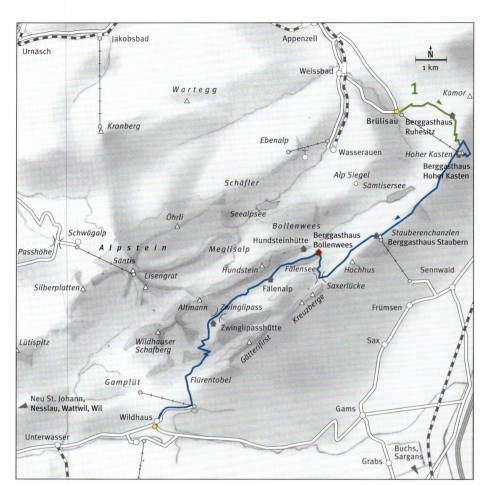

Auf der Fälenalp, da hat's die besten Kräuter.

gepresst und in nördlicher Richtung über das ganze heutige Aare-Gotthard-Gebiet hinweggeschoben. Auf der Nordseite rutschten sie langsam ab und prallten schliesslich in die Molasse-Sedimente des heutigen Mittellands. Dabei wurden die Kalkschichten stark verformt und gequetscht, zerbrachen oder stiegen an der als Prellbock wirkenden Molasse zum Teil wieder in die Höhe. Die Kreuzberge, der Altmann, die Fälentürme sind solche Schrattenkalkschichten, die bei der Alpenbildung auf diese Weise aufgerichtet und in die Höhe gepresst wurden.

Noch ein anderes erstaunliches, wenn nicht geheimnisvolles Phänomen hat die Geologie auf Lager. Die meisten Seen im Alpstein haben nur einen unterirdischen Abfluss. Das Wasser des Fälensees und des Sämtisersees etwa versickert im von Höhlen und Gängen durchzogenen Erdinnern und tritt erst im Mühlebachtobel im Sankt Galler Rheintal wieder ans Tageslicht. Das Wasser des Fälensees braucht für diese Reise eine bis zwei Wochen. Die jährlichen Schwankungen des Wasserstandes des Sämtisersees sind frappant. Zur Zeit der Schneeschmelze randvoll gefüllt, kann sich der See bis im Herbst vollständig entleeren und hinterlässt dann ein etwas unansehnliches, schlammverkrustetes Becken. Das Erstaunlichste ist dabei, dass im folgenden Frühling mit dem ansteigenden Wasser auch die Fische wieder da sind. Nach der Erklärung der Fischer ziehen sich die Tiere im Winter in unterirdische Seen zurück. Das klingt plausibel, wissenschaftlich untersucht ist das Phänomen aber nicht.

In diesem Zusammenhang noch eine Warnung: Bereits 1682 berichtet Bartholomäus Bischofberger von riesigen Monsterfischen im Sämtiser- und Fälensee, denen nicht einmal mit Kanonen beizukommen war. Er hält fest, dass die Seen «noch reicher an Fischen seyn könten / wann nicht einige grosse darin / von welchen die Kleinern wie verlautet / verschlungen werden / sie selbs aber mit nit anderst / als mit Geschütz zu töden / dergleichen aber nicht wol möglich in das Wasser zu pflanzen» (zitiert in Hans Büchler, Der Alpstein). Daher: Vorsicht beim Schwimmen in den Alpsteinseen!

Charakter

Der Alpstein ist mit seiner fein ziselierten Landschaft, den eindrücklichen Zackengraten und den idyllischen Seen ein Wandergebiet par excellence. Die Route führt vom Hohen Kasten über einen langen, luftigen Grat mit einmaliger Aussicht über das Sankt Galler Rheintal zum Berggasthaus Bollenwees beim Fälensee. Am zweiten Tag geht es über die einsame Karstlandschaft am Zwinglipass nach Wildhaus. Tipp: Die Wanderung wochentags unternehmen, wenn weniger Leute unterwegs sind.

Die Wanderung

Anfahrt: Mit dem Zug via Gossau nach Weissbad, von dort mit dem Postauto zur Luftseilbahn auf den Hohen Kasten in Brülisau.

Ausgangspunkt: Bergstation der Luftseilbahn auf dem Hohen Kasten.

1. Tag: Vom Berggasthaus mit fantastischem Blick über die Rheinebene, den Bodensee und das ganze Säntismassiv etwas hinab zum Pass zwischen Hohem Kasten und Kamor. Dann in südwestlicher Richtung dem Grat entlang in vielem Auf und Ab unter Felswänden hindurch, durch Wäldchen und über abschüssige Grashänge. Kurz vor der Saxerlücke tauchen die atemberaubenden Türme der Kreuzberge auf. Kurz hinab zum Berggasthaus Bollenwees. 11 km, 410 m Aufstieg, 730 m Abstieg, 3½ Std., T2.

2. Tag: Vom Berggasthaus Bollenwees dem Fälensee entlang, durch intensiv genutzte Alpweiden zur Karstlandschaft auf dem Zwinglipass hinauf. Imposanter Blick auf die Südfassade des Altmanns, beim Pass auf die ganze Churfirstenkette, zwischen deren Gipfeln der Tödi hervorleuchtet. Über Weiden hinab zur Chreialp und dann auf breitem Zickzackweg in den Talgrund und steil durchs Flürentobel nach Wildhaus. 13 km, 570 m Aufstieg, 950 m Abstieg, 4½ bis 5 Std., T2.

Endpunkt: Postautohaltestelle Wildhaus Post. Von hier stündlich mit Postauto und Zug weiter.

Berggasthaus Bollenwees

Art und Ambiance: Hübscher Zwillingsbau aus zwei typischen Appenzeller Holzhäusern, etwas erhöht über dem Fälensee auf 1470 Meter. Einmaliger Blick von der grossen Terrasse auf den See mit steil aufragenden Felswänden zu beiden Seiten. Restaurant, Esssaal und zwei separate Stuben mit viel Holz, aber ohne unnötige Schnörkel.

Zimmer: 2 Einzelzimmer mit Lavabo, 5 Doppelzimmer, drei davon mit WC und Dusche, die anderen mit Labavo, 2 Dreierzimmer mit WC und Dusche, 2 Viererzimmer mit Lavabo, alle einladend und komfortabel. Diverse Lager (nordisch) mit 6 bis 26 Matratzen für insgesamt 120 Personen. Duschen, WC im Haus.

Küche: Gutbürgerlich. Spezialitäten: Kalbsgeschnetzeltes an Rahmsauce, knusprige Rösti. Für Vegetarier: Rösti, Salate. Kleine Weinauswahl.

Für Kinder: Sandkasten, Bade- und Planschsee vor dem Haus, Murmeltierbaue in der Nähe.

Hunde: Hunde in den Zimmern erlaubt (Zuschlag), zusätzlich Hundeboxen.

Preisklasse: Mittel bis hoch.

Öffnungszeiten: Mitte Mai bis Ende Oktober. Frühzeitige Anmeldung empfohlen.

Kraul-, Bier- und Plauderpause auf Bollenwees.

Adresse: Berggasthaus Bollenwees, 9058 Brülisau, Telefon 071 799 11 70, www.bollenwees.ch.

Alternative

1 Erster Tag ohne Luftseilbahn: Von Brülisau via Ruhesitz (Restaurant) auf den Pass zwischen Hohem Kasten und Kamor, von hier auf dem beschriebenen Weg weiter. 15 km, 1170 m Aufstieg, 620 m Abstieg, 5 Std., T2.

Weitere Berghäuser

- Berggasthaus Ruhesitz, Zimmer und Lager, Telefon 071 799 11 67, www.ruhesitz.ch
- Berggasthaus Hoher Kasten, Telefon 071 799 11 17, www.hoherkasten.ch
- Berggasthaus Staubern, Zimmer und Lager, Telefon 081 757 24 24, www.staubern.ch
- Hundsteinhütte SAC, Lager, meist unbewartet, Telefon 071 799 15 81, www.hundstein.ch
- Fälenalp, Lager, Nachtessen auf Anfrage, Telefon 071 787 25 36
- Zwinglipasshütte SAC, Lager, meist unbewar- Telefon 071 999 24 36, ww.sac-toggenburg.ch

Weitere Informationen

Landeskarte 1:50 000, 227 oder 227T Appenzell, für die letzten Meter: 237 oder 237T Walenstadt oder die Zusammensetzung 1:50 000, 5014 St. Gallen - Appenzell

Landeskarte 1:25 000, 1115 Säntis, für die letzten Meter: 1135 Buchs

Appenzellerland Tourismus, Telefon 071 788 96 41, www.appenzell.ch,

Toggenburg Tourismus, Telefon 071 999 99 11, www.toggenburg.org

Kühne Architektur am Altmann.

Bücher

Hans Büchler (Hrsg.), Der Alpstein. Natur und Kultur im Säntisgebiet, Appenzeller Verlag, Herisau 2000

ALPSTEIN-TRAVERSE II: DIE NORDROUTE

Wasserauen–Ebenalp–Meglisalp–Rotsteinpass–Wildhaus
Berggasthaus Meglisalp

- Anspruchsvolle Wanderung (mit einfacherer Alternative)
- Passüberquerung

Auf dieser Tour ist man von Beginn weg ganz «in den Bergen». Nicht nur startet man bequem von der Bergstation der Ebenalp-Luftseilbahn und hat bereits hier prächtige Ausblicke auf den Alpstein, über das Appenzellerland und bis zum Bodensee – nach zehn Minuten führt der Wanderweg buchstäblich in den Bauch des Berges: Mitten in der senkrechten Felsklippe hoch über Wasserauen verschwindet der Weg in einer riesigen, etwa hundert Meter langen Höhle. Dabei handelt es sich nicht um eine künstlich geschaffene Attraktion eines findigen Verkehrsbüros, sondern es war die einzige Möglichkeit, die Felswand zu überwinden. Die Höhle ist nicht irgendeine Höhle, sondern die naturgeschichtlich und historisch weltbekannte Wildkirchlihöhle.

Bekannt wurde die Karsthöhle vor allem durch den Zoologen Emil Bächler, der sie zusammen mit Otto Köberle zwischen 1903 und 1908 systematisch untersuchte. Dabei stiessen sie auf Fundstücke ganz unterschiedlicher Art. 95 Prozent davon waren Knochen von Höhlenbären. Daneben fanden sie aber auch zahlreiche Steinwerk-

Der Weg zum Lötzlialpsattel, rechts die Altenalp Türm.

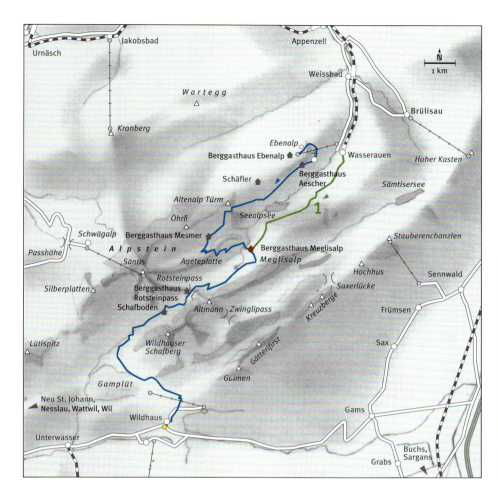

zeuge, insbesondere Schaber aus Ölquarzit, Radiolarit und Kieselkalk. Aufgrund dieser sensationellen Funde entwickelte Bächler seine Theorie über das sogenannte alpine Paläolithikum der Schweiz. Neuere Untersuchungen zeigten, dass die Werkzeuge 30000 bis 40000 Jahre alt sind, somit aus einer warmen Phase während der letzten Eiszeit stammen und von Neandertalern angefertigt wurden. Obwohl die Knochen der Höhlenbären wesentlich älter sind, scheinen die Wildkirchlihöhlen zeitweise von beiden, Bären und Neandertalern, gleichzeitig genutzt worden zu sein. Von den Neandertalern wurden die Höhlen wahrscheinlich nur im Sommer bei ihrer Jagd nach Steinböcken, Gemsen und Murmeltieren aufgesucht, während die Bären sie als Winterlager und wohl auch für die Geburt ihrer Jungen benutzten. Kam es trotzdem einmal zu einem Zusammentreffen von Mensch und Tier, gingen sich beide respektvoll aus dem Weg. Im Alpstein gibt es übrigens noch andere Höhlen, in denen Feuerstellen oder Klingen gefunden wurden.

Die eindrücklichen Felsklippen mit ihren Höhlen hoch über Wasserauen hatten nicht nur auf Naturforscher eine magische Wirkung, sondern auch auf Dichter, Maler und im Volksglauben. Bereits 1621, also lange vor Bächlers Forschungen, regte der aus Appenzell stammende Kapuzinerpater Philipp Tanner die Errichtung eines Altars an. Während Jahrhunderten hausten dann Eremiten hier oben, es wurden Messen gelesen und Gläubige und Touristen pilgerten zur kleinen Wildkirchlikapelle hoch. Der Weg durch die Felswand war weniger gefährlich denn spektakulär. 1706 schreibt Clemens Geiger: «Oberhalb des Thals befindet sich die Wunderkruft des H. Ertzengels Michaelis / ins gemein die wilde Kirch genant / wegen des wilden Passes und gefährlichen Wegs / zu dieser Kirchen oder Höle / inmassen man durch ein 5. gemein Schuh breiten Weg nebendt einem grausamen Praecipitio [Abgrund] zu dieser Kruft gehen müsse auf einem Stägli von 2. Balzen und einer Bruggen von einem Felsen zu dem anderen / von welcherr man directissime in die Tieffe hinunder siht / auch öfters ge-

Oben: Bald erreicht die wärmende Sonne auch das Berggasthaus Meglisalp.

Unten: Acht nostalgische Doppelzimmer bietet das Berggasthaus Meglisalp müden Wanderern.

Links: Steil aufragende Schichten der
Altenalp Türm.

Rechts: Das ist der Alpstein: schmale Grate,
enge Täler. Horstgrat und Marwees.

schicht / das einige wegen Schwindel auf Knien diesen bösen Weg kriechen / andere lassen sich hinderruks führen und heben» (aus: Hans Büchler, Der Alpstein).

Auch heute noch führt der Weg durch die Höhle und durch die senkrechte Felswand. Statt der rauchenden Kienfackel beleuchten aber einige Lampen den Weg, und an der Felswand entlang führt eine bequeme, teilweise gar überdachte Holzpasserelle. Nur, wer dies hinter sich hat, hat noch nicht die ganze Wanderung geschafft, denn der Alpstein überrascht den Wanderer immer wieder mit anspruchsvolleren Passagen. Von der Wildkirchlihöhle geht es ohne spezielle Schwierigkeiten, aber immer wieder mal in luftiger Höhe zum Berggasthaus Mesmer. Als schwierigstes Teilstück der Zweitagestour folgt hier der Aufstieg auf die Ageteplatte auf dem Rossmad-Bergrücken. Der Weg klettert hier kühn in engen Spitzkehren eine steile Felsscharte hoch. Für Geübte und einigermassen Schwindelfreie ist die Passage kein Problem, denn der aufwendig aus dem Felsen gehauene Weg ist recht breit und durchgehend mit Halteseilen ausgerüstet. Wer trotzdem einen einfacheren Zugang zur Meglisalp vorzieht, kann auf dem Schrennenweg von Wasserauen via Seealpsee aufsteigen (siehe Kasten).

Charakter

Eine landschaftlich sehr abwechslungsreiche Zweitageswanderung im Alpstein. Höhepunkte am ersten Tag sind die Wildkirchlihöhle (Funde von Höhlenbären und Neandertalern) und der anspruchsvolle, etwas exponierte Aufstieg auf die Ageteplatte oberhalb der Rossmad. Am zweiten Tag führt die Route auf durchgehend einfachen Wegen auf den Rotsteinpass und auf dessen Westseite hinunter nach Wildhaus. Entspannen und auftanken kann man im gemütlichen Berggasthaus Meglisalp.

Die Wanderung

Anfahrt: Mit dem Zug bis Wasserauen und vis-à-vis dem Bahnhof mit der Luftseilbahn hoch.
Ausgangspunkt: Bergstation der Luftseilbahn Wasserauen–Ebenalp.
1. Tag: Von der Ebenalp hinab zur Wildkirchlihöhle, durch die etwa hundert Meter lange Höhle mit der Eremitenklause und auf einer Passerelle an einer senkrechten Felswand entlang zum Berghaus Aescher. Etwa zweihundert Meter nach dem Gasthaus rechts hoch und nach weiteren rund fünfhundert Metern bei einer Verzweigung unter der Felswand geradeaus (kein Wegweiser). Dann mit einigen Auf- und Abstiegen zum Berggasthaus Mesmer. Von hier steil und etwas exponiert durch eine Felsscharte auf die Ageteplatte (guter, aus dem Fels gehauener Zickzackweg, mit Seilen gesichert; nur für Trittsichere und Schwindelfreie) und dann einfach hinunter auf die Meglisalp. 9 km, 710 m Aufstieg, 780 m Abstieg, 4 Std., T3.
2. Tag: Von der Meglisalp auf durchwegs gutem und einfachem Weg auf den Rotsteinpass (2120 m, Berggasthaus) mit guter Aussicht auf Säntis, Tödi und Glärnisch. Auf der Westseite hinab zum Schafboden («Beizli»), durch etwas Wald nach Gamplüt und schliesslich hinab nach

Wildhaus. 12 km, 680 m Aufstieg, 1110 m Abstieg, 4½ Std., T2. Die Gondelbahn Gamplüt–Wildhaus spart etwa 20 Minuten.
Endpunkt: Postautohaltestelle Wildhaus Post im Zentrum von Wildhaus. Von hier stündlich mit dem Postauto zum nächsten Bahnhof.

Berggasthaus Meglisalp

Art und Ambiance: Schlichter Steinbau auf der Meglisalp, einer Geländeterrasse mit einem Dutzend Häuser und einer kleinen Kirche. 1994 renoviert, grosse, helle, gemütliche Gaststube, grosse Terrasse.
Zimmer: 1 Einzel-, 8 Doppelzimmer, einfach, nostalgisch, mit Wasserkrug und Waschbecken auf dem Tisch; WC auf der Etage, Lavabo und Dusche im Haus. Lager für 150 Personen in Zimmern mit 5 bis 22 Plätzen.
Küche: Gehobene Berghausküche mit saisonalen und regionalen Gerichten. Spezialitäten: im Herbst Wild, Rösti, Fitnessteller, Biberfladenparfait. Für Vegetarier: verschiedene Gerichte wie Älplermagronen oder Spaghetti. Weine aus Europa mit Schwerpunkt Italien.
Für Kinder: Spiele im Haus, Spielplatz mit Sandkasten, Schaukel.
Hunde: In den Zimmern gestattet (Zuschlag), im Lager nicht; Hundeboxen neben dem Haus.
Preisklasse: Mittel.
Öffnungszeiten: Anfang Mai bis Ende Oktober.
Adresse: Berggasthaus Meglisalp, 9057 Weissbad, Telefon 071 799 11 28, www.meglisalp.ch

Alternative

1 Einfacherer Zugang am ersten Tag: Von Wasserauen nach Hütten hinauf und auf dem Schrennenweg, dem alten Säumerweg, zur Meglisalp. 6 km, 650 m Aufstieg, 2 Std., T2.

Weitere Berghäuser

- Berggasthaus Ebenalp, Zimmer und Lager, Telefon 071 799 11 94, www.gasthaus-ebenalp.ch
- Berggasthaus Aescher, Lager, Telefon 071 799 11 42, www.aescher-ai.ch
- Berggasthaus Mesmer, Zimmer und Lager, Telefon 071 799 12 55, www.mesmer-ai.ch
- Berggasthaus Rotsteinpass, Lager, Telefon 071 799 11 41, www.rotsteinpass.ch
- Schafboden, Lager, Telefon 071 999 13 45 oder 079 436 22 63, www.schafboden.ch

Weitere Informationen

Landeskarte 1:50 000, 227 oder 227T Appenzell, für die letzten Meter: 237 oder 237T Walenstadt oder die Zusammensetzung 1:50 000, 5014 St. Gallen - Appenzell
Landeskarte 1:25 000, 1115 Säntis, für die letzten Meter: 1135 Buchs
Appenzellerland Tourismus, Telefon 071 788 96 41, www.appenzell.ch. Toggenburg Tourismus, Telefon 071 999 99 11, www.toggenburg.org.

Bücher

Hans Büchler (Hrsg.), Der Alpstein. Natur und Kultur im Säntisgebiet, Appenzeller Verlag, Herisau 2000

Links: Aussichtspause beim Aufstieg zum Rotsteinpass.
Mitte: Der Alpstein ist einer der beliebtesten Wanderberge der Schweiz.
Rechts: Gemütlicher Hüttenabend.

GRATWEGS AM SÄNTIS VORBEI

Appenzell–Kronberg–Hochalp–Hemberg
Berggasthaus Chräzerli

- Mittelschwere Wanderung
- Gipfelbesteigung
- Speziell lange Wandersaison

Der Alpstein mit dem Säntis ist aus gutem Grund eines der beliebtesten Wandergebirge der Schweiz. Er ist gut erreichbar, umfasst zahlreiche imposante Bergzacken und romantische Seen, bietet unzählige spannende Wanderwege und gleich auch noch eine grosse Reihe von Alpwirtschaften und Berghäusern. So viele Vorzüge haben ihren Preis, und so sind die beliebteren Routen an schönen Tagen oft dicht begangen von Wanderern.

Nun ist es aber so, dass man gewisse Dinge genauso gut sieht oder vielleicht noch besser in ihrer Ganzheit erfassen kann, wenn man etwas zurücktritt und sie aus einiger Entfernung betrachtet. Das gilt nicht nur für ein grosses Gemälde, sondern auch für ein Gebirge. Einen fantastischen Blick auf den ganzen Alpstein, und dies auf einer relativ ruhigen Route, bietet die Tour von Appenzell über den Kronberg und die Hochalp nach Hemberg. Sie verläuft in einer Entfernung von etwa drei bis sechs Kilometern parallel zur langen Kette des Säntismassivs. Besonders attraktiv ist dabei,

Oben: Pause auf der Hochalp. Hinten die Säntiskette.
Unten: Die Blüten des Clusius' Enzian schliessen sich in der Nacht und bei schlechtem Wetter.
Rechts: Frühling auf der Hochalp, im Hintergrund der Säntis.

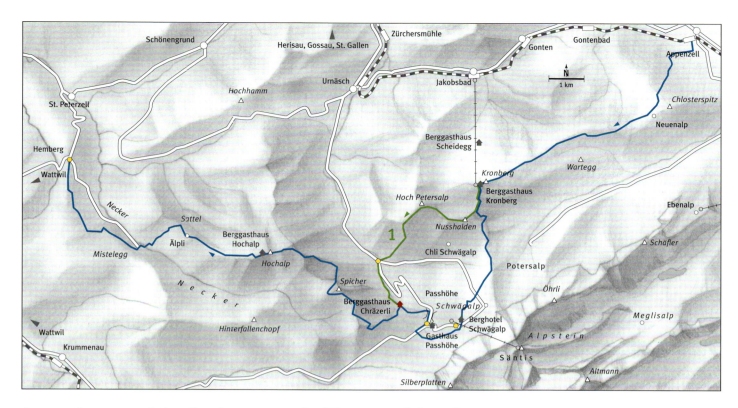

dass man insgesamt auf einer Strecke von etwa zehn Kilometern auf einem Gratrücken unterwegs ist. Hier öffnen sich nicht nur immer wieder wechselnde Aussichten auf den Alpstein, sondern auch nach Norden über das Appenzellerland und im
Westen Richtung Toggenburg und Tösstal. An warmen Sommertagen kühlt zudem
meist eine sanfte Brise die heisse Stirn. Als weiterer Pluspunkt eignet sich die Route
bestens für die Zeiten von Mai bis Anfang Juni und den späteren Herbst, wenn in den
höheren Lagen des Alpsteins noch beziehungsweise bereits viel Schnee liegen kann.

Der touristische Aufschwung des Säntisgebiets zu einem der meistbesuchten
Gebirgsmassive der Alpen begann in der zweiten Hälfte des 18. Jahrhunderts. Damals
erlangte Gais, einige Kilometer nordöstlich von Appenzell, eine zunehmende Bedeutung als Molkekurort. Bald boten auch andere Bäder, wie Weissbad, Gontenbad, Ja-
kobsbad und das Heinrichsbad, solche Kuren an. Oft verbanden die Badegäste die
Molkekur mit einem Ausflug in die Berge. Nach 1800 nahm der Bergtourismus im
Alpstein deutlich zu, wenn auch damals die Besucher noch ohne die heutigen bahn-
technischen Annehmlichkeiten auskommen mussten. 1807 schreibt August Zeller
über den Alpstein: «denn so unwegsam auch die hohen Alpen zu seyn scheinen, so ist
doch keine Höhe, kein Gipfel, zu dem nicht wenigstens ein kleines schmales Weglein
führte, nur muss man bekannt seyn, oder einen sichern Führer haben, der Wege und
Stege genau kennt» (aus: Hans Büchler, Der Alpstein). Zusätzlich zu den Gasthäusern
in der Umgebung wurden nun auch weitere im Herzen des Alpsteins errichtet. Das
erste befand sich auf dem Säntis selbst, wo Jakob Dörig 1846 ein einfaches Steinhaus
erbaute, in dem er nicht nur bis zu 600 Gästen bewirtete, sondern bereits auch neun
Übernachtungsplätze im Heulager anbot.

Während heute die Schwägalp das Zentrum des motorisierten Ausflugsvekehrs
im Alpstein ist und damit von ruhesuchenden Wanderern wohl eher gemieden wird,
geht es auf der Hochalp, dem Ziel am zweiten Tag dieser Tour, unendlich viel ruhiger
und gemächlicher zu und her. Zur schönsten Wanderzeit des Jahres, im Frühling, sind
hier erst wenige Wanderer unterwegs, unter den von der Sonne gebleichten roten Tischen dösen einige Ziegen, und die Wiesen auf dem flachen Rücken sind dicht überzogen mit dem intensiven Gelb der Sumpfdotterblumen. Die Hochalp ist die älteste
Bergwirtschaft im Vorgelände des Alpsteins. Die Familie Fuchs aus Urnäsch betreut
die Alp und auch die kleine Wirtschaft seit über sechzig Jahren und hält das Gasthaus

Bald wird es auch hier auf der Schwägalp
grün sein.

selbst an schönen Winterwochenenden offen. Zweimal im Jahr ist es aber sogar hier aus mit der Ruhe: Am Samstag und Sonntag um den 25. Juli sowie am dritten August-sonntag findet hier die «Alpstobete» mit Talerschwingen (in einem tönernen Becken kreisende Fünfliber), zünftiger Streichmusik und dem typischen Sennengesang, dem «Zäuerli», statt. Auch auf dem Kronberg gibt es die «Alpstobete», und hier heisst das «Zäuerli» wieder ganz anders ...

Charakter

Eine Gratwanderung im doppelten Sinne – einerseits ist man an beiden Tagen während Stunden auf einem Grat oder in dessen unmittelbarer Nähe unterwegs (ohne dass es gefährlich ist, handelt es sich doch eher um Bergrücken), andererseits bietet die Route fast durchgehend einen Blick auf den langgezogenen Gipfelgrat der Säntiskette. Speziell lohnend ist die Tour im Frühling und im Herbst, wenn Wandern in den verschneiten, höheren Lagen nicht möglich ist.

Die Wanderung

Anfahrt: Mit dem Zug bis Appenzell.
Ausgangspunkt: Bahnhof Appenzell.
1. Tag: Vom Bahnhof Appenzell durch Wiesen und einige kleinere Waldstücke und via Scheidegg (Restaurant) auf den Kronberg (1663 m, Restaurant). Schöne Sicht über das Appenzellerland im Norden und die Säntiskette im Süden. Vom Kronberg hinab zur Schwägalp (Restaurant) – falls offen – und zum Berggasthaus Chräzerli. 18 km, 1010 m Aufstieg, 680 m Abstieg, 5½ Std., T2.
2. Tag: Vom Berggasthaus Chräzerli meist durch Wald hinauf zum Spicher (1520 m) und an einem grasigen Bergrücken entlang auf die Hochalp (1519 m, Alpwirtschaft). Von hier nach Sattel, hinab zur Necker und über die Mistelegg nach Hemberg. 17 km, 720 m Aufstieg, 890 m Abstieg, 5½ Std., T2.
Endpunkt: Postautohaltestelle Hemberg Post. Von hier mit dem Postauto zum Bahnhof Wattwil.

Berggasthaus Chräzerli

Wichtig: Das «Chräzerli» sucht zur Zeit dieser Überarbeitung neue Besitzer und ist bis auf Weiteres geschlossen. Weichen Sie solange in das Gasthaus Passhöhe oder das Berghotel Schwägalp aus.
Art und Ambiance: Stattliches Holzhaus auf einer Wiese etwas unterhalb der Schwägalp mit Sicht auf den Säntis. Zwei kleine Dépendance-Häuser. Die Schwägalpstrasse ist zwar in Hörnähe, abends kehrt aber Ruhe ein. Einfache Gaststuben, Terrasse mit grossen Sonnenschirmen hinter dem Haus.
Zimmer: 10 Einzel-, 13 Doppelzimmer (auch bis 3 Personen), praktisch alle mit Lavabo, Zimmer in den Dépendancen einfach, im Haupthaus komfortabler (renoviert), Dusche und WC auf der Etage. 2 Lager für jeweils 4, je ein Lager für 5 und 8 Personen.
Für Kinder: Grosser Sandkasten, Fussballplatz, Klettergeräte, Rutsche, Spielzimmer.
Preisklasse: Tief.
Öffnungszeiten: Mitte April bis Mitte November.
Adresse: Berggasthaus Chräzerli, 9107 Urnäsch, www.chraezerli.ch.

Alternative

1 Nordroute zum Chräzerli: Statt via Schwägalp kann man vom Kronberg auch weiter auf dem Grat via Hoch Petersalp zum Chräzerli gelangen. Länge, Höhendifferenzen und Wanderzeit gleich wie bei der südlichen Route, T2.

Weitere Berghäuser

- Berggasthaus Scheidegg, Lager, Telefon 071 794 11 20, www.scheidegg-ai.ch
- Berggasthaus Kronberg, Zimmer und Lager, Telefon 071 794 11 30, www.kronberg.ch
- Berghotel Schwägalp, Zimmer und Lager, Telefon 071 365 66 00, www.saentisbahn.ch (schöne Häuser, aber umgeben von grossen Parkplätzen)
- Gasthaus Passhöhe, 2 Doppelzimmer, Telefon 071 364 12 43, www.saentisbahn.ch
- Berggasthaus Hochalp, Zimmer und Lager, Telefon 071 364 11 15

Weitere Informationen

Landeskarte 1:50 000, 227 oder 227 T Appenzell
Landeskarte 1:25 000, 1095 Gais, 1114 Nesslau und 1115 Säntis
Appenzellerland Tourismus, Telefon 071 788 96 41, www.appenzell.ch

Bücher

Hans Büchler (Hrsg.), Der Alpstein. Natur und Kultur im Säntisgebiet, Appenzeller Verlag, Herisau 2000

Links: An der Jakobifeier wird auf der Hochalp zünftig getanzt.
Rechts: Das Berggasthaus Chräzerli mit dem Säntis.

AUF TOUR IM ÄLTESTEN WILDSCHUTZGEBIET EUROPAS

Mettmenalp–Wildmadfurggeli–Elm
Berggasthaus Mettmenalp

- Mittelschwere Passwanderung (mit anspruchsvollerer Alternative)
- Oft längere Wandersaison

Was heute undenkbar ist, war in frühgeschichtlicher Zeit noch gang und gäbe: Jedermann hatte das Recht, überall und unabhängig vom Grundeigentum Tiere zu jagen. Das Recht des freien Tierfangs überdauerte die keltisch-helvetische Besiedlung der Schweiz, die römische Kolonisation und auch die nachfolgende Zeit der Alemannen, Burgunder und Langobarden. Erst unter den Merowingern und vor allem unter Karl dem Grossen wurde die freie Jagd immer mehr beschnitten. Im alten Glarner Landbuch von 1448 gab es bereits Verordnungen über Jagd- und Schonzeiten, Fangverbote für bestimmte Tierarten, aber auch Abschussprämien für damals unbeliebte Tiere wie Bären und Wölfe. Daneben wurden ganze Berge oder Talschaften gebannt oder «gefreit» – die Jagd auf alle oder auf bestimmte Tierarten war hier untersagt. Unterwalden errichtete 1511 einen solchen Bannbezirk, und 1548 erliessen die Glarner einen Bann für den Kärpf, der heute als ältestes Wildschutzgebiet Europas gilt.

Links: Das Berggasthaus Mettmenalp.

Mitte: Sonne tanken auf dem Wildmadfurggeli.

Rechts: Der Bayrische Enzian ist in den ganzen Schweizer Alpen verbreitet.

Keine Regel ohne Ausnahme: So durften Glarner Hochzeitspaare, die sich zwischen Jakobi (25. Juli) und Martini (11. November) vermählten, einen Freibergschützen anstellen, um ihnen zwei Gemsen zu schiessen. Da immer mehr Paare ihren Hochzeitstag so legten, dass sie zwei Freiberg-Gemsen auf der Tafel hatten, und da die Bevölkerung stetig anwuchs, schrumpfte der Wildbestand im Bannbezirk, so dass 1740 die Sonderregelung für Hochzeitspaare fallen gelassen wurde.

Der Winter fliesst zu Tal. Im Hintergrund der Kärpf.

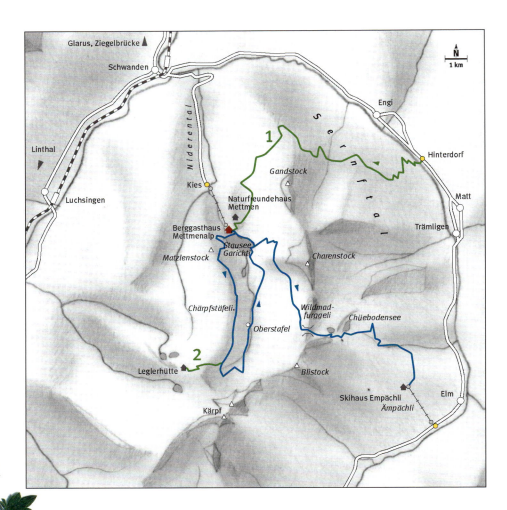

Die zwei Tagesetappen dieser Tour führen durch das Wildschutzgebiet am Kärpf. Da man mit der Luftseilbahn direkt zum Berggasthaus Mettmenalp gelangt, führt der erste Tag in einem grossen Bogen vom Gasthaus an den Fuss des Kärpf und zurück zum Haus. Wer Lust und Energie hat, hängt noch eine kleine Verlängerung zur Leglerhütte des SAC an. Auf jeden Fall lohnt es sich, sich immer wieder mal gemütlich ins Gras zu setzen und mit dem Fernglas die Hänge nach Steinböcken, Gemsen oder Murmeltieren abzusuchen. Wer dabei kein Glück hat, geniesst zumindest die famose Aussicht auf den Ortstock und den Glärnisch oder dann den Nervenkitzel beim Durchgang unter der Kärpfbrücke unmittelbar bei Oberstafel. Der etwa zehn Meter breite, einige Meter hohe und rund dreissig Meter lange Tunnel wurde vom Niderenbach in den weichen Flysch gegraben, während die Brücke selbst aus relativ widerstandsfähigem Lochseitenkalk besteht. Bei nicht zu hohem Wasserstand ist der Durchgang gut möglich (Steinschlaggefahr beachten).

Am zweiten Tag führt die Wanderung über grasige Abhänge auf das 2294 Meter hohe Wildmadfurggeli. Auf der Ostseite präsentieren sich die östlichen Glaner Berge mit dem Fanenstock, dem Surenstock und dem wilden Zackengrat der Tschingelhörner. Bei Letzteren ist die berühmte Glarner Hauptüberschiebung gut sichtbar: Hier wurden – geologisch sehr selten – ältere auf jüngere Gesteine geschoben. Oberhalb einer gut erkennbaren horizontalen Linie liegen hier etwa 280 Millionen Jahre alte Verrucanogesteine, darunter fast 200 Millionen Jahre jüngerer Flysch. Sollte es auf dem Furggeli zu windig sein, bietet sich ein idealer Rastplatz beim Chüebodensee an. Über steile Grashänge geht es hinab nach Elm beziehungsweise zur Luftseilbahn bei Empächli.

Charakter

Statt einer Wanderung zum Berggasthaus fährt man am ersten Tag mit der Seilbahn hoch und geht dann auf eine «Safari-Wanderung» an den Fuss des Kärpf und ins älteste erhaltene Wildschutzgebiet Europas, mit guten Chancen zur Sichtung von Steinböcken und Gemsen. Am zweiten Tag geht es auf das einfache Wildmadfurggeli und auf der Sernftaler Seite steil, aber ungefährlich über Grashänge hinab nach Elm.

Die Wanderung

Anfahrt: Mit dem Zug via Ziegelbrücke nach Schwanden. Von dort alle ein bis zwei Stunden mit dem Bus nach Kies (Niderental) und mit der Luftseilbahn hoch zum Berggasthaus Mettmenalp.

Ausgangspunkt: Berggasthaus Mettmenalp.

1. Tag: Vom Berggasthaus auf dem Staudamm und an dessen Westende hoch Richtung Matzlenstock (Abzweigung beim See ohne Wegweiser). Beim Pässchen bei Punkt 1913 links (östlich) halten und via Chärpfstäfeli zum Seelein bei Punkt 2090. Zurück via Oberstafel (oberhalb befindet sich die Kärpfbrücke, siehe Haupttext) zum Berggasthaus Mettmenalp. 10 km, je 510 m Auf- und Abstieg, knapp 3 Std., T2.

2. Tag: Vom Berggasthaus Mettmenalp zum östlichen Ende des Stausees, Richtung Berglimatt hinauf und bei etwa 1840 m südlich zum Wildmadfurggeli (2294 m). Auf der Ostseite zum Chüebodensee und auf gutem Weg über steile Grashänge zur Bergstation der Luftseilbahn bei Empächli. 10 km, 680 m Aufstieg, 810 m Abstieg, 4 Std., T2.

Wer zu Fuss bis nach Elm absteigen will, rechnet mit einer zusätzlichen Stunde und etwa 500 m Abstieg.

Endpunkt: Talstation der Luftseilbahn. Von hier mit dem Bus nach Schwanden und mit dem Zug via Ziegelbrücke zurück.

Berggasthaus Mettmenalp

Art und Ambiance: Unauffälliger, grösserer Stein-Holz-Bau im lichten Wald unterhalb des Staudamms auf 1610 Meter Höhe. Geräumiges Restaurant im Stil eines währschaften Dorfrestaurants. Grosse Terrasse mit Sonnenschirmen und schönem Blick auf den Glärnisch.

Zimmer: 5 Zweier-, 1 Dreierzimmer, komfortabel und zweckdienlich eingerichtet, geräumig, alle mit Lavabo. Dusche und WC auf der Etage. Mehrere Lager für insgesamt 47 Personen.

Küche: Vielfältig, von traditionell bis raffiniert. Spezialitäten: Zigerhörnli, Zigersuppe, Mettmen-Steak mit «Luus-Salbi». Für Vegetarier: diverse Gerichte wie Älplermagronen, Spaghetti. Recht grosse Weinkarte.

Für Kinder: Spielplatz vor dem Haus mit Sandkasten, Wippe, Schaukel, Hütte.

Hunde: In den Zimmern erlaubt (Zuschlag).

Preisklasse: Mittel.

Öffnungszeiten: Von 1. Mai bis 31. Oktober plus Wintersaison.

Adresse: Berggasthaus Mettmenalp, Postfach, 8762 Schwanden, Telefon 055 644 14 15, www.mettmen-alp.ch

Alternativen

1 Aufstieg zur Mettmenalp: Wer sich das Berggasthaus Mettmenalp erwandern will, kann am ersten Tag von Engi im Sernftal (Haltestelle Hinterdorf) aufsteigen und um die Gandstöck zur Mettmenalp gelangen. 12 km, 1160 m Aufstieg, 350 m Abstieg, 4½ Std., T2. Achtung: Der obere Weg auf der Westseite der Gandstöck («Stieräweg») via Gandbütz existiert nicht mehr (verschüttet).

Frühsommerwolken über dem Glärnisch.

2 Zur Leglerhütte: Die Rundwanderung am ersten Tag lässt sich bis zur Leglerhütte SAC erweitern. Für die ganze Rundwanderung ergibt dies zusätzlich 190 m Auf- und Abstieg und eine zusätzliche Stunde Wanderzeit, T2.

Weitere Berghäuser

- Naturfreundehaus Mettmen, Zimmer und Lager, Telefon 055 644 14 12, www.mettmen.ch
- Leglerhütte SAC, Lager, Telefon 055 640 81 77, www.leglerhuette.ch
- Skihaus Empächli, Zimmer und Lager, Schlafsack mitnehmen, Telefon 079 605 13 09, www.ssc-schwanden.ch

Weitere Informationen

Landeskarte 1:50 000, 247 oder 247T Sardona, für die Region Schwanden evtl. 246 oder 246T Klausenpass

Landeskarte 1:25 000, 1174 Elm, für die Region Schwanden evtl. 1173 Linthal

Verkehrsverein Schwanden, Telefon 055 644 14 21

Elm Tourismus, Telefon 055 642 52 52, www.elm.ch

Bücher

Albert Schmidt, Der Freiberg Kärpf. Das älteste Wildschutzgebiet der Schweiz in den Glarner Alpen, Buchhandlung Baeschlin, Glarus 1983

François Meienberg, Glarner Überschreitungen. 18 Wanderungen zu Geschichte und Gegenwart eines engen Tals, Rotpunktverlag, Zürich 1999

DURCH DAS GRÖSSTE KARSTGEBIET EUROPAS

Urnerboden–Braunwald–Glattalp
Hotel Tödiblick, Berghaus Gumen, Ortstockhaus

- Mittelschwere Wanderung (mit anspruchsvollerer Alternative)
- Drei Häuser zur Auswahl
- Eindrückliche Karstlandschaft

Oben: Nicht so glatte Glattalp, mit den
Schächentaler Windgällen.
Rechts: Die Glattalphütte mit dem
Höch Turm und dem Ortstock.

Zwischen dem Pragelpass, dem Bisistal und Braunwald liegt eine der merkwürdigsten und sonderlichsten Berglandschaften der Schweiz. Nicht spitze Türme, stiebende Wasserfälle oder senkrechte Felswände sind es, die diese Landschaft prägen. Stattdessen erstreckt sich über mehrere Dutzend Quadratkilometer eine unvergleichliche öde und karge Felsweite. Das hell leuchtende Gestein ist von metertiefen Spalten durchzogen, dazwischen schlängeln sich messerscharfe Grate und Rippen, die jeden Wanderschuh und jede Halt suchende Hand zerschneiden können. Immer wieder klaffen neben dem Wegrand heimtückische Löcher, deren Tiefe nicht zu erahnen ist. An einem heissen Sommertag flimmert die Luft über dem nackten Fels, Wasser scheint es hier noch nie gegeben zu haben, und die wenigen Wanderer sind froh um jede Markierung, die ihnen den Weg durch das schaurige Felsgewirr weist.

Naturwissenschaftlich gesehen handelt es sich hier um ein Karstgebiet, und zwar das grösste Europas. Der Untergrund in Karstgebieten besteht aus Kalkgestein, ist oft vegetationslos und dazu von Spalten und Löchern wild durchzogen. Für die Spalten und Löcher ist das Regenwasser verantwortlich, das, angereichert durch das Kohlendioxid in der Luft, zu einem schwachen Mineralwasser wird und den Kalkstein relativ schnell aufzulösen vermag. Über die Jahrtausende hat so das Regenwasser nicht nur die Oberfläche zu Graten und Spalten ziseliert, sonden auch in den tieferen Schichten Höhlen und Sickerlöcher ausgefräst. Am nördlichen Ende der Karstlandschaft liegt das drittgrösste Höhlensystem der Welt, das Hölloch. Auch bei der Cha-

Gut Wetter über dem Bös Fulen.

Charakter

Die erste Tagesetappe dieser Wanderung durch drei Kantone führt vom Urnerboden auf einfachen Wegen nach Braunwald, mit Übernachtung in einem Hotel im Dorf oder einem Berghaus weiter oben. Am zweiten Tag geht es via Bützi (einfach) oder über den Bärentritt (anspruchsvoll) nach Erigsmatt und durch eine eindrückliche Karstlandschaft zur Glattalp.

Die Wanderung

Anfahrt: Aus dem Glarnerland mit dem Zug nach Linthal und von dort mit dem Postauto auf den Urnerboden. Aus dem Urnerland mit dem Postauto von Flüelen über den Klausenpass auf den Urnerboden.

Ausgangspunkt: Postautohaltestelle Urnerboden Dorf.

1. Tag: Von der Postautohaltestelle dem Fätschbach entlang über den Urnerboden, dann durch Wiesen und Wälder nach Nussbüel (Restaurant) und auf einer Naturstrasse nach Braunwald. Bis zum Hotel Tödiblick 13 km, je 300 m Auf- und Abstieg, 3½ Std., T2.

2. Tag: Vom Hotel Tödiblick kurz zur Talstation der Gumenbahn absteigen und mit dieser hoch. Von der Bergstation auf das Bützi und zur eindrücklichen Karstlandschaft. Am eindrücklichsten und dabei gut markiert ist die Route über die Brunalpelihöchi. Via Charetalphüttli (Erfrischungen und Snacks) über einen leichten Pass zur Glattalp. 17 km, 750 m Aufstieg, 840 m Abstieg, 6 Std., T2. Vorsicht im Karstgebiet (Spalten).

Endpunkt: Bergstation der Luftseilbahn auf der Glattalp. Mit dieser hinab zur Postautohaltestelle Sali und via Muotathal zum Bahnhof Schwyz.

Achtung: Der Betrieb der Gumenbahn ist nicht gesichert, eine neue Sesselbahn Grotzenbüel–Gumen ist geplant. Erkundigen Sie sich nach der aktuellen Situation!

Hotel Tödiblick (Alexander's Tödiblick)

Art und Ambiance: Traditionelles Hotel im Chaletstil zehn Minuten von der Talstation der Gumenbahn. Freundlich und familiär. Terrasse mit Blick auf Tödi und weitere Gipfel.

Zimmer: 5 Einzel-, 8 Doppel-, 2 Dreier-, 1 Vierzimmer, alle mit WC und Dusche, die meisten mit Balkon. Schön, nicht neu, aber komfortabel und freundlich eingerichtet. 4 Doppelzimmer mit Etagenbad in der Dépendance.

Küche: Reiche Auswahl mit mediterranem Einschlag, viel Hausgemachtes. Spezialitäten: hausgemachte Ravioli und Gnocchi, Schweinssteak mit Ziger, «bestes Birchermüesli der Schweiz». Für Vegetarier: hausgemachte Gnocchi und Ravioli, Pilzschnitte, warmer Gemüsesalat mit geröstetem Frischkäse und Crostini. Grosse Weinkarte.

Für Kinder: Spielzimmer, kleiner Fernsehraum, Spielplatz.

Hunde: Im ganzen Haus erlaubt, ohne Zuschlag.

Preisklasse: Mittel bis hoch.

Öffnungszeiten: Ganzjährig geöffnet.

Adresse: Hotel Tödiblick, 8784 Braunwald. Telefon 055 653 63 63, www.toediblick.ch

Berggasthaus Gumen

Art und Ambiance: Zweckmässiger, neu ausgebauter Skirestaurantbetrieb bei der Bergstation der Gumenbahn. Grosse Terrasse.

Zimmer: 3 Dreierzimmer mit Zusatzbett, mit Dusche und WC. 5 Achtbettzimmer im Lagerstil, Dusche, WC auf der Etage. Einfach, aber hell und neu.

Küche: Selbstbedienungsrestaurant mit Skirestaurantkost. Weine aus der Schweiz, aus Italien und Frankreich.

Hunde: Hunde erlaubt, sie schlafen in einem Ausrüstungsraum.

Preisklasse: Tief bis mittel.

Öffnungszeiten: Ende Mai bis Ende Oktober plus Wintersaison.

Adresse: Berggasthaus Gumen, 8784 Braunwald, Telefon 055 643 13 24, für Reservationen 055 647 40 37. www.gumen.ch

Ortstockhaus

Art und Ambiance: Einfaches, 1931 erstelltes Berghaus, das einfachste der drei vorgestellten Häuser, grosse Terrasse. Essstube mit dem Charme eines Bergdorfbeizlis.

Zimmer: 3 Zweier-, 2 Viererzimmer, je 1 Zimmer für 8, 10, 12 Personen, alle im Lagerstil, einfach. Dusche, WC auf der Etage.

Küche: Gutbürgerlich-währschaft. Spezialitäten: Glarner Spezialitäten, Rösti. Weine aus Europa.

Nichtraucherzonen: Zimmer.

Hunde: In den Zimmern erlaubt, ohne Zuschlag.

Preisklasse: Tief.

Öffnungszeiten: Anfang Juni bis Ende Oktober plus Wintersaison.

Adresse: Berggasthaus Ortstockhaus, 8784 Braunwald, Telefon 055 643 12 50, www.ortstockhaus

Alternativen

1 Zum Berggasthaus Gumen oder zum Ortstockhaus: Am ersten Tag Aufstieg von Friteren auf das Rietstöckli und via Oberstafel zum Ortstockhaus bzw. zum Berggasthaus Gumen. Bis zum Berggasthaus Gumen 15 km, 860 m Aufstieg, 330 m Abstieg, 4½ bis 5 Std., T2.

2 Über den Bärentritt: Wer anspruchsvolle Routen liebt, kann von Braunwald über den Bärentritt zur Erigsmatt aufsteigen. Ausgesetzt, steil, nur für trittsichere und schwindelfreie Personen. Verlängert die Strecke vom Gumen nach Erigsmatt um etwa 3 km, T3–4.

3 Am zweiten Tag über die Charetalp: Eine kürzere Variante führt von der Erigsmatt direkt zum Charetalphüttli. Vom Hotel Tödiblick (mit Gumenseilbahn) 15 km, 480 m Aufstieg, 570 m Abstieg, 4½–5 Std., T2.

Weitere Berghäuser

- Gasthof Urnerboden, Zimmer und Lager, Telefon 055 643 14 16, www.gasthaus-urnerboden.ch
- Gasthaus Sonne, Zimmer und Lager, Telefon 055 643 15 12, www.gasthaussonne.ch
- Glattalphütte SAC, Lager, Telefon 041 830 19 39, www.glattalphuette.ch
- Bergrestaurant Glattalp, 2 Zimmer, Lager, Pächterwechsel anstehend, Info auf Tel. 041 819 69 11, www. ebs-gruppe.ch

Weitere Informationen

Landeskarte 1:50 000, 246 oder 246T Klausenpass
Landeskarte 1:25 000, 1173 Linthal und 1193 Tödi
Verkehrsverein Urnerboden, Telefon 055 643 21 31, www.urnerboden.ch
Braunwald Tourismus, Telefon 055 653 65 65, www.braunwald.ch
Verkehrsverein Muotathal, Telefon 041 830 15 15, www.verkehrsverein-muotathal.ch

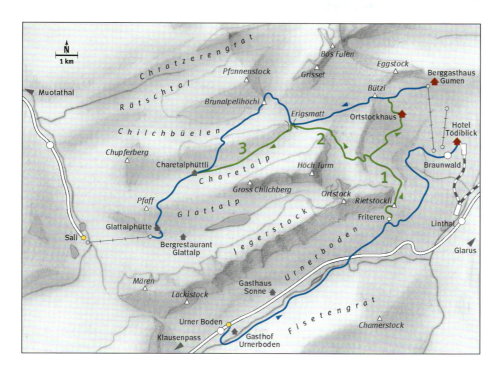

retalp, wo die vorgeschlagene Wanderung vorbeiführt, soll eine Höhle mehr als dreihundert Meter in die Tiefe führen. Doch weshalb fehlt hier die Pflanzendecke fast vollständig? Dafür ist nicht nur das schnelle Versickern des Regenwassers verantwortlich. Der Kalk ist auch ein schlechtes Substrat für die Humusbildung, und viele Pflanzen werden mit dem Kalziumüberschuss einerseits und dem Mangel an lebenswichtigen Elementen wie Eisen und Mangan andererseits nicht fertig.

Der Volksglaube kennt auch noch eine andere Erklärung für die Entstehung der Karrenlandschaft. Der Teufel wollte sich einst als Bauer versuchen, bekam aber von der Frau Mutter des Klosters nur ein rauhes Landstück in den Silbern verkauft. Da fuhr er mit seinen zwei Feuergäulen in die Berge und zog, von Hölleneifer besessen, Furche um Furche in das Gestein. Erst beim Einnachten gewahrte er mit Scham, welch schaurige Steinwüste er beackerte, und verschwand gedemütigt in der Unterwelt. So entstanden die Karren und Spalten, und so entstand das Hölloch.

Für die Übernachtung auf dieser Zweitagestour gibt es mehrere Möglichkeiten. Wer es möglichst komfortabel will, wählt ein Hotel in Braunwald. Obwohl hier generell für die Dörfer keine Hoteltipps gegeben werden, sei eine Ausnahme erlaubt: Als äusserst angenehm, fast luxurös und dabei mit familiärer, freundlicher Bedienung empfiehlt sich das Hotel Tödiblick in Braunwald. Wer eine einfachere Unterkunft vorzieht, wählt eines der beiden Berghäuser, das Ortstockhaus oder das Berghaus Gumen bei der Bergstation der gleichnamigen Seilbahn.

Links: Einfach: das Ortstockhaus.

Mitte: Zweckmässig: das Berggasthaus Gumen.

Rechts: Komfortabel und mit treffendem Namen: das Hotel Tödiblick.

ZU DEN MYTHEN DER URSCHWEIZ

Einsiedeln–Grosser Mythen–Sattel
Berghaus Holzegg

- Mittelschwere Wanderung (mit einfacherer Alternative)
- Mit rassigem Gipfelaufstieg
- Speziell lange Wandersaison

«Von fast allen ausserhalb der Alpen liegenden Aussichtspunkten der östlichen Schweiz (...) sieht man je nach dem Standort eine bis drei in der Basis zusammenhängende, als Gruppe überraschend selbstständig geformte Felszähne vor den Hauptgebirgsketten der Alpen, hinter sanft welligen Bergrücken emporragend. Wenn die Hauptketten der Alpen durch dunkle Regenwolken verhüllt sind, heben sich oft auf dem Wolkenvorhang die trotzigen Zacken unvermittelt wie ein schwarzer Schatten-

Links: In der ganzen Zentralschweiz ein Orientierungspunkt: die beiden Gipfel der Mythen.
Mitte: «Chillen» an der frischen Luft.
Rechts: Das Berghaus Holzegg sitzt behäbig am Fuss des Grossen Mythen.

riss ab. Ganz anders ist der Anblick bei heller Witterung aus den näher umliegenden Tälern. Der grösste und höchste der Felszähne, die grosse Mythe, zeigt sich dann als eine prachtvoll geformte, drei bis fünfkantige Pyramide aus leuchtend hellem blaugrauem Kalkstein mit pfirsichblüterotem Gipfelteil. Die zwei Zacken der kleinen Mythen bestehen aus dem gleichen hellgrauen Kalkstein ohne roten Aufsatz. Wunderbar flechten sich grüne Rasenbänder in das Grau und Rot und dunkle Tannen klettern in die Felsfugen hinauf. Um den Fuss der Felswände bei 1200 bis 1400 Meter Höhe legt sich jene Zone, wo Schutthalden und Wald miteinander den Kampf ums Dasein führen. Tiefer hinab erstreckt sich das schöne Gewebe von Wald und Wiese mit eingestreuten Ställen und Wohnstätten, und am Fuss lagert sich der Flecken Schwyz mit seinen herrlichen Häusern und Gärten und seinen grossen historischen Erinnerungen. Es ist eines der ergreifendsten Landschaftsbilder der Schweiz» (aus: Albert Heim, Die Mythen).

Der Kleine Mythen.

Links: Luftige Stellen am Grossen Mythen sind
vorbildlich gesichert.
Rechts: Zwei Berge, zwei Wanderer,
zwei Wölkchen.

Kein Zweifel, ein Besuch und eine Besteigung dieses Urschweizer Mythenberges darf sich kein Wanderer und keine Bergfreundin entgehen lassen. Sicher könnte man mit der Luftseilbahn auf die Holzegg, auf die Schnelle auf den Gipfel und zurück und wieder nach Hause. Doch wer will an einem strahlenden Wochenende schon am Samstagabend wieder zuhause sein? Die hier vorgeschlagene Tour geht die Sache genüsslicher an und kombiniert die Besteigung mit einem einfachen Voralpen-Aufwärmtag.

Start ist in Einsiedeln, und zuerst muss man noch etwas Asphalt auf sich nehmen, was an einem heissen Tag recht schweisstreibend sein kann. Nach etwas mehr als einer Stunde erreicht man den kleinen Pass Ufem Tritt, und schnell ist die Mühsal vergessen, sobald man den Kopf unter den eiskalten Wasserstrahl am Brunnen gestreckt hat und das kühlende Lüftchen geniesst, das über den Bergrücken und das feuchte Hemd streicht. Auch die Aussicht lässt nichts zu wünschen übrig: Zur Linken liegen die Schwyzer und Glarner Alpen und der Tödi noch immer unter einer dicken Schneedecke, geradeaus, vor dem Hintergrund der Innerschweizer Alpen, thronen selbstbewusst die zwei Felsdome des Grossen und des Kleinen Mythen. Nun geht es für eine geraume Zeit dem flachen Bergrücken entlang, mal im Wald, mal über Weiden, immer wieder leicht aufwärts und abwärts, aber nirgends streng oder schwierig.

Nicht zu übersehen sind in dieser Region der Voralpen die zahlreichen Lücken im Wald. Es handelt sich dabei um Sturmschäden, die auf das Konto von «Lothar» gehen. Am 26. Dezember 1999 fegte der Orkan über Westeuropa mit Windgeschwindigkeiten etwa in Brienz von 181 Stundenkilometern und noch wesentlich höheren in den Bergen. Innerhalb von zweieinhalb Stunden legte der Sturm 12,5 Millionen Kubikkilometer Holz um. Das entspricht drei Prozent des Holzvorrates der Schweiz und fast der durchschnittlichen Einschlagmenge von drei Jahren. Die Sturmflächen, die der Wanderweg ob Einsiedeln durchquert, sind nun wieder von Farnen, Stauden, Eschen, Ebereschen, Bergahornen und zahlreichen anderen Arten dicht bewachsen. Falls der Mensch nicht eingreift, werden hier nun stabilere und ökologisch wertvollere Mischwälder heranwachsen.

Kurz vor der Holzegg wird der Blick frei auf die Ostwand des Grossen Mythen. Steil sieht sie aus, und könnte man zumindest im unteren Teil nicht das Zickzackband eines Wanderwegs ausmachen, auf dem sich ein paar Farbpunkte bewegen, käme man wohl zur Überzeugung, dass man diesen Felsklotz besser den Bergsteigern überlässt. Doch der geübte Wanderer kann durchaus beruhigt zu Bett gehen. Denn die Route auf den Grossen Mythen ist vorbildlich ausgebaut. Nicht nur ist der Weg meistenorts etwa einen Meter breit und aufwendig aus dem Felsen gehauen, an etwas abschüssigeren Stellen säumen auch Geländer den Weg. Ganz oben, auf dem kleinen Plateau, versteht man sofort, warum der Grosse Mythen zu den ganz grossen Aussichtsbergen der Schweiz zählt. Nicht nur eine schöne Portion des Schweizer, vor allem des Urschweizer Alpenkranzes ist hier sichtbar, in der Tiefe funkeln zudem der Vierwaldstättersee und der Lauerzersee, und an guten Tagen sind mindestens fünf weitere Seen sichtbar. Wer einmal hier war, wird wiederkommen.

Trotz seinem Namen ist der Leberbalsam
keine Heilpflanze.

Charakter

Eine Voralpentour mit einem spannenden Bergweg. Der erste Tag führt auf einfachen Wegen über einen langgezogenen, geschwungenen, teilweise bewaldeten Bergrücken vom Klosterdorf Einsiedeln zur Holzegg. Der Höhepunkt ist zweifellos die Besteigung des Grossen Mythen, eines erstklassigen Aussichtsberges im Herzen der Schweiz. Seine Ostflanke ist zwar steil, der Weg ist aber vorbildlich ausgebaut und auch für normale Wanderer gut machbar.

Die Wanderung

Anfahrt: Mit dem Zug meist mehrmals stündlich via Wädenswil nach Einsiedeln.
Ausgangspunkt: Bahnhof Einsiedeln.
1. Tag: Vom Bahnhof Einsiedeln etwa einen Kilometer auf der Strasse nach Süden, dann (beim Sägewerk, Wegweiser schlecht sichtbar) nach links durch Wiesen. Beim ersten kleinen Pass (nach etwa 45 Minuten) nach rechts abbiegen und stets dem Gratrücken entlang via Amselspitz, Gschwändstock und Furggelenstock zur Holzegg. 18 km, 1090 m Aufstieg, 570 m Abstieg, 5½ Std., T2.

2. Tag: Von der Holzegg auf gut ausgebautem Weg auf den Grossen Mythen (Restaurant), einige abschüssige Stellen sind bestens mit einem Geländer gesichert. Nach Regen können die Felsen glitschig sein, dann ist Vorsicht am Platz. Abstieg zur Holzegg und dann via Zwüschet Mythen zur Haggenegg (Berghaus). Von hier über die Mostelegg zum Mostelberg (Berghaus). 13 km, 650 m Aufstieg, 860 m Abstieg, 4¾ Std., T3.
Endpunkt: Mostelberg. Von hier mit der Luftseilbahn nach Sattel und stündlich mit dem Postauto weiter. Von der Talstation der Luftseilbahn ist man in 10 Minuten beim Bahnhof Sattel-Ägeri.

Berghaus Holzegg

Art und Ambiance: Grosses, funktionell eingerichtetes Holzhaus auf einem kleinen Pass am Fuss des Grossen Mythen, direkter Seilbahnanschluss von Brunni im Alptal. Geräumiger Esssaal mit grossen Fensterfronten auf zwei gegenüberliegenden Seiten mit Blick Richtung Einsiedeln bzw. zum Stoos. Grosse Sonnenterrasse.
Zimmer: 12 Doppel-, 2 Dreier-, 2 Vierer- und 1 Sechserzimmer, komfortabel, mit Lavabo, die grösseren mit Kajütenbetten. Dusche und WC auf der Etage. 1 Lager für 15, 2 Lager für je 20 Personen.
Küche: Traditionell. Für Vegetarier: Gemüse- und Salatteller. Vor allem Schweizer Weine, Wein aus Einsiedeln.
Hunde: In den Zimmern nicht erlaubt.
Preisklasse: Mittel bis hoch.
Öffnungszeiten: Restaurant ganzjährig geöffnet ausser April bis Mitte Mai. Für Übernachtung nur Samstag auf Sonntag geöffnet, sonst nur für Gruppen ab 10 Personen.
Adresse: Berggasthaus Holzegg, 8849 Alpthal, Telefon 041 811 12 34, www.holzegg.ch

Alternativen

1 Kürzerer erster Tag: Mit Start in Oberiberg verkürzt sich der erste Tag beträchtlich. Von der Postautohaltestelle Oberiberg Tschalun durch lockeren Wald auf den Furggelenstock und von hier auf der beschriebenen Route zur Holzegg. 11 km, 630 m Aufstieg, 300 m Abstieg, 3¼ Std., T2.
2 Verlängerung zweiter Tag: Die Luftseilbahn lässt sich natürlich auch durch die Wanderschuhe ersetzen. 3 km, 410 m Abstieg, knapp 1 Std., T2.

Weitere Berghäuser

* Bergrestaurant Skihaus Holzegg, Lager mit 45 Plätzen, Telefon 041 811 23 48, www.skihaus-holzegg.ch
* Berggasthaus Haggenegg, Zimmer und Lager, Telefon 041 811 17 74, www.brunni.com
* Berggasthaus Herrenboden, Zimmer und Lager, Telefon 041 835 12 88, www.herrenboden.ch
* Berggasthaus Mostelberg, Zimmer, Telefon 041 835 11 78, www.mostelberg.ch

Weitere Informationen

Landeskarte 1:50 000, 236 oder 236T Lachen
Landeskarte 1:25 000, 1132 Einsiedeln und 1152 Ibergeregg
Einsiedeln Tourismus, Telefon 055 418 44 88, www.einsiedeln.ch
Schwyz Tourismus, Telefon 041 855 59 50, www.schwyz-tourismus.ch.

Bücher

Hans Steinegger und Alois Suter, Die Mythen, Verlag Schwyzer Zeitung, Schwyz 1987
Albert Heim, Die Mythen, Neujahrsblatt 124 der Naturforschenden Gesellschaft in Zürich, Zürich 1922.

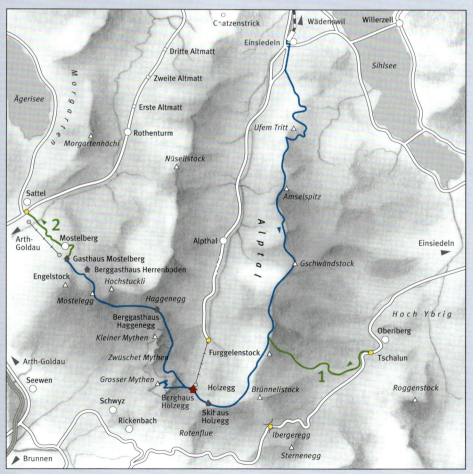

URNERISCH UND URIG – DAS MADERANERTAL

Golzerensee–Windgällenhütte–Bristen
Restaurant Edelweiss und Restaurant Golzernsee

- Mittelschwere Wanderung
- Berghäuser am malerischen Bergsee

Rechts: Urtümliches Maderanertal, hier mit dem
Grossen Ruchen.
Unten: Das Maderanertal bietet sich als ideales
Wandergebiet an.

Ist das Maderanertal ein Geheimtipp? Ja, denn Millionen von Autofahrern sausen jedes Jahr auf der Autobahn am Taleingang vorbei und wissen nicht, welche Perle eines Alpentales sie gerade verpasst haben. Nein, denn Wanderer und Bergfreunde wissen schon lange, dass das Maderanertal eines der ursprünglichsten und schönsten Täler im Kanton Uri, wenn nicht in der ganzen Schweiz ist. «Das Tal ist gleich berühmt durch seinen Reichtum an hochalpinen Szenarien, an schönen Mineralien

und Edelwild, wie auch an malerischen Wasserfällen», schreibt der Alpinist Ludwig Purtscheller (1849 bis 1900), und weiter: «Vom wildschäumenden, die Reuss oft an Wassermenge übertreffenden Kärstelenbach durchströmt, bildet es mit seinen Wildbächen, seinen kräuter- und blumenreichen Alptriften, seinen glänzenden Gletschern und vielgestaltigen Bergen eines der beachtenswertesten Hochtäler der Schweiz» (aus: Hugo Nünlist, Das Maderanertal einst und jetzt).

Das touristische Herzstück des Maderanertals ist Golzern, eine Terrasse auf 1400 Metern auf der Nordseite des Tales mit fantastischem Ausblick ins hintere Maderanertal und über das Tal hinweg zum Oberalpstock und zum Bristen. Glücklicherweise ist es hier ruhig und die Natur intakt geblieben. Es gibt keine Skilifte, auch keine Drehrestaurants und schon gar keine Busparkplätze, denn auf die Terrasse führt gar keine Strasse. Dafür gibt es alte, von der Sonne dunkel gebrannte «Heimetli», daneben Ställe, einige Ferienhäuser und zwei gemütliche Gasthäuser. An schönen Sommerwochenenden kann es aber am Golzerensee schon recht lebhaft zu und her gehen,

Links: Restaurant Golzernsee.
Rechts: Restaurant Edelweiss.

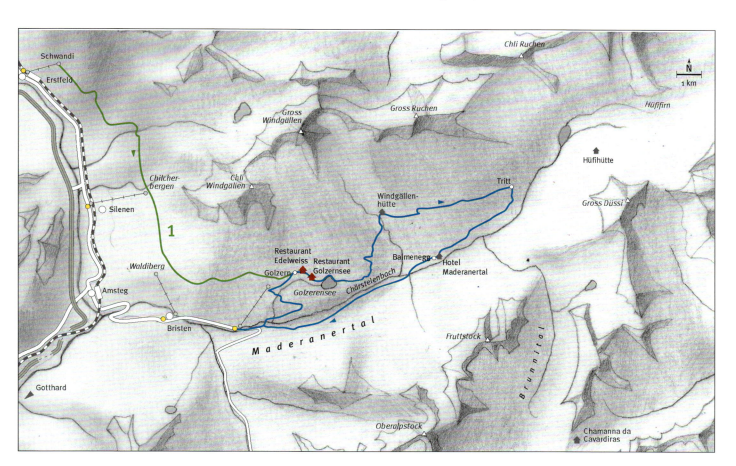

Charakter

Das Maderanertal ist ein naturnahes, relativ unversehrtes, wildromantisches Alpental mit all seinen typischen Attributen: hohe Berge, steile Wälder, Gletscher, Bäche und Wasserfälle. Die Rundwanderung auf Golzern und zur Windgällenhütte ist auch für durchschnittliche Wanderer gut machbar und bietet wunderschöne Ausblicke in diese ursprüngliche Bergwelt.

Die Wanderung

Anfahrt: Mit dem Zug bis Erstfeld, dann mit dem Bus nach Amsteg und von dort (alle ein bis zwei Stunden) mit einem weiteren Bus ins Maderanertal.

Ausgangspunkt: Haltestelle Golzern, Talstation Seilbahn.

1. Tag: Von der Talstation auf einer Naturstrasse bis kurz vor das Restaurant Lägni, dann links hoch durch den Wald nach Silblen, durch Wiesen auf die Hochterrasse Golzern und zu einem der beiden Berghäuser. 5 km, 570 m Aufstieg, knapp 2 Std., T2.

2. Tag: Von Golzern durch lockeren Wald hoch zur Windgällenhütte auf gut 2000 Metern, dann über Tritt nach Balmenegg (Restaurant und Hotel Maderanertal), über Balmenschachen ins Tal und etwas erhöht auf der Südseite zurück zur Talstation der Seilbahn Golzern. 15 km, 630 m Aufstieg, 1220 m Abstieg, 5 Std., T2.

Endpunkt: Talstation der Seilbahn Golzern. Von hier mit dem Bus via Amsteg zum Bahnhof Erstfeld.

Die beiden Berghäuser beim Golzerensee ähneln sich in Grösse und Ausstattung. Das Restaurant Edelweiss ist etwas neuer, das Restaurant Golzernsee rustikaler.

Restaurant Edelweiss

Art und Ambiance: Freistehendes, gemütliches, kleines Holzhaus auf 1400 Metern mit Blick über das untere Maderanertal und das Reusstal. Innen grösstenteils renoviert, zahlreiche Aussentische.

Zimmer: 4 einfache Doppelzimmer ohne fliessendes Wasser. Neue Dusche, WC und Lavabo auf der Etage. Lager für 25 Personen.

Küche: Gutbürgerlich. Spezialitäten: Älplermagronen. Für Vegetarier: Rösti. Vor allem Schweizer Weine, einige aus Italien und Spanien.

Für Kinder: Spielecke auf der Terrasse.

Hunde: Im Haus nicht erlaubt.

Preisklasse: Tief.

Öffnungszeiten: Ende Mai bis Ende Oktober.

Adresse: Restaurant Edelweiss, 6475 Bristen, Telefon 041 883 13 46, www.edelweiss-golzern.ch

Restaurant Golzernsee

Art und Ambiance: Rustikales ehemaliges Bauernhaus im Weiler Seewen auf 1400 Metern mit Blick auf den Golzernsee. Grosse Terrasse mit zusätzlichem, gedecktem Raum.

Zimmer: 5 einfache Doppelzimmer ohne fliessendes Wasser. Dusche, Lavabo, WC eine Etage tiefer. Lager für 14 und 18 Personen.

Küche: Gutbürgerlich. Spezialitäten: Älplerrösti, Älplermagronen, Bristner Nidle (getrocknete Birnenschnitze an Rotweinsauce mit Zimtglace und Rahm), Lebkuchen. Für Vegetarier: Kroketten mit Quarkfüllung und Salat. Schweizer Weine.

Hunde: In den Zimmern und im Lager erlaubt.

Preisklasse: Tief.

Öffnungszeiten: Anfang Mai bis Mitte November.

Adresse: Restaurant Golzernsee, 6475 Bristen, Telefon 041 883 11 56, www.golzernsee.ch.

Alternativen

1 Aus dem Reusstal nach Golzern: Am ersten Tag kann man auch aus dem Reusstal auf einem Höhenweg nach Golzern gelangen. Drei Seilbahnen führen auf den Höhenweg, so dass man die Länge der Etappe nach Lust und Laune variieren kann. Die längste Variante führt von Schwandi ob Erstfeld (Luftseilbahn: Telefon 041 880 13 53) nach Golzern: 12 km, 310 m Aufstieg, 550 m Abstieg, 4 Std., T2.

Weitere Luftseilbahnen führen von Silenen auf Chilcherbergen, Telefon 079 339 57 02, und von Bristen auf den Waldiberg, Telefon 041 884 06 40.

Weitere Berghäuser

- Hotel Maderanertal (ehemals Hotel SAC), Zimmer und Lager, Telefon 041 883 11 22, www.hotel-maderanertal.ch
- Windgällenhütte AACZ, 3 Vierer-, 1 Fünfer- und 2 Sechserzimmer (Kajütenbetten), Lager, keine Dusche, Telefon 041 885 10 88, www.windgaellenhuette.ch

Weitere Informationen

Landeskarte 1:50 000, 246 oder 246T Klausenpass und 256 oder 256T Disentis

Landeskarte 1:25 000, 1192 Schächental und 1212 Amsteg

Maderanertal, Wanderkarte 1:25 000 mit Bike-Infos, herausgegeben vom Kanton Uri Uri Tourismus, Telefon 041 874 80 00, www.uri.info

Tourismusregion Maderanertal, Telefon 079 403 27 34, www.maderanertal.ch

Der Golzerensee ist ideal für eine Picknickpause.

Bücher

Naturkundlicher Höhenweg im Maderanertal, Arbeitsgruppe Naturkundliche Höhenwege Uri, 1993

Hugo Nünlist, Das Maderanertal einst und jetzt, Murbacher-Verlag, Luzern 1968

und an mehreren Orten steigen dann bläuliche Rauchsäulen in die Luft, wo Cervelats, Kartoffeln und Maiskolben gebraten und geröstet werden.

Überraschend reich und spannend ist die Geschichte von Golzern. Die Fraumünsterabtei Zürich besass hier bereits im 14. Jahrhundert ausgedehnte Besitzungen. In einem Zinsrodel aus dem Jahr 1321 ist festgehalten, wie viele Schafe und Ziegenhäute abzuliefern waren. Noch heute sind diese alten Rechte der fernen Klosterfrauen den Einheimischen im Bewusstsein, und so verwundert es nicht, dass sie auch immer wieder in den Urner Sagen und Legenden auftauchen. Im Mittelalter war Golzern eine Voralp, also eine Zwischenstation für das Vieh auf dem Weg zu den weiter oben gelegenen hochsommerlichen Alpen. In einer Urkunde von 1385 zum Maderanertal gibt es übrigens die ersten Hinweise auf die «Erfindung» der Maiensässe im Alpengebiet. Erst im Spätmittelalter gab es auf Golzern ganzjährig bewohnte Siedlungen. 1890 lebten auf der Terrasse um die zweihundert Menschen, heute sind es nur noch einige wenige Haushaltungen.

Nichts anderes als spektakulär ist der Bergfrühling auf Golzern. Dann verwandeln Abertausende von Margeriten die Wiesen bei der Egg in ein weisses, wogendes Blütenmeer, durchsetzt von Farbtupfern des Goldpippaus, der Roten Waldnelke und des Waldstorchschnabels. Weiter hinten, auf dem Weg zum Seelein, schmückt der Berghauswurz die Steinmauern, und aus dem flachen Ufer des Golzerensees ragen Hunderte von Fieberkleeblüten.

AUF DIE PANORAMA-PYRAMIDE DER INNERSCHWEIZ

Klewenalp–Risetenstock–Gitschenen–Brisen–Niederrickenbach
Gasthaus Gitschenen

- Anspruchsvolle Wanderung
- Mit rassiger Gipfelbesteigung

Nach einer rasanten Fahrt spuckt die grosse Luftseilbahn die Wanderer oben auf der Klewenalp aus. Für einen Moment ist man von der fantastischen Rundsicht hoch über dem Vierwaldstättersee mit der Rigi in der Bildmitte, links dem Pilatus und weiter rechts den Mythen eingenommen. Zwar ist Luzern der unbestrittene Nabel des Innerschweizer Tourismus, aber man spürt bald, dass es hier oben auch ganz geschäftig zu und her gehen kann. Der Grossteil der Bahnladung verweilt bereits auf der ausge-

Links: Letztes Licht am Schlieren.
Rechts: Himmlisch ohne höllische Abgründe: der Haldigrat.

dehnten Plattform zwischen Hotel und Bergstation und investiert die Hälfte des ersten Films oder der ersten Batterie in die Murmeltierfamilie, die hinter einem Zaun in und auf ihrem Kunstbau herumtollt. Dann geht's los, vorbei an Ferienhäuschen, Gaststätten und Skiliften im Sommerschlaf. Eine Ladung Beton schwebt über den Köpfen der Wanderer zur neuen Bergstation hoch, dann surrt der Container mit einigem Getöse wieder zu Tal. Nur der Älpler mit seinem Dutzend Zaunpfählen im alten Militärrucksack erinnert an heile Bergromantik, grüsst und braust auf seinem neuen, knallgelben Vierradtöff davon.

Nach etwa zwei Stunden und einem kurzen, steilen Aufstieg auf das Hinter Jochli ändert sich die Szenerie schlagartig. Unvermittelt steht man vor dem weiten Kranz der Urner und Obwaldner Berge mit dem Urirotstock als markantester Erhebung. Ein perfekter Ort, um sich hinzusetzen, etwas zu trinken und die Ruhe zu geniessen. Nur der Wind rauscht im hohen Gras, und von der Oberen Bolgenalp dringt

das feine Gebimmel der Kuhglocken herauf. Leicht könnte man hier eine ganze
Stunde verbringen – und dann nochmals eine auf dem Risetenstock, den man nach
einer weiteren halben Stunde erreicht.

Die Alp Gitschenen ist ein kleines Geschenk der Natur an die Älpler im Kanton
Uri, die sich sonst nur zu oft mit schroffen, steilen Weiden begnügen müssen. Fast
zwei Kilometer lang ist die Geländeterrasse und ein paar hundert Meter breit, sie bietet sieben Familien einen Flecken Erde, auf dem sie das ganze Jahr leben können. Gitschenen ist aber auch der Name des Berghauses, das ganz am Rand der Terrasse,
gleich neben der Bergstation der Luftseilbahn sitzt. Nähert man sich dem Haus von
oben, von der «Wetterseite», erwartet man lediglich eine schlichte Unterkunft mit
der Möglichkeit zum Essen und Übernachten. Weit gefehlt! Schon beim Hausein-
gang wird einem schnell klar, dass das Haus etwas Spezielles ist. Da wird man von
zwei originellen Älplern begrüsst – lebengross und von Künstlerhand perfekt model-
liert. Daneben steht ein halbes Dutzend Ziegen – ebenfalls lebensgross, aber aus Rei-
sig gestaltet. Auch der Eingangsbereich des Hauses und die Gaststuben sind überaus
kreativ und liebevoll mit Schnitzereien und gestickten Bildern verziert, ohne dabei
überdekoriert zu wirken. In der angeschlossenen Werkstatt erfährt man, wie das Gitschenen zu seinem eigenen Charme gekommen ist. Viele Jahre nämlich war es nicht
nur ein Berghaus, sondern ein «Alpenkurszentrum», das sich auf Handwerk und
Kultur des Alpenraumes spezialisiert hat, und so sind von den vielen Kursen über
mehr als ein Dutzend Jahre auch immer wieder einmal künstlerische Dekorationen
hängen geblieben.

Der Brisen, 2404 Meter hoch und Ziel des zweiten Tages, ist in verschiedener
Hinsicht ein interessanter Berg. Zuerst einmal geologisch: Von allen Seiten fallen die
dünnen Gesteinsschichten auf, die manchenorts steil angehoben und beim Gipfel gar
senkrecht gestellt sind. Sie gehören zu den sogenannten helvetischen Decken, meist
Kalksteine, die im Mesozoikum, vor etwa 130 Millionen Jahren, am Nordrand des
Urmittelmeeres abgelagert wurden. Mit der Auffaltung der Alpen, die vor etwa 70
Millionen Jahren einsetzte, wurden diese Meeressedimente in die Höhe gehoben, auf-
gestellt und vielenorts stark verfaltet.

Den Brisen wird man aber auch als Wanderziel nicht so schnell vergessen. Seine
Besteigung und der Abstieg über den Haldigrat sind zwar nicht eigentlich schwierig,
eignen sich aber doch nicht für Wanderanfänger oder Personen mit ausgeprägter
Höhenangst. Der Weg ist fast durchwegs recht breit, und nur an wenigen Stellen geht
es beidseits in die Tiefe. Aber auch hier sind es keine senkrechten Wände, sondern
«lediglich» steile Hänge, auf der Nordseite felsig und schotterig, auf der Südseite
Grashalden. Der Mühe Lohn: Ein Gipfel ohne Luftseilbahn und ohne Telecom-
Tower, und dazu eine 360-Grad-Rundsicht, die etwas vom Besten ist, was man sich als
Wanderer in der Innerschweiz wünschen kann.

Karstfelsen bei der Klewenalp. Hinten der Pilatus.

Charakter

Eine gelungene Mischung innerschweizerischen Verwöhnwanderns: Ein nicht zu strenger erster Tag – wer will, mit Gipfelerlebnis –, ein wunderschönes Berghaus und ein Wandergipfel mit unvergesslicher Aussicht am zweiten Tag. Was braucht man mehr?

Die Wanderung

Anfahrt: Mit Zug und Postauto mehrmals stündlich (oder mit Schiff ab Luzern) nach Beckenried und von dort mit der Luftseilbahn auf die Klewenalp.

Ausgangspunkt: Klewenalp.

1. Tag: Auf einfachen Wanderwegen zuletzt recht steil auf das Hinter Jochli, dann ohne spezielle Schwierigkeiten auf den Risetenstock (2290 m). Zurück zum Hinter Jochli und über Weiden nach Gitschenen. 9 km, 760 m Aufstieg, 810 m Abstieg, 4½ Std., T2.

2. Tag: Von Gitschenen über Weiden und Geröll, streckenweise mit kaum sichtbarem Weg, aber markiert auf den Pass beim Brisen, zuletzt durch eine recht steile Schutthalde. (Alternativ etwas weiter, aber einfacher via Steinalper Jochli). Weiter ohne besondere Schwierigkeiten auf den Brisen. Abstieg über den stellenweise luftigen Haldigrat und nach Niederrickenbach. 13 km, 860 m Aufstieg, 1240 m Abstieg, 5¾ Std., T3.

Endpunkt: Niederrickenbach. Von hier mit der Luftseilbahn zum Bahnhof bei Dallenwil (praktisch stündlich Anschluss).

Gasthaus Gitschenen

Art und Ambiance: Liebevoll mit Handwerkskunst dekoriertes und blumengeschmücktes Holzhaus auf einer Terrasse hoch über dem Grosstal, direkt neben der Bergstation des Luftseilbähnchens. Terrasse mit schönem Blick auf den Uri-Rotstock. Alpenkurszentrum.

Zimmer: 1 Einzel- und 9 Doppelzimmer, komfortabel, alle mit Lavabo. Dusche und WC auf der Etage. 2 Lager für 6, 2 für 10, eines für 11 Personen.

Küche: Originelle Schweizer Küche. Spezialitäten: Gitschener Teller (Trockenfleisch, Käse), Steinsuppe. Für Vegetarier spezielles Halbpensionsmenü, Urner Überraschungsmenü. Vor allem Walliser und Tessiner sowie einige ausländische Weine.

Für Kinder: Kleiner Spielplatz vor dem Haus, Spiele im Haus.

Hunde: In den Zimmern nach Absprache erlaubt (Zuschlag).

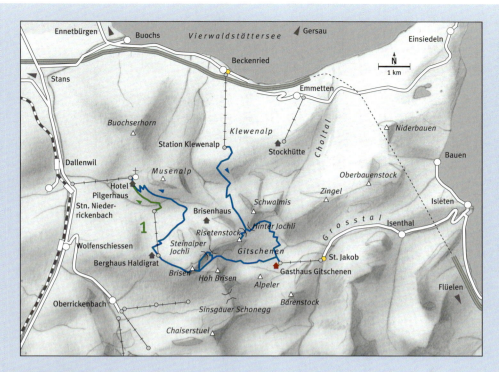

Preisklasse: Mittel.

Öffnungszeiten: Mai bis Mitte Oktober, Dezember bis April an den Wochenenden auf Anfrage.

Adresse: Gasthaus Gitschenen, 6461 Isenthal, Telefon 041 878 11 58, www.gitschenen.ch

Alternative

1 Abkürzung zweiter Tag: Vom Haldigrat mit der Luftseilbahn hinab und dann nach Niederrickenbach. Dies erspart 700 m Abstieg und etwa 4 km, damit etwa 1½ Std. (Erkundigen Sie sich nach den Fahrzeiten der Luftseilbahn, Telefon 079 224 78 85.)

Weitere Berghäuser

Gasthäuser auf der Klewenalp:
- Berggasthaus Klewenalp, Zimmer für 2 bis 12 Personen, Telefon 041 620 29 22, www.klewenalp.ch
- Bergrestaurant Tannibüel, Lager, Telefon 041 620 12 18, www.tannibuel.ch
- Restaurant Klewenstock, Zimmer und Lager, Telefon 041 620 17 84, www.1144.ch/Klewenstock
- Naturfreundehaus Röthen, Lager, Selbstkocherküche, Telefon 079 612 99 44, www.naturfreundehaeuser.ch

Weitere:
- Berghaus Haldigrat, Zimmer für 2 bis 10 Personen, Telefon 041 628 22 60, www.haldigrat.ch
- Hotel Pilgerhaus in Niederrickenbach, Zimmer und Lager, Telefon 041 628 13 66, www.maria-rickenbach.ch

Weitere Informationen

Landeskarte 1:50 000, 245 oder 245T Stans
Landeskarte 1:25 000, 1171 Beckenried
Tourismus Beckenried-Klewenalp, Telefon 041 620 31 70, www.tourismus-beckenried.ch
Isenthal Tourismus, Telefon 079 510 49 58 89, www.isenthal.ch
Verkehrsverein Dallenwil, Telefon 041 628 23 94, www.dallenwil.ch

Unterhalb des rechten Horns liegt das Hinter Jochli.

VIEL SONDERLICHES EREIGNET SICH AUF DER BANNALP

Engelberg–Bannalp–Chaiserstuel–Grosstal
Berggasthäuser Bannalpsee und Urnerstaffel

- Eher anspruchsvolle Wanderung (mit einfacherer Alternative)
- Gipfelbesteigung

Für Uneingeweihte ist sie «lediglich» eine schöne Alp hoch oben in den Nidwaldner Bergen. Eine Alp mit saftigen Alpweiden, im Herzen ein funkelnder, kleiner Stausee, gesäumt von schroffen Felswänden und, besonders einladend für Wanderer, mit zwei Berghäusern. Wer die Bannalp besser kennt und schon ein paar Mal hier war, mit den Älplern und den Wirten der Berghäuser plauderte, die Pfade auf die Pässe und Gipfel gegangen ist und vielleicht gar in den alten Geschichts- und Sagenbüchern geblättert hat, weiss, dass sie mehr ist als nur eine Alp. Manch Wunderliches gibt es von hier zu berichten, einiges davon uralt und sagenumwoben, anderes topaktuell – und doch immer noch wunderlich.

Da ist einmal der Bannalpsee. Er wurde 1935 bis 1937 gestaut, um die Selbstversorgung des Kantons mit Energie zu verbessern. Interessant ist dabei, dass die Mauer praktisch ohne Beton errichtet wurde. Sie besteht im Wesentlichen aus einer fünf Meter dicken, wasserdichten Lehmmauer, die auf beiden Seiten mit einer grossen Menge Schotter und Geröll stabilisiert wurde. Damit gleicht sie in ihrem Bauprinzip den Dämmen, die wir als Kinder am kleinen Bach errichtet haben, um einen See aufzustauen.

Auf der Bannalp stehen zwei Berggasthäuser, die unterschiedlicher nicht sein könnten. Unten am See liegt das Berggasthaus Bannalpsee, ein altehrwürdiger, traditioneller, sonnengebräunter Holzbau, weiter oben liegt das Berggasthaus Urnerstaffel, ein trutziger Bau mit viel Sichtbeton. Dabei haben die beiden Häuser in ihrer Ge-

Links: Käseproduktion auf der Bannalp, hinten das Berggasthaus Urnerstaffel.
Mitte: Auf Brunni.
Rechts: Steinmanndli, erleuchtet.

schichte viel Gemeinsames. Beide wurden von der Familie Bissig errichtet. Das Berghaus Bannalpsee bot ursprünglich den Arbeitern am Staudamm Unterkunft. Am Ort des heutigen «Urnerstaffels» stand früher ein ganz ähnlicher Bau, der aber von Beginn weg Unterkunft für Wanderer war. Lange Zeit wechselten sich die beiden Bissig-Brüder Arnold und Werner ab – ein Jahr wirtete Arnold im «Urnerstaffel» und Werner im «Bannalpsee», das nächste Jahr wechselten sie. 1945 wurde ausgelost,

Rostblättrige Alpenrose vor dem Laucherenstock.

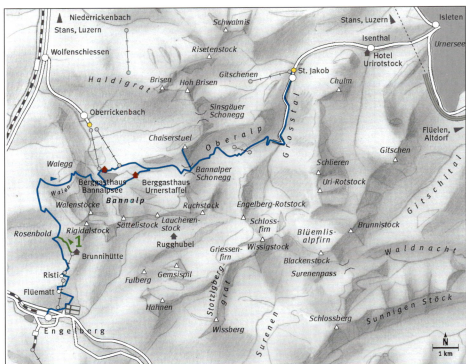

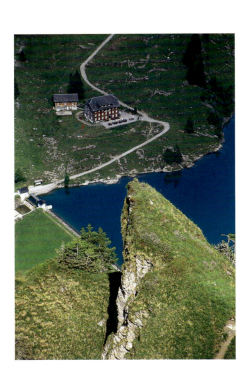

Das Berggasthaus Bannalpsee.

Werner erhielt den «Urnerstaffel», und der alljährliche Wechsel nahm damit ein Ende. Doch wie kam es zum heutigen Betonbau auf Urnerstaffel? 1960 brannte der ursprüngliche Bau komplett nieder. Da Werner zuvor schon zwei andere Bauten durch Feuer verloren hatte, entschied er sich, diesmal auf Nummer sicher zu gehen und auf Beton statt Holz zu setzen.

Noch zwei weitere wunderliche Geschichten gibt es von der Bannalp zu erzählen. Die erste ist hochaktuell. Auf der Bannalp und ausserdem nur noch an zwei weiteren Orten in der Innerschweiz lebt die Nidwaldner Haarschnecke, Trichia biconica. Sie wurde erst am Anfang des 20. Jahrhunderts entdeckt. Ihr Steckbrief: ein vier bis sechs Millimeter grosses, eng gewundenes Häuschen, aber erstaunlicherweise sind weder das Häuschen noch die Weichteile behaart. Mit ihrem flachen Bau kann sie sich bestens in kleinen Spalten unter Steinen verkriechen. Die Art ist stark gefährdet und deshalb geschützt.

Zu guter Letzt gibt es noch eine ganz alte Geschichte, die davon handelt, wie der Chaiserstuel, der Wanderhöhepunkt am zweiten Tag der Tour, zu seinem Namen kam. Vor langer Zeit nämlich erschien immer wieder ein seltsamer Jägersmann auf dem Berg oberhalb der Bannalp. Er war in Gemsfelle gekleidet und lud jedesmal die Älpler und Bewohner der Bannalp zu einem grossen Festmahl mit köstlichem Wildbret von Gemsen, Murmeltieren, Schneehühnern und gar Forellen aus dem Bannalpbach ein. Fürstlich ging es jeweils zu und her, es wurde getanzt, gesungen und gefestet. Mehr und mehr vernachlässigten die verwöhnten Älpler ihre Weiden und Tiere. Bei einem dieser Gelage erschien plötzlich ein unheimlicher Gast – der «Steinerne Waldbruder». Er war gekommen, um die Frevler zu warnen, die mit ihren Prassereien und ihrer Faulheit den Boden entehrten. Der Jägersmann aber lachte ihn nur aus: «Wir brauchen deine Bergpredigt nicht, wir sind ein frei lustig Volk.» Da fiel die Faust des Waldbruders schwer wie ein Stein auf die Achsel des Jägersmannes. Seither ist dieser in einen spitzen Stein verwandelt, den man noch heute zwischen dem Sättelistock und dem Rigidalstock in den Himmel ragen sieht (aus: F. Niderberger, Sagen, Märchen und Gebräuche aus Unterwalden).

Charakter

Ein See, ein Pass, ein Gipfel und viel Aussicht. Vom Engelberger Talkessel führt diese spannende Wanderung in einem grossen Bogen um die Walenstöcke zur Bannalp und am zweiten Tag auf den Chaiserstuel und hinab ins urnerische Grosstal. Das Panorama wartet mit vielen grossen Namen auf: Titlis, Pilatus, Stanserhorn, Brisen, Rigi, Mythen, Glärnisch, Uri-Rotstock und viele weitere.

Die Wanderung

Anfahrt: Mit dem Zug stündlich bis Engelberg.
Ausgangspunkt: Bahnhof Engelberg.
1. Tag: Vom Bahnhof via Flüemmatt und Ristis nach Rosenbold hinauf und auf dem neu angelegten Walenpfad nach Walen. In grossen Kehren auf die Walegg und auf gutem Weg, oft mit Geländer, durch die steilen Nordflanken der Walenstöcke via Oberfeld (Alpbeizli) zur Bannalp. Bis Urnerstaffel (bis Berghaus Bannalpsee vergleichbar) 14 km, 1170 m Aufstieg, 480 m Abstieg, 5¾ Std., T2.
2. Tag: Von der Bannalp auf die Bannalper Schonegg und links (nördlich) durch Wiesen und etwas Fels, aber ohne spezielle Schwierigkeiten auf den Chaiserstuel mit schöner Rundsicht. Zurück zur Bannalper Schonegg und Abstieg ins Grosstal. 14 km, 710 m Aufstieg, 1420 m Abstieg, 5 Std., T2.
Endpunkt: Postautohaltestelle Isenthal, Seilbahn St. Jakob. Zwei Verbindungen nachmittags nach Altdorf oder Flüelen. Alternativ mit dem Alpentaxi von Walter Aschwanden nach Flüelen, Telefon 041 878 11 83, eine Fahrt für vier Personen kostet ca. SFr. 45.–.

Berggasthaus Bannalpsee

Art und Ambiance: Nostalgisch anmutendes Berghaus beim Bannalpsee mit sonnengeschwärzten Schindeln und knarrenden Holzböden. Einfache Gaststube mit langen Holztischen. Sonnenterrasse mit Blick auf See und schroffe Bergwände.
Zimmer: 3 Einzel-, 11 Zweier-, 2 Dreier-, 2 Vierer-, 1 Sechserzimmer, alle einfach. Lavabo, WC und Dusche auf der Etage. 1 komfortables Doppelzimmer mit Himmelbett und Lavabo. 3 Lager für je 10 Personen.
Küche: Traditionell. Spezialitäten: Rösti, Aussengrill mit Salatbuffet. Für Vegetarier: Rösti, weitere Menüs auf Anfrage. Weine aus der ganzen Welt.

Für Kinder: Klettergerüst, Rutsche, Spielturm, Tischtennis, Sandkasten, Spielzimmer im Haus.
Hunde: In den Zimmern ohne Zuschlag erlaubt, im Lager nach Absprache.
Preisklasse: Tief.
Öffnungszeiten: Mitte Mai bis Mitte Oktober.
Adresse: Berggasthaus Bannalpsee, 6386 Oberrickenbach, Telefon 041 628 15 56, www.restaurant-bannalpsee.ch.

Berggasthaus Urnerstaffel

Art und Ambiance: Wuchtiger Betonbau unweit des Bannalpsees inmitten von Wiesen und Weiden. Grosse, schnörkellos eingerichtete Gaststube, grosse Sonnenterrasse auf zwei Seiten des Hauses.
Zimmer: 2 Einzel-, 11 Doppel-, 2 Dreier-, 2 Sechserzimmer (mit zwei Betten und vier Matratzen), einfach bis komfortabel eingerichtet, alle mit Lavabo. WC und Dusche auf der Etage. Lager für 12 und 28 Personen, zwei Lager für je 36 Personen.
Küche: Traditionelle Berghausgerichte. Spezialitäten: hausgemachte Kutteln an Tomatensauce,

Slow Food: «Buirätäller».

Rösti, Meringue. Für Vegetarier: Käseschnitte, Spaghetti, Rösti. Vor allem Schweizer Weine.
Für Kinder: Zahlreiche Spielgeräte auf der Wiese vor dem Haus.
Hunde: In den Zimmern erlaubt, im Lager nicht.
Preisklasse: Tief.
Öffnungszeiten: Ganzjährig ohne November, im Mai nur an den Wochenenden.
Adresse: Berggasthaus Urnerstaffel, 6387 Oberrickenbach, Telefon 041 628 15 75, www.urnerstaffel.ch

Alternative

1 *Abkürzung erster Tag:* Von Engelberg mit Luftseilbahn und Sesselbahn nach Brunni und von dort nach Rosenbold auf den Walenpfad. Ganzer Tag dann 9 km, 300 m Aufstieg, 470 m Abstieg, 3½ Std., T2.

Weitere Berghäuser

- Brunnihütte SAC, Lager, Telefon 041 637 37 32, www.berghuette.ch
- Hotel Urirotstock, Zimmer, Telefon 041 878 11 52, www.urirotstock.ch

Weitere Informationen

Landeskarte 1:50 000, 245 oder 245T Stans
Landeskarte 1:25 000, 1171 Beckenried und 1191 Engelberg
Engelberg-Titlis Tourismus, Telefon 041 639 77 77, www.engelberg.ch
Wolfenschiessen Tourismus, Telefon 041 629 73 30, www.tourismus-wolfenschiessen.ch
Isenthal Tourismus, Telefon 079 510 49 58, www.isenthal.ch

Gibt's nur einmal im Berggasthaus Bannalpsee: die Hochzeitssuite.

Bücher

F. Niderberger, Sagen, Märchen und Gebräuche aus Unterwalden, Huber, Sarnen 1908

DIE KLEINE HAUTE ROUTE DER ZENTRALSCHWEIZ

Trübsee–Jochpass–Engstlenalp–Hasliberg
Hotel Engstlenalp, Berggasthaus Tannalp

- Mittelschwere Wanderung (mit zwei Alternativen)
- Zahlreiche Bergseen
- Sicht auf viele Drei- und Viertausender

«Haute Route» – das klingt nach einer langen, fantastischen Tour in den Hochalpen, über viele Pässe, Gletscher und Traversen und meist auch mit viel Schweiss und einigen Blasen an den Füssen. Bei der originalen Haute Route im Wallis trifft dies alles auch zu. Eine Haute Route könnte aber durchaus auch etwas Gemächlicheres und Genussvolleres bedeuten, ein Höhenweg ohne schweisstreibendes Auf und Ab und trotzdem mit Aussichten auf die Hochalpen. Wenn eine Route in den Zentralschweizer Alpen dieses Prädikat verdienen würde, dann wäre es bestimmt die Wanderung vom Trübsee ob Engelberg zum Hasliberg.

Der erste Aufstieg, vom Trübsee auf den Jochpass, ist dabei schon der strengste, aber in etwas mehr als einer Stunde hat man ihn geschafft, beträgt der Höhenunterschied doch nur 450 Meter. Von nun an ist man stets in Höhen von etwa 1850 bis 2250 Metern unterwegs, hat also nur noch kleinere Steigungen zu überwinden. Dabei ist die Aussicht in die Alpen durchwegs erste Klasse. Bis zur Tannalp dominieren die hoch aufragenden Mauern der Wendenstöcke und des Mähren das Panorama. Später kommen nach und nach weitere Abschnitte der Alpen hinzu, das Susten- und das Gwächtenhorn, das Triftgebiet mit seinem ausgedehnten gleissenden Gletscherplateau, dann das Gauligebiet und schliesslich die Berner Hochalpen mit dem pyramidenförmigen Dreigestirn von Rosen-, Mittel- und Wetterhorn, der Nordwand des Eigers und dahinter dem eisgepanzerten Tschingelhorn. An schönen, klaren Tagen kann man sich kaum sattsehen. Im abschüssigen Gelände zwischen dem Balmeregghorn

Oben: Die Rote Felsenprimel kann bis auf einer Höhe von 3600 Metern vorkommen.
Rechts: Zeit bringt Fisch. Beim Tannensee, hinten der Glogghüs.

So, nur bis die Rinder kommen. Auf der Tannalp, links der Graustock.

und Planplatten empfiehlt es sich aber doch, zumindest ein Auge dem Weg unter den Füssen zu widmen.

    Das Hotel Engstlenalp bietet alles, was man von einem Berghotel mit historischer Substanz erwartet. Es liegt wunderschön – «one of the most charming spots in the Alps», schrieb der englische Alpinist John Tyndall und unterliess es auch nicht, die speziell reizende Wirtin zu erwähnen. Der «Baedeker» von 1893 nennt die Engstlenalp «a beautiful pasture, with fine old pines and Alpine cedars». Damals kostete die Nacht mit Vollpension sechs Schweizer Franken. Das ursprüngliche Hotel dient heute als Dépendance, das heutige Hauptgebäude wurde zwischen 1890 und 1893 errichtet. Bis 1960, als die Asphaltstrasse gebaut wurde, gelangten die Gäste zu Fuss oder auf dem Rücken von Maultieren zur Engstlenalp. Nachdem 1993 der Wind einen Teil des Daches weggerissen hatte, nutzte man die Gelegenheit, gleich einige Erneuerungen vorzunehmen. Neue Zimmer entstanden, die alten wurden aber bewusst im Original-

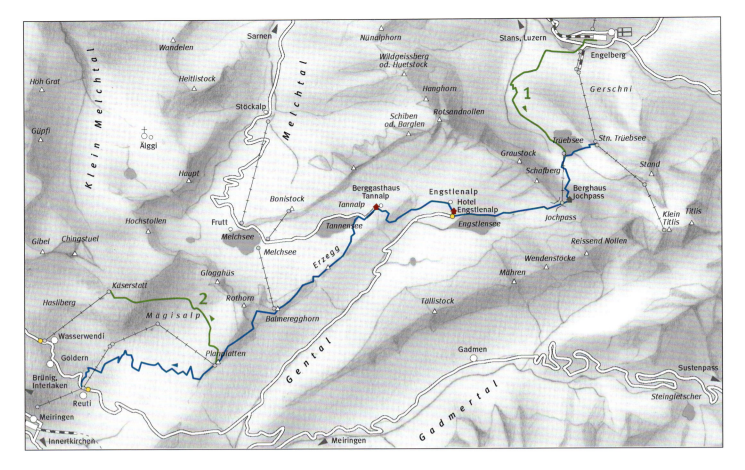

zustand belassen und heissen heute «Nostalgiezimmer», immer noch ohne Wasser, aber mit der ganz besonderen Atmosphäre eines altehrwürdigen Berggasthauses.

Eine knappe Stunde oberhalb der Engstlenalp liegt die Tannalp, und das hier thronende Berghaus ist von gänzlich anderer Art. Zwar standen auch hier einmal zwei alte Berghäuser aus Holz; nach einem Brand 1976 wurden sie aber durch einen modernen Bau ersetzt. Man ist etwas höher als auf der Engstlenalp und hat damit etwas mehr Sicht in die Berge, dafür fehlt dem funktionellen Bau die gemütliche Atmosphäre des Hotels Engstlenalp.

Wer unberührte Landschaften liebt – und welcher Wanderer tut das nicht? –, wird feststellen, dass man auf dieser Tour einige Skigebiete durchquert: Trübsee-Jochpass, Melchsee-Frutt und Hasliberg. Und es könnten noch viel mehr Bahnen werden. Die drei Skigebiete haben Pläne für einen Zusammenschluss zum «Schneeparadies Titlis - Hasliberg». Nicht weniger als neun neue Bahnen wären nötig, nicht zu reden von Planierungen der Landschaft. Die Vision der Initianten ist, dass der Gast in zweieinhalb Stunden von einem Ende des Gebiets zum anderen Ende traversieren kann. Die Eingriffe und damit der landschaftliche Schaden wären enorm: Beeinträchtigungen des eidgenössischen Jagdbanngebiets, Erschliessung bisher ungestörter Geländekammern, mehr Verkehr für die Zubringerorte, Verschandelung einer ursprünglichen Landschaft.

Dabei ist sogar der Nutzen im Winter umstritten. Die Verbindungsbahnen würden im Wesentlichen die flache Hochebene der Engstlenalp traversieren und damit nicht einmal neue Pisten schaffen. Der ehemalige Luzerner Verkehrsdirektor Kurt Illi sagt es treffend: «Ehrlich gesagt sehe ich in diesem Projekt nicht viel Potenzial. (...) Es kommt auf mehr an als nur auf die Anzahl Anlagen» (in der «Jungfrau Zeitung», 17. Mai 2005). Aber auch der Sommertourismus würde leiden. Denn wer will schon in einer Lift-und-Bahnen-Landschaft wandern gehen? So würde das Projekt «Schneeparadies» wohl kaum zusätzliche Wintertouristen anlocken und die Sommertouristen mit Sicherheit abschrecken. Fest steht: Kommt dieses Projekt, geht dieses Kapitel.

Letztes Licht über der Gadmenflue.

Charakter

Wenig Anstrengung – viel Aussicht, so könnte man diese Wochenendtour beschreiben. Auf dem Höhenweg passiert man zahlreiche Bergseen, noch mehr Kühe und fast so viele Dreitausender. Zwei Berghäuser erwarten den Geniesser: die nostalgische «Engstlenalp» und die moderne, etwas höher gelegene «Tannalp».

Die Wanderung

Anfahrt: Mit der Bahn stündlich nach Engelberg und von dort mit der Luftseilbahn nach Trübsee.
Ausgangspunkt: Seilbahnstation Trübsee.
1. Tag: Vom Trübsee über Weiden auf den Jochpass (Restaurant) und auf der Westseite hinab zur Engstlenalp beziehungsweise zur Tannalp. Bis zur Tannalp 11 km, 590 m Aufstieg 410 m Abstieg, 3½ Std., T2. Bis zur Engstlenalp knapp 1 Std. weniger.
2. Tag: Von der Tannalp über die Erzegg zum Balmeregghorn und der steilen Südflanke des Rothorns entlang nach Planplatten und hinab nach Hasliberg Reuti. Ab Tannalp 16 km, 460 m Aufstieg, 1380 m Abstieg, knapp 5 Std., T2. Ab Engstlenalp knapp 1 Std. mehr.
Endpunkt: Hasliberg Reuti. Von hier mit der Luftseilbahn nach Meiringen oder mit dem Postauto stündlich zu den Bahnhöfen auf dem Brünig oder in Brienz.

Hotel Engstlenalp

Art und Ambiance: Traditionsreiches Berghotel vom Ende des 19. Jahrhunderts, in der Nähe des Engstlensees gelegen. Modernisierungen und Anbauten aus den 1990er Jahren. Erreichbar mit Privat- und Postauto. Schöne, rustikale Gaststube mit viel orginalem Holz. Grosse, gedeckte Sonnenterrasse.
Zimmer: Nostalgiezimmer: 7 Einzel-, 13 Doppel-, 1 Dreier-, 3 Viererzimmer, einfach. Lavabo, Dusche und WC auf der Etage. 6 moderne, komfortable Doppelzimmer mit Lavabo, Dusche und WC. In der alten Dépendance je 1 Lager für 5 und 15 Personen, je 2 Lager für 6 und 13 Personen, WC und Waschtrog im Haus, Dusche im Hauptgebäude.
Küche: Traditionell-kreative Berghausküche. Spezialitäten: Forellen aus dem Engstlensee, frisch gemachte Rösti. Für Vegetarier: Rösti, Biker-Hörnli. Vor allem Schweizer Weine.
Für Kinder: Kletterbaum vor dem Haus, Spiele im Haus.

Hunde: In den Zimmern erlaubt (Zuschlag), im Lager nicht.
Preisklasse: Mittel bis hoch.
Öffnungszeiten: Anfang Mai bis Ende Oktober, im Winter je nach Wetter.
Adresse: Hotel Engstlenalp, 3862 Innertkirchen, Telefon 033 975 11 61, www.engstlenalp.ch

Berggasthaus Tannalp

Art und Ambiance: Modernes Berghaus mit Skihaus-Ambiance der 1970er Jahre. Schöne Aussicht auf die Berner Hochalpen. Terrasse, ruhig gelegen (keine Zufahrt für Privatautos).
Zimmer: 2 Doppelzimmer mit Lavabo, Dusche und WC, 5 Doppelzimmer, 1 Fünfer- und 4 Sechserzimmer mit Lavabo (Dusche und WC auf der Etage), einfach bis komfortabel. Lager für 13 Personen, nordisch, mit Dusche und WC. 2 Lager für 7, 1 Lager für 15 Personen in der nahen Käserei, mit Dusche und WC.
Küche: Traditionelle Berghauskost. Spezialitäten: Sennenrösti, Äplermaggeronen, Bauernbratwurst. Für Vegetarier: Gemüseteller, Rösti, weitere Gerichte auf Anfrage. Vor allem Schweizer Weine.
Für Kinder: Schaukel, Spielraum mit Billard,

Das Berggasthaus Tannalp.

Tischtennis, «Töggelikasten».
Hunde: In den Zimmern erlaubt (Zuschlag), sonst auf Anfrage.
Preisklasse: Mittel.
Öffnungszeiten: Mitte Juni bis Ende Oktober, Mitte Dezember bis nach Ostern.
Adresse: Berggasthaus Tannalp, 6068 Melchsee-Frutt, Telefon 041 669 12 41, www.tannalp.ch

Alternativen

1 Verlängerung erster Tag: Mit Start in Engelberg lassen sich die Seilbahnen umgehen. Ganzer Tag: 17 km, 1330 m Aufstieg, 360 m Abstieg, 5½ Std., T2.
2 Abkürzung zweiter Tag: Von Planplatten nach Käserstatt und mit der Luftseilbahn ins Tal (Postautohaltestelle Hasliberg Wasserwendi, Twing). Ganzer Tag: 14 km, 460 m Aufstieg, 600 m Abstieg, 4½ Std., T2.

Weitere Berghäuser

- Berghaus Jochpass, Zimmer und Lager, Telefon 041 637 11 87, www.jochpass.ch
- Zahlreiche Hotels in Melchsee-Frutt und Hasliberg

Weitere Informationen

Landeskarte 1:50 000, 245 oder 245T Stans, 255 oder 255T Sustenpass
Landeskarte 1:25 000, 1190 Melchtal, 1191 Engelberg, 1210 Innertkirchen und 1211 Meiental
Engelberg-Titlis Tourismus, Telefon 041 639 77 77, www.engelberg.ch
Tourismusverein Melchsee-Frutt, Telefon 041 669 70 60, www.melchsee-frutt-ch

Neues altes Haus: Hotel Engstlenalp.

Tourist Information Hasliberg, Telefon 033 972 51 51, www.haslital.ch
Zum Skiprojekt: Pro Frutt-Engstlenalp, www.profrutt-engstlenalp.ch

TIEF UNTER UND HOCH ÜBER DEM MITTELPUNKT DER SCHWEIZ

Giswil–Kleine-Melchaa-Schlucht–Älggi–Hochstollen–Hasliberg
Berghotel Älggi-Alp

- Anspruchsvolle Wanderung
- Gipfelbesteigung
- Berghaus beim Mittelpunkt der Schweiz

Wo ist das Herz der Schweiz? Auf dem Rütli, wo unser Land seinen Anfang genommen hat? An der Zürcher Bahnhofstrasse, wo die heutigen Wirtschaftskapitäne walten? Oder in Bern, wo über die Zukunft entschieden wird? Die Geografen haben ihre eigene Lösung gefunden, frei von Geschichte, Eigeninteressen und Ideologien: Die Mitte der Schweiz liegt bei Punkt 660 158/183 641. Die Begründung ist einfach: Schneidet man die Form des Landes aus Karton aus und legt diesen bei den genannten Koordinaten auf eine Nadel, so ist er im Gleichgewicht, ruht also auf seinem Schwerpunkt. Interessanterweise wurde dieser Punkt erst 1988 genau eruiert. Nicht überraschend ist aber, dass man am betreffenden Punkt kurz darauf ein kleines, schlichtes Denkmal setzte, einen Triangulationspunkt, umgeben von einer grösseren Steinmauer in der Form einer kleinen Schweiz. Überraschend ist, dass die präzisionsverliebte Schweiz hier etwas geschummelt hat – das Denkmal steht nämlich 500 Meter nordwestlich vom wahren geografischen Mittelpunkt der Schweiz. Das kann aber durchaus entschuldigt werden. Denn der genaue Punkt liegt, bezeichnend für das Gebirgsland Schweiz, in einem felsigen Steilhang, der zwar Gemsen und Dohlen, nicht aber Normalschweizern zugänglich ist.

Der touristische Mittelpunkt der Schweiz hat sich wahrlich ein schönes Plätzchen ausgesucht, oben auf der Alp Älggi. «Die schönste Alp der Schweiz» soll sie sein, und das wird jeder Älpler hier bezeugen. Wo sonst gibt es eine fast einen Kilometer lange, flache Hochebene mit dem saftigsten Gras, wie in einem romantischen Gemälde umgeben von Waldspickeln, Felswändchen und natürlich einigen schroffen Berggipfeln? Einige «Heimetli» haben sich im Rand des Älggi versammelt, in die Mitte gerückt leuchtet eine kleine Kapelle, und mit dieser einfachen Ausstattung sieht die Alp ebenso aus wie vor hundert Jahren. Das Älggi ist ursprüngliche Schweizer Alpkultur. Am Abend hallt noch der Betruf von der Seefeldalp herab, und alljährlich findet die Älplerversammlung mit heiliger Messe und Alphorntrio statt; da trifft sich die Trachtenjugend, man festet mit Jodeln, Lagerbier und Stumpenrauch.

Was jede Alp perfekt macht, ist ein gemütliches «Beizli», und auch dieses gibt es: das Bergrestaurant und Hotel Älggi, ein bescheidenes Holzhaus am Rand der grossen Wiese, ideal platziert, um alle zu registrieren, die sich auf dem Wanderweg oder auf der steilen, engen Strasse auf das Älggi wagen. Wenn die Älpler und Sennen müde sind vom langen Tag, treffen sie sich bei Margrith von Flüe im Berghaus, bestellen ein «Iiklemmts» und ein Bier, jassen und plaudern, zuerst noch draussen auf der kleinen Terrasse, später drinnen in der gemütlichen Gaststube. Die Übernachtungsgäste ziehen sich um zehn Uhr zurück, die Älpler bleiben wohl noch etwas länger. Um Mitternacht ist aber für alle Schluss, dann kappt Margrith den Generator, nicht ohne zuvor allen Gästen eine Taschenlampe ausgehändigt zu haben. Jetzt hört man nur noch das Quietschen der Bettgestelle und das feine Bimmeln der Kuhglocken.

Der Mittelpunkt der Schweiz liegt auch in der Mitte dieser Zweitagestour, und unterschiedlicher könnten die beiden Tage nicht sein. Am ersten Tag, und das schätzt man an einem heissen Sommertag besonders, führt der Weg durch die Schlucht der Klei-

Oben: Perfekte Erfrischung in der Kleinen Melchaa.
Unten: Nur wenige Minuten vom «Mittelpunkt der Schweiz»: Berghotel Älggi-Alp.

nen Melchaa. Wunderbar kühl ist es hier, und wem mit dem schweren Rucksack doch noch zu warm wird, steckt die Füsse ins kalte Nass der Kleinen Melchaa. Es ist ein enges V-Tal, in dem an einigen Stellen die Felsen so eng zusammenrücken, dass sich die Naturstrasse kühn einen Weg zwischen dem tosenden Wasser und den blanken Wänden suchen musste. Nach einer guten Stunde geht es dann links hoch, zuerst steil durch Wald, später über Weiden und schliesslich für ein paar Kilometer auf der Strasse zum Älggi.

Kalkrippen auf dem Sachsler Seefeld, hinten der Haupt.

Charakter

Der geografische Mittelpunkt der Schweiz teilt diese Tour in zwei ganz unterschiedliche Tage. Am ersten Tag geht es auf einfachen Wegen von Giswil durch die kühle Schlucht der Kleinen Melchaa auf die Älggialp. Am zweiten Tag folgt eine anspruchsvolle Bergwanderung auf den 2481 Meter hohen Hochstollen, mit schönem Tiefblick auf die drei Seen zwischen Melchsee-Frutt und Engstlenalp und fantastischer Aussicht auf die Berner Hochalpen.

Die Wanderung

Anfahrt: Mit dem Zug (ein- oder zweimal stündlich) bis Giswil.
Ausgangspunkt: Bahnhof Giswil.
1. Tag: Vom Bahnhof einen guten Kilometer nordöstlich auf der Hauptstrasse und dann rechts durch Wald in die Schlucht der Kleinen Melchaa. Nach etwa einer Stunde links steil durch Wald und Weiden hinauf und zuletzt zwei Kilometer auf der Asphaltstrasse zur Älggialp. 11 km, 1150 m Aufstieg, 4½ Std., T2.
2. Tag: Von der Älggialp steil über eine Felsstufe (Halteseil) zum Sachsler Seefeld mit seinen zwei Seen (Naturschutzgebiet). Weiter durch etwas Geröll auf den Sattel beim Seefeldstock. Auf der anderen Seite hinab und dann steil links eine felsige Runse hoch (bei schwierigeren Stellen Metalltritte und Halteseile, geübte Bergwanderer werden sie aber kaum brauchen). Dann durch steile Matten und schliesslich im Zickzack auf gutem Weg durch Schotter auf den Gipfel des Hochstollens. Abstieg durch Matten und einige Felsschrofen nach Käserstatt. 10 km, 860 m Aufstieg, 670 m Abstieg, 3½ Std., T3.
Endpunkt: Käserstatt. Von hier mit der Luftseilbahn zur Postautohaltestelle Hasliberg Wasserwendi, Twing und mit dem Postauto stündlich zum Bahnhof auf dem Brünig oder in Brienz.

Berghotel Älggi-Alp

Art und Ambiance: Schlichtes Gasthaus am Rand der Älggialp auf gut 1600 Metern mit schönem Blick über die Alp und zum Denkmal beim Mittelpunkt der Schweiz. Gemütliche Gaststube, kleine Sonnenterrasse. Zimmer und Lager befinden sich in zwei Nebengebäuden.
Zimmer: 1 Einzel-, 6 Doppel-, 1 Dreier- und 2 Viererzimmer, einfach mit Lavabo, WC und Dusche auf der Etage, 1 Doppelzimmer mit Himmelbett und Lavabo. Lager für 12, 16 und 30 Personen.

Küche: Traditionell, mit möglichst vielen einheimischen Produkten. Spezialitäten: Älplermagronen, Rösti mit Bratwurst, im Herbst Gemspfeffer, Holzofen-Lebkuchen. Für Vegetarier: Älplermagronen, Rösti, Raclette. Vor allem Schweizer Weine.
Für Kinder: Spielplatz mit Klettergeräten, Sandkasten.
Hunde: Nach Absprache.
Preisklasse: Mittel.
Öffnungszeiten: Mitte Mai bis Mitte Oktober.
Adresse: Berghotel Älggi-Alp, 6072 Sachseln, Telefon 041 675 13 62, www.aelggialp.ch

Alternativen

1 Wandelen: Wer auch am ersten Tag ein Gipfelgefühl nicht missen möchte, kann von der Älggialp den Wandelen besteigen. Von der Älggialp hin und zurück 8 km, je 470 m Auf- und Abstieg, 2½ Std., T2.
2 Steimandli-Pfad: Dieser Naturlehrpfad führt in einem grossen Bogen über den Älggiboden. 1 km, praktisch eben, 1 Stunde (mit Stopps bei den Tafeln). Prospekt im Berghotel Älggi-Alp.
3 Wanderung bis Hasliberg: Die Luftseilbahn lässt sich natürlich auch umgehen. Zusätzlicher Abstieg: 5 km, 670 m Abstieg, 1½ Std., T1.

Weitere Berghäuser

Hotels auf dem Hasliberg

Weitere Informationen

Landeskarte 1:50 000, 245 oder 245T Stans, 255 oder 255T Sustenpass
Landeskarte 1:25 000, 1190 Melchtal und 1210 Innertkirchen
Obwalden Tourismus, Telefon 041 666 50 40, www.obwalden-tourismus.ch
Tourist Information Hasliberg, Telefon 033 972 51 51

Bücher

Christian Schmidt (Red.), Vom Kern der Schweiz, Kontrast, Zürich 1998

Eine Kalkpolsternelke geniesst die Sonne. Hinten Melchsee, Tannensee und Titlis.

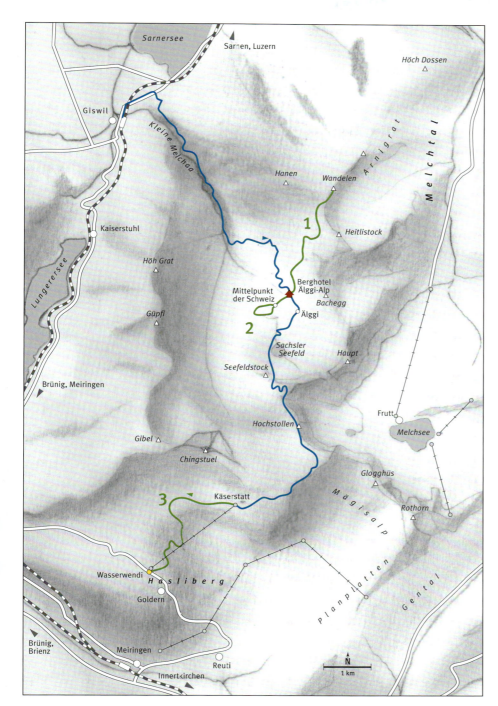

Geht es am ersten Tag durch die Tiefen der Schlucht, steht am zweiten Tag ein zünftige Gipfeltour an. Der Hochstollen ist zwar «nur» 2481 Meter hoch, seine Besteigung gilt aber doch als anspruchsvolle Bergwanderung, die für Wanderanfänger ungeeignet ist. Von der Älggialp geht es zuerst zu den beiden Seen auf dem Sachsler Seefeld und von dort auf den kleinen Pass beim Seefeldstock. Steil klettert danach der Weg durch eine Felsrunse zum Punkt 2263 hoch, durchquert dann einige abschüssige Grashalden und schwingt sich schliesslich durch Schotter auf den Hochstollen. Eine ausgedehnte Pause wird hier wohl jeder einschalten, sei es, um sich auszuruhen und die Kühle zu geniessen, sei es, um die fantastische Aussicht zu geniessen. Im Osten funkeln Melch-, Tannen- und Engstlensee, dahinter gleisst die Eiskappe des Titlis, während sich im Süden unzählige Drei- und Viertausender zwischen Sustenhorn und Blüemlisalp aneinanderreihen.

Oben: Die «schönste Alp der Schweiz»: Älggi.
Unten: Bergfrühling auf Käserstatt.
Hinten Rosen-, Mittel- und Wetterhorn.

IN DIE TEUFELSKARREN DER SCHRATTENFLUE

Flühli–Sörenberg–Hengst
Berggasthaus Salwideli

- Mittelschwere Wanderung (mit anspruchsvoller Alternative)
- Gipfelbesteigung
- Eindrückliche Karstlandschaft

Das Entlebuch kann mit einer ungewöhnlichen Kombination von Naturlandschaften auftrumpfen. Nirgendwo in der Schweiz gibt es so viele und so ausgedehnte Moorlandschaften wie hier, zwischen Wolhusen, Sörenberg und Marbach. Mehr als hundert Quadratkilometer sind es, fast ein Siebtel des (kleinen) verbliebenen Bestandes an Moorlandschaften in der Schweiz. Bei Flühli steigt die sagenumwobene Schrattenflue aus dem bewaldeten Hügelland, ein sechs Kilometer langer, bis über 2000 Meter hoher Bergrücken aus Kalk, der durch das Regenwasser zu einer bizarren, von Schründen, Spalten und messerscharfen Graten durchzogenen Karstlandschaft zerfressen wurde. Wo das Land nicht völlig unzugänglich ist, hat der Mensch ein artenreiches Mosaik aus Natur- und Kulturlandschaften geschaffen, mit blumenreichen Wiesen und Weiden, Bachläufen, kleinen Äckern, Feldern und Mooren.

Das Entlebuch steht zwar etwas im Schatten der nahen grossen Tourismusdestinationen Luzern und Interlaken und ist auch vom pulsierenden Mittelland wirtschaft-

Magische Schrattenflue.

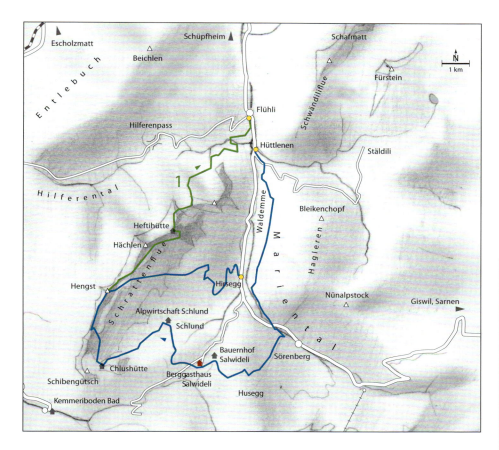

lich etwas abgeschnitten. Mit der Einrichtung eines Biosphärenreservats haben die Entlebucher aber einen echten Coup gelandet. Biosphärenreservate sind Modellregionen, in denen der Natur- und Landschaftsschutz Hand in Hand mit den Bedürfnissen des Menschen nach wirtschaftlicher Entwicklung geht. Dabei ist «Reservat» eine etwas missverständliche Bezeichnung. Zwar steht in der Kernzone der Naturschutz an erster Stelle, in der Pflegezone und insbesondere in der Entwicklungszone soll der Mensch aber Platz für seine landwirtschaftliche und ökonomische Infrastruktur haben, wobei diese so weit wie möglich nachhaltig sein soll. Bereits im September 2001, nur gerade drei Jahre nach dem Startschuss des Projekts, wurde der Biosphäre Entlebuch durch die Unesco der offizielle Status als Biosphärenreservat verliehen. Diese Auszeichnung brachte in den letzten Jahren eine Fülle von Aktivitäten in Gang: So werden mit der Marke «Echt Entlebuch» landwirtschaftliche Produkte gekennzeichnet und vermarktet, es wurden Erlebnispfade durch Wälder, Wiesen und Moore eingerichtet, und der Absatz des einheimischen Holzes wird vermehrt gefördert.

Die zweitägige Wanderung führt durch alle Landschaftszonen zwischen Flühli auf 900 Metern und der Schrattenflue auf über 2000 Metern. Die erste Tagesetappe geht von Flühli durch die feuchten Gloggenmatt-Wiesen und kurz vor Sörenberg auf einem neuen, aufwendig gestalteten Weg der Waldemme entlang. Nach deren Überquerung steigt der Weg schnurstracks durch Wiesen Richtung Husegg und fällt auf der anderen Seite sanft zum Berggasthaus Salwideli ab. Die zweite Tagesetappe ist anspruchsvoller und auch dramatischer. Sie führt vom Berggasthaus auf den Hengst, mit 2092 Metern die höchste Erhebung der Schrattenflue. Eigentlicher Höhepunkt ist aber zweifellos die wilde Karstlandschaft etwas unterhalb der Krete – ein fast undurchdringliches Gewirr von Schründen, zerfressenen Felsbändern, abgrundtiefen Löchern und millimeterscharfen Graten. Wer hier in Gedanken versunken unterwegs ist oder es gar wagt, während dem Laufen die imposanten Eisriesen des Berner Oberlands zu bewundern, muss jederzeit mit aufgeschürften Händen oder Knien rechnen. Wer aber vorsichtig und konzentriert unterwegs ist, erlebt eine eindrückliche Landschaft und gelangt sicheren Fusses wieder auf die grünen Matten weiter unten.

Die schroffe Kette der Schrattenflue, links der Hengst.

Charakter

Abwechslungsreiche Voralpenlandschaft im Süden der neuen Biosphäre Entlebuch mit zahlreichen Hang- und Hochmooren und einer ausgedehnten, bis auf gut 2000 Meter reichenden Karstlandschaft auf der Schrattenflue. Von den höheren Lagen schöne Aussicht in die Berner Alpen. Die Wanderung ist nicht schwierig, am zweiten Tag ist auf der zerschrundenen Schrattenflue aber Vorsicht geboten (Felsspalten, feine, scharfe Grate).

Die Wanderung

Anfahrt: Mit dem Zug von Bern oder Luzern bis Schüpfheim und von dort fast stündlich mit dem Postauto Richtung Sörenberg.
Ausgangspunkt: Postautohaltestelle Hüttlenen (ein Kilometer südlich von Flühli).
1. Tag: Auf dessen Südseite kurz dem Rotbach entlang, dann durch Feuchtwiesen Richtung Sörenberg, beim Birkenhof hinab zur Waldemme und dieser entlang. Nach deren Überquerung unmittelbar links hoch, über die Hauptstrasse und via Husegg zum Berggasthaus Salwideli. 12 km, 670 m Aufstieg, 230 m Abstieg, 3½ bis 4 Std., T2.
2. Tag: Vom Berggasthaus zum Hof Schlund (Alpwirtschaft) und via Chlushütte auf den Hengst. Von dort durch die Schrattenlandschaft hinab nach Bodenhütten und zur Hauptstrasse. 15 km, 780 m Aufstieg, 1030 m Abstieg, 4½ Std., T2, Vorsicht in den Schratten!
Endpunkt: Postautohaltestelle Hirsegg. Das Postauto fährt fast stündlich zum Bahnhof Schüpfheim.

Berggasthaus Salwideli

Art und Ambiance: Grosser, behäbiger Holzbau auf einer Wiesenterrasse auf 1350 Metern mit Blick auf die Schrattenflue und das Brienzer Rothorn. Einfach und zweckdienlich eingerichtet. Parkplatz vor dem Haus, Terrasse im ersten Stock.
Zimmer: 4 Einzelzimmer und 4 Doppelzimmer, einfach eingerichtet, mit Lavabo. Dusche und WC auf der Etage. Lager für 84 Personen.
Küche: Regional-traditionell, als Partnerbetrieb der Unesco-Biosphäre Entlebuch werden möglichst lokale Produkte eingekauft. Spezialitäten: Überraschungsmenü aus einheimischen Produkten. Für Vegetarier: Käsegerichte, Bärlauch- und Älplermagronen u.a. Bioweine.

Für Kinder: Spielwiese mit Geräten vor dem Haus.
Hunde: In den Zimmern und im Restaurant erlaubt (ohne Zuschlag).
Preisklasse: Mittel.
Öffnungszeiten: Von Pfingstsamstag bis Ende Oktober. Montag, Dienstag Restaurant bei schlechtem Wetter geschlossen, für Übernachtungsgäste bleibt das Haus aber offen.
Adresse: Gasthaus Salwideli, 6174 Sörenberg, Telefon 041 488 11 27, www.berggasthaus-salwideli.ch

Die Karstfelsen der Schrattenflue sind ein harter Lebensraum.

Alternative

1 Abstieg nach Flühli: Am zweiten Tag vom Hengst der Krete entlang weiter nach Norden, am Hächlen und am Strick vorbei und hinab nach Flühli. Ab Berggasthaus Salwideli 16 km, 900 m Aufstieg, 1330 m Abstieg, 5½ Std., T3, schmaler Pfad, teilweise exponiert.

Weitere Berghäuser

- Bauernhof Salwideli, Zimmer mit Frühstück, Telefon 041 488 15 58, www.bauernhof-salwideli.ch
- Alpwirtschaft Schlund, Zimmer, Telefon 041 488 11 87
- Chlushütte, Lager, unbewartet, Hüttenchef Telefon 041 490 33 25, www.sac-entlebuch.ch

- Heftihütte SAC, Lager, unbewartet, für Schlüssel Hüttenwart kontaktieren, Telefon 034 431 20 24, www.sac-emmental.ch

Weitere Informationen

Landeskarte 1:50 000, 244 oder 244T Escholzmatt
Landeskarte 1:25 000, 1189 Sörenberg und evtl. 1169 Schüpfheim
Wanderkarte Sörenberg Entlebuch 1:60 000, mit Erlebnispfaden, Kümmerly + Frey, zu beziehen im Biosphärenzentrum oder über www.biosphaere.ch

Die Waldemme vor Sörenberg, im Hintergrund das Brienzer Rothorn.

Biosphärenzentrum, 6170 Schüpfheim, Telefon 041 485 88 50, www.biosphaere.ch. Sörenberg-Flühli Tourismus, Telefon 041 488 11 85, www.soerenberg.ch.

Bücher

Heinz Staffelbach, Urlandschaften der Schweiz. Die schönsten Wanderungen durch wilde Bergwelten, AT Verlag, Baden 2004
François Meienberg und Marion Nitsch, Gratwegs ins Entlebuch. 19 Wanderungen im ersten Biosphärenreservat der Schweiz, Rotpunkt Verlag, Zürich 2002

IM EMMENTAL HAT DAS NAPFGOLD LÖCHER

Romoos–Napf–Trub
Berghotel Napf

- Eher einfache Wanderung
- Gipfelbesteigung
- Speziell lange Wandersaison

Der Mai kann sich noch nicht richtig entscheiden. Sein launenhafter Vorgänger ist zwar schon einige Zeit aus dem Land, aber auch der Mai schwankt noch, überrascht uns einmal mit den ersten Sommertagen, an denen einem selbst im T-Shirt zu warm ist, und dann wieder mit den Eisheiligen und mit Kaltlufteinbrüchen, an denen man um die Blumen im Garten und die Blüten an den Apfelbäumen fürchtet. Und die höheren Lagen in den Bergen, auf die der Wanderer nach der langen Winterpause schon länger schielt, liegen noch meistenorts unter einer wenn auch nicht mehr dicken, so doch recht hartnäckigen Schneedecke. In dieser Zeit locken die den Alpen vorgelagerten Hügel und Berge, wie etwa das Emmental und das Napfgebiet.

Auch wenn hier der Schnee schon seit einer Weile verschwunden ist, mischen sich noch die ersten Frühlingsboten unter die farbenprächtigen, sommerlichen Blumenwiesen. Unten, an den sonnigen Hängen über den Dörfern und Weilern, wogt das Gras, durchsetzt von der roten Waldnelke und vom Gelb des Hahnenfusses, im warmen Wind. Betritt man den Wald, sinkt die Temperatur empfindlich. Hier blüht erst die weisse Pestwurz. An wärmeren Hängen haben sich aber bereits die zarten Blätter der Buchen entfaltet, und ihr feiner Haarsaum leuchtet im Licht, das durch die Öffnungen im Kronendach herunterfällt. In höheren Lagen haben es erst die Frühblüher geschafft – das intensive Gelb der Sumpfdotterblumen überzieht eine feuchte Wiese, ein sonniger Hang ist mit den azurblauen Blüten des Frühlingsenzians überzogen.

Links: Frischluftpause für Füsse und Schuhe.
Der Blick reicht über das Emmental bis zum Jura.
Mitte: Bei gutem Wetter ist der Blick vom Emmental in die Berner Alpen fantastisch. Der Eiger trägt ein Wolkenhäubchen.
Rechts: Wegen ihrer intensiven Farbe heisst die Rote Waldnelke auch Blutströpferl oder Feuerblume.

Der Napf ist, auch wenn er nur gerade 1406 Meter erreicht, doch ein Berg mit einem grossen Namen, und das hat seine guten Gründe. Er bildet das Herz der Region, die «Nabe», von der sich zahlreiche Grate in alle Himmelsrichtungen ziehen, nach Westen ins bernische Emmental und nach Osten ins luzernische Entlebuch. Die Grate heissen hier meist Eggen, und dazwischen liegen die steil abfallenden Gräben, der Fankhausgraben etwa, der Säuberggraben oder der Chrachegrabe. Hier gibt es ein so dichtes Wanderwegnetz, dass man Wochen damit verbringen könnte, das Napfgebiet in jeder Himmelsrichtung zu durchqueren. Und dann ist da der Napf selbst, der an schönen Tagen mit trockener Luft eine fantastische Aussicht auf die Alpen bietet. Im Vordergrund liegen die breiten Rücken des Beichlen, der Schrattenflue, des Hohgant und des Sigriswilgrats, dahinter leuchten die schneebedeckten Hörner, Schultern und Tische der Zentralschweizer und Berner Alpen.

Das Napfgebiet zu besuchen, ohne von seinen Goldschätzen zu wissen, wäre wie eine Reise nach Athen, ohne von der Akropolis zu wissen. Bereits Posidonius berichtete im ersten vorchristlichen Jahrhundert von der Seifengoldgewinnung in Helvetien, und im Napfgebiet wurde wohl schon vor zweitausend Jahren Gold gesucht. Ab 1523 musste im Kanton Luzern alles gefundene Gold dem Staat abgegeben werden, und bis 1800 kaufte er immerhin 31,4 Kilogramm Gold. Das Napfgold galt als besonders rein. Es liegt allerdings nur in kleinsten Flittern vor, um die 0,1 Millimeter dick und 0,1 bis 2 Millimeter breit. Reiche Goldadern gibt es aus geologischen Gründen gar nicht. Der Gold-

Typisch für Napf und Emmental: Eggen, Gräben und einsame Höfe.

Oben: Das Berghotel Napf.
Unten: Da sollte doch was Essbares dran sein.
Rechts: Frühsommer im Emmental, hinten der
Hohgant und die Berner Alpen.

gehalt in den Flüssen beträgt schätzungsweise 0,6 Gramm pro Tonne Gestein. Wer also seine Älplermagronen, das Bier und das Nachtlager mit Napfgold begleichen will, muss beim derzeitigen Goldkurs mehr als sechs Tonnen Flusssand durchsuchen ...

Westlich des Napfs liegt das Emmental, und Gold wert ist hier nicht ein Edelmetall, sondern das weltweit bekannte Milchprodukt mit Löchern. Das Emmental steht aber auch für eine tief verwurzelte bäuerliche Kultur, für behäbige Bauernhäuser und währschafte Gasthäuser. All dies wurde von niemandem so lebendig beschrieben wie von Albert Bitzius, besser bekannt unter dem Namen Jeremias Gotthelf. Wer nach einem langen Goldwaschtag oder einer durstig machenden Wanderung eine der Wirtschaften aufsucht, kann sicher sein, ein ordentliches Haus zu betreten und freundlich bedient zu werden, denn schon in Gotthelfs «Kalendergeschichten» sind einige Regeln für Wirte und Wirtinnen nachzulesen (Jeremias Gotthelf, Sämtliche Werke in 24 Bänden, Rentsch Verlag, Erlenach 1922–1977):

«Die Wirtin gleiche nie einem verstrupften Huhn! Sie ist der Barometer über die Appetitlichkeit im ihrem Hause. / Es sei ihr kein Gast zu wenig, um freundlich zu sein, und keiner zu wert, um ihn zur Ordnung zu weisen, und seis mit einem Klapf. / Ist [der Wirt] aufgestanden, so wasche und kämme er sich! Ein Wirt mit Federn in den Haaren, der nach verdrigem Dreck riecht, ist ein wüst Luegen an einem schönen Morgen. / Er versuche nicht zu oft den Wein in seinem Keller, nehme nie ein Glas zu sich, wenn er einem Gast den Schoppen holt!»

Charakter

Die einfache, aber trotzdem abwechslungsreiche Route über den Napf und durch das Emmental ist eine ideale Frühlingswanderung. Von den Graten und Rücken ist der Blick in die noch tief verschneiten Zentralschweizer und Berner Alpen einmalig, und vor der Ankunft des Viehs überziehen blumenreiche Wiesen die Hänge. Im Herbst eine ideale Wanderung über dem Hochnebel.

Die Wanderung

Anfahrt: Mit dem Zug bis Wolhusen, von dort (alle 1 bis 2 Stunden) Postauto bis Romoos Post.
Ausgangspunkt: Romoos Post.
1. Tag: Von Romoos nach Holzwegen (Restaurant) und von dort auf Naturstrassen und Wanderwegen auf den Napf. 9 km, 700 m Aufstieg, 80 m Abstieg, 3 Std., T2.
2. Tag: Vom Napf meist auf dem Gratrücken zum Höchänzi und zur Oberen Lushütte (Restaurant, Unterkunft), dann via Stauffenchnubel nach Trub. 18 km, 130 m Aufstieg, 730 m Abstieg, 4¾ Std., T2.
Endpunkt: Trub Dorf. Von hier stündlich mit dem Postauto zurück.

Berghotel Napf

Art und Ambiance: Schlichtes, wettergebräuntes Holzhaus auf dem kleinen Gipfelplateau des Napfs auf 1406 Metern. Zweckdienlich eingerichtet, mit Selbstbedienungsrestaurant für Tagesgäste und separatem Stübli für übernachtende Gäste.
Zimmer: 2 Einzel-, 10 Doppel-, 3 Dreierzimmer, einfach. Lavabo, WC und Dusche auf der Etage. Lager für 6, 12, 28 und 33 Personen.
Küche: Traditionelle Berghauskost. Spezialitäten: Älplermagronen, Bratwurst mit Pommes frites, Meringue, Nussgipfel. Für Vegetarier: Spaghetti, Salatteller, Gemüseteller. Offener Wein aus der Schweiz, Flaschenweine vor allem aus Frankreich.
Für Kinder: Schaukel vor, Spiele im Haus.
Hunde: In den Zimmern ohne Aufpreis erlaubt, in den Lagern nicht.
Preisklasse: Mittel.
Öffnungszeiten: Ganzjährig geöffnet, Mai bis Oktober am Sonntag ab 18 Uhr geschlossen, November bis April am Sonntag ab 18 sowie Montag geschlossen.
Adresse: Berghotel Napf, 3557 Fankhaus i. E., Telefon 034 495 54 08, www.hotelnapf.ch

Alternativen

1 Start in Entlebuch: Vom Bahnhof Entlebuch über Habschwanden nach Romoos. Zusätzlich 5½ km, 300 m Aufstieg, 190 m Abstieg, 1½ Std., T2.
2 Bis nach Langnau: Das Emmental voll auskosten kann man auf der Route über die Lüderenalp nach Langnau, mit Weitblicken übers Emmental und in die Berner Alpen. Vom Napf nach Langnau 22 km, 350 m Aufstieg, 1080 m Abstieg, 6½ Std., T2.

Weitere Berghäuser

- Holzwäge-Beizli ob Romoos, Telefon 041 480 31 55
- Alpwirtschaft Lushütte, 1 Zimmer für 5 Personen, Lager, keine Dusche, offen Mai bis Oktober, Montag geschlossen, Telefon 034 495 54 41
- Hotel Lüderenalp, Hotel, Restaurant und Seminarzentrum, Zimmer von einfach bis luxuriös, ganzjährig geöffnet, im Winter montags geschlossen, Telefon 034 437 16 76, www.luederenalp.ch

Weitere Informationen

Landeskarte 1:50 000, 234 oder 234T Willisau, 244 oder 244T Escholzmatt
Landeskarte 1:25 000, 1148 Sumiswald, 1149 Wolhusen, 1168 Langnau i. E., 1169 Schüpfheim
Östlich des Napfs liegt die Biosphäre Entlebuch, Informationen bei: Biosphärenzentrum, 6170 Schüpfheim, Telefon 041 485 88 50, www.biosphaere.ch
Für die Berner Seite: Emmental Tourismus Telefon 034 402 42 52, www.emmental.ch

Bücher

Hans Schüpbach, Hans Künzi, Auf Gotthelfs Spuren durchs Emmental, Ott Verlag, Thun 1997 (Ott Spezial Wanderführer).

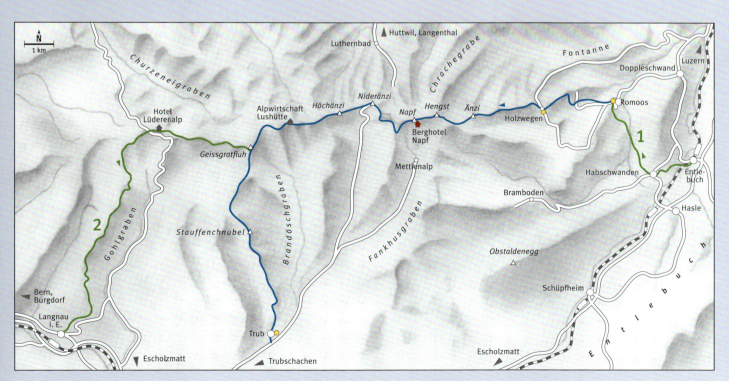

DER GIPFEL DER PANORAMEN IM BERNER OBERLAND

Schynige Platte–Faulhorn–Grosse Scheidegg
Berghotel Faulhorn

- Eher einfache Wanderung (mit anspruchsvoller Alternative)
- Sicht auf viele Viertausender
- Nostalgisches Berghaus auf dem Gipfel

Im Jahr 1783 bestieg Pfarrer Friedrich Kuhn von Grindelwald aus das Faulhorn und war damit der erste bekannte Besteiger des 2681 Meter hohen Berges, der sich nördlich von Grindelwald direkt gegenüber dem grossen Dreigestirn Eiger, Mönch und Jungfrau erhebt. Zwei Nachtlager musste die Gesellschaft in Kauf nehmen – damals gab es noch keinerlei Unterkünfte in den Bergen –, eines auf der Grossen Scheidegg, das zweite am Fuss des Rötihorns. Ob die Tour für die Besteiger ein Genuss war, ist zumindest fraglich, beschreibt Kuhn den Sonnenaufgang auf dem Gipfel doch als «für das Auge wirklich ermüdend» und bemerkt im Weiteren: «Auch bekamen einige aus der Gesellschaft Übelkeiten, die auf den hohen Gebirgen gewöhnlich Leute überfallen, deren Organe an keine so feine Luft gewohnt sind» (aus: Martin Wehrli, Faulhorn, S. 16).

Verglichen mit anderen Regionen der Schweizer Alpen begann der Fremdenverkehr in Grindelwald früh. Bereits um 1700 erschienen die ersten Einzelgäste, wahrscheinlich waren es Engländer, und 1800 eröffnete Christian Bohren das erste Gasthaus, den «Schwarzen Adler». Immer wieder wiesen Naturfreunde auf die spektakuläre Aussicht vom Faulhorn hin, so schrieb etwa Gottfried Samuel Studer 1850: «Auf keinem so leicht zugänglichen Gipfel der Mittelalpen geniesst man vielleicht ein Gebirgspanorama von solcher Grossartigkeit.» Trotzdem waren es für eine geraume Zeit nur Geologen, Topografen und Botaniker, die den Berg bestiegen. Denn der Berg war zwar ohne jegliche Schwierigkeiten zu besteigen, doch gab es auf dem Gipfel oder zumindest in Gipfelnähe keine Herberge.

Links: Höher geht es nicht in den Schweizer Alpen: Das Berghotel Faulhorn liegt auf 2680 Metern.
Mitte: Der fotogenste Bergsee der Schweiz? Der Bachsee.
Rechts: Seit fast zweihundert Jahren geht es nach dem Abendessen zum gemeinsamen Sonnenuntergang-Schauen auf das Faulhorn.

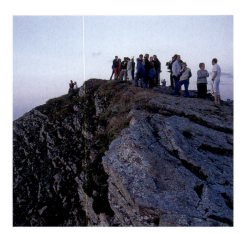

1822 erhielt Samuel Blatter schliesslich die Bewilligung der Berner Regierung für den Bau eines Hotels auf dem Faulhorn. Wegen finanzieller Schwierigkeiten zogen sich die Bauarbeiten aber in die Länge, und so konnte der Bau erst 1832 eröffnet werden. Der Geldmangel erklärt auch, warum die Ausstattung des Hauses sehr bescheiden war. Dazu kam, dass ein Hausbau auf 2681 Meter Höhe sehr aufwendig war. Die Steine mussten aus den Felswänden gesprengt und hochgetragen werden,

Sumpfdotterblumen vor dem Hintergrund von Schreckhorn und Finsteraarhorn.

zudem sind die Sommer auf dieser Höhe kurz, und das Wetter ist oft sehr launisch. Sämtliches Wasser musste, wie auch heute noch, von den Dächern gesammelt oder bei Schneefeldern oder gar vom Gletscher geholt werden. So kam es, dass das Haus in den damaligen Reiseführern – die Ansprüche der Reisenden waren inzwischen recht hoch – nicht sehr gut wegkam.

Am Abend ging es in der kleinen Gaststube stets fröhlich zu und her. Trotz den langen Abenden wollte aber niemand den Sonnenaufgang verpassen, und dafür sorgte «Pintenfritz» Friedrich Bohren ausnahmslos und persönlich während 38 Jahren, indem er im Morgengrauen die grosse Glocke an der Hausfassade läutete – und sich über die Gäste ärgerte, die es sich unverschämterweise erlaubten, trotzdem im Bett zu bleiben. Sie schafften es vielleicht gerade noch rechtzeitig, die Ankunft der berühmten «Faulhorn-Post» mitzubekommen, eine kleine Kolonne von Maultieren, die Proviant hochbrachten und von denen das erste die grosse Ledertasche mit der Post trug.

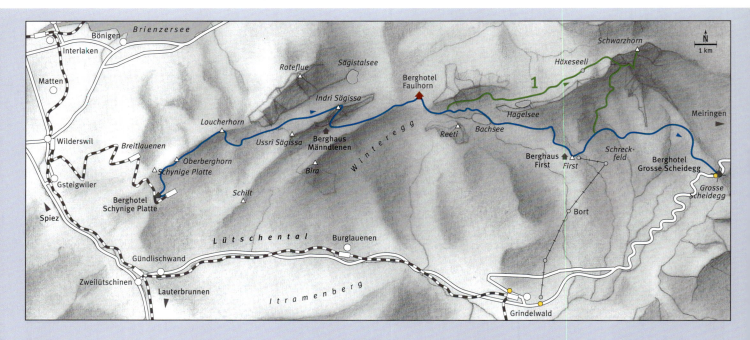

Charakter

Als höchstgelegenes Berghotel der Alpen und als drittältestes der Schweiz – nach Rigi Kulm (1816) und Weissenstein (1826/27) – ist das «Faulhorn» ein Muss für Berghaus-Wanderer. Die eigentliche Attraktion ist aber die einmalige Aussicht auf die Berner Alpen, die vom Wetterhorn über Schreckhorn, Finsteraarhorn, Eiger, Mönch, Jungfrau und Breithorn bis zum Tschingelhorn reicht.

Die Wanderung

Anfahrt: Mit dem Zug bis Wilderswil und von dort mit der Zahnradbahn auf die Schynige Platte.
Ausgangspunkt: Schynige Platte.
1. Tag: Vom Bahnhof westlich Richtung Restaurant und unmittelbar vor (oder nach) diesem auf den Weg Richtung Oberberghorn. An diesem vorbei und auf durchwegs gutem und meistens breitem Weg über Männdlenen (einfaches

Restaurant) auf das Faulhorn. 13 km, 780 m Aufstieg, 80 m Abstieg, 4 Std., T2.
2. Tag: Vom Faulhorn zum überaus malerischen Bachsee (auch Bachalpsee) und weiter via First zur Grossen Scheidegg mit grandiosen Ausblicken auf Schreck- und Wetterhorn. 13 km, 70 m Aufstieg, 790 m Abstieg, 3½ Std., T2.
Endpunkt: Grosse Scheidegg. Von hier stündlich mit dem Postauto zum Bahnhof Grindelwald.

Berghotel Faulhorn

Art und Ambiance: Höchstgelegenes Berghaus der Schweizer Alpen (2681 m) und zudem eines der ältesten (Eröffnung 1830), mit viel originaler Bausubstanz. Renovierte Gaststube, Zimmer und Lager im Nebengebäude, Aussichtsterrasse.
Zimmer: 5 Doppel-, 2 Dreierzimmer, einfach, mit Waschbecken. WC im Haus. 2 Lager für je 35 Personen, WC, Lavabo im Haus. Keine Dusche.
Küche: Traditionelle Berghauskost. Für Vegetarier: auf Anfrage einfaches Menü oder à la carte. Vor allem Schweizer Weine.
Für Kinder: Spiele im Haus.
Hunde: In den Zimmern erlaubt (Zuschlag). Kostenlos in separatem Raum für Hunde.
Preisklasse: Mittel bis hoch.
Öffnungszeiten: Ende Juni bis Mitte Oktober.
Adresse: Berghaus Faulhorn, 3818 Grindelwald, Telefon 033 853 27 13, www.berghotel-faulhorn.ch,

Alternative

1 Verlängerung zweiter Tag: Eine anspruchsvolle Tour für geübte und schwindelfreie Berggänger führt vom Faulhorn zum Häxeseeli und via Grosse Chrinne auf das Schwarzhorn (2928 m). Abstieg nach First. 15 km, 830 m Aufstieg, 1350 m Abstieg, 7½ Std., T3–4.

Weitere Berghäuser

• Berghotel Schynige Platte, Zimmer und Lager (im Nebengebäude), Telefon 033 828 73 73, www.hotelschynigeplatte.ch
• Berghaus Männdlenen (Weberhütte), Lager, 033 853 44 64, www.berghaus-maenndlenen.ch
• Berghaus First, lagerähnliche Zimmer mit 4 bis 9 Betten, Telefon 033 828 77 88, www.berggasthausfirst.ch
• Berghotel Grosse Scheidegg, Zimmer und Lager, Telefon 033 853 67 16, www.grosse-scheidegg.ch

Weitere Informationen

Landeskarte 1:50 000, 254 oder 254T Interlaken
Landeskarte 1:25 000, 1209 Brienz, 1228 Lauterbrunnen, 1229 Grindelwald
Grindelwald Tourismus, Telefon 033 854 12 12, www.grindelwald.ch.

Bücher

Martin Wehrli, Faulhorn. Die Geschichte des Berggasthauses, Touristik-Museum der Jungfrau-Region, Unterseen 2003

Snack-Pause vor Finsteraarhorn.

Die legendäre Faulhorn-Post wurde in den späten 1970er Jahren eingestellt, die wettergegerbte Ledertasche hängt noch in einer Ecke der Gaststube.

Heute sitzt das Berghaus in fast unverändertem Zustand einige Meter unter dem Gipfel des Faulhorns. Das Haus hat seine besten Zeiten zwar längst gesehen, und einiges ist baufällig, vieles hat aber einen einmalig nostalgischen Charme und erinnert an die frühen Tage des Schweizer Bergtourismus. Noch heute wird man nach dem Abendessen daran erinnert, dass man sich auf den Gipfel begeben sollte, um den Sonnenuntergang mitzuverfolgen. Dann erhebt sich die ganze angeheiterte Gästeschar und spaziert gemächlichen Schrittes und laut plaudernd die zwanzig Treppenstufen zum Gipfel hoch. Wenn dann die rote Sonnenscheibe über dem Niederhorn untergeht, wird es leiser, einige verharren in andächtiger Bewunderung, andere haben sich in den zwei Dutzend Menüs und Optionen ihrer neuen Digitalkamera verheddert. Nach dem Spektakel zieht sich die Schar langsam in ihre Gemächer zurück. Die Spätbucher verschwinden durch die kleine Tür zum beeindruckend grossen Massenlager. Die Glücklicheren ziehen sich durch den langen, von Kerzen erleuchteten Gang in ihre etwas windschiefen Zimmer zurück und können sich auf eine erholsame Nacht freuen – ohne schnarchende Lagernachbarn, ohne kratzende Wolldecken, und heute auch ohne Glockengeläut vor Sonnenaufgang.

Darum geht man (auch) auf das Faulhorn: der Sonnenuntergang.

LAUTERBRUNNEN – LAUTER GLETSCHER UND VIEL NOSTALGIE

Stechelberg–Obersteinberg–Oberhornsee–Stechelberg
Berggasthaus Tschingelhorn, Berghotel Obersteinberg

- Mittelschwere Wanderung
- Eindrückliche Wasserfälle und Gletscher
- Eines der Häuser speziell nostalgisch

Bei den romantischen Malern des 18. und 19. Jahrhunderts waren die wilden, aber doch halb gezähmten Alpen ein besonders beliebtes Motiv. Was gehörte zum idealen Bergbild? Da waren zuallererst unbezwingbar steile Berggipfel, die dunkel in den gewittrigen Himmel steigen und von denen zerfurchte Gletscher in die Tiefe stürzen. Ebenfalls unabdingbar war ein mächtiger Wasserfall, der aus einer Klamm in den Abgrund toste, und stets gab es auch dunkle Wälder und einzelne zerzauste Wettertannen. Doch fast durchwegs gewährte man dem Betrachter dieser wild-gefährlichen Schauplätze eine kleine Oase des Friedens, oft in der Form einer sonnenbeschienenen Wiesenterrasse, auf der ein barfüssiger Hirtenjunge seine Kühe oder Schafe hütete, oder mit einigen noblen Herren in angeregtem Gespräch mit ihren aufwendig gekleideten Begleiterinnen.

Inspirationen zu solchen Gemälden fanden die Künstler überall in den Alpen, aber nur an wenigen Orten waren all diese Elemente so perfekt und harmonisch vereint wie im Lauterbrunnental. Der Tiroler Josef Anton Koch schuf denn auch mit sei-

Links: Annapurna? Lauterbrunnental!
Mit Schmadribach.
Mitte: Kleine Perle: der Oberhornsee.
Rechts: So stellt man sich das Wanderwochenende
vor. Im Hintergrund Breit- und Tschingelhorn.

nem Bild vom Schmadribachfall ganz hinten im Tal das ideale romantische Bild der Alpen. Auch Literaten und andere Künstler zog es immer wieder hierher. Johann Wolfgang von Goethe besuchte im Oktober 1779 das hintere Lauterbrunnental. Seine Reisekompagnie stieg über Rehtschuggen, Schwendi und Stäga zur Steinbergalp auf, wo sich heute die Berggasthäuser Tschingelhorn und Obersteinberg befinden, und genoss hier mit den Knechten und Führern ein lustiges und wohl auch von Wein

begleitetes Mahl. Dann stiegen sie zum nahen Tschingelgletscher auf, wo sie sich damit vergnügt haben sollen, mächtige Steine über den Abgrund zu wälzen.

Dass Goethe auf seiner Lauterbrunnentour auch wirklich literarisch produktiv war, war zumindest für Felix Mendelssohn-Bartholdy fragwürdig, schreibt er doch über seine eigene Wanderung im Tal: «Ich komme eben von einem Spaziergange gegen den Schmadribach und das Breithorn her. Alles, was man sich von der Grösse

Seelenlandschaft beim Oberhornsee.

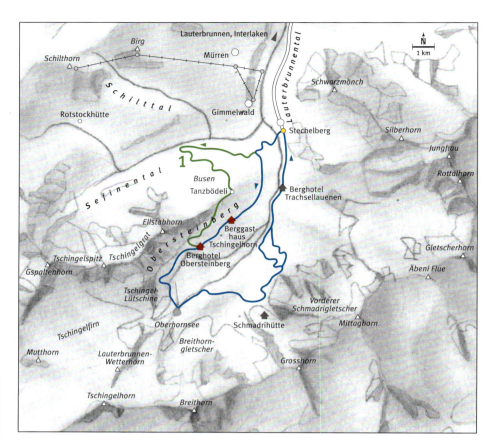

und dem Schwunge der Berge denkt, ist nichts gegen die Natur. Dass Goethe aus der Schweiz nichts anderes zu schreiben gewusst hat als ein paar schwache Gedichte und die noch schwächeren Briefe, ist mir ebenso unbegreiflich wie vieles andere in der Welt» (aus: Ernst Höhne, Auf Alten Spuren, Verlag J. Berg, München 1989).

Wie auch immer – Tatsache ist, dass das hintere Lauterbrunnental mit seiner Dichte an hohen Bergen, Gletschern, Wasserfällen und tiefen Tälern aussergewöhnlich ist. Den barfüssigen Hirten wird man heute zwar vergeblich suchen, alle anderen Bildelemente der frühen Gemälde gibt es aber heute noch, und die vorgeschlagene Wanderung führt auf einem bequemen Rundweg mitten durch diese grandiose Szenerie. Die Region ist übrigens seit längerem als Naturschutzgebiet ausgeschieden und seit kurzem auch Teil des Unesco-Weltnaturerbes Jungfrau - Aletsch - Bietschhorn.

Für die Nacht bieten sich zwei Berghäuser an, die nur einen Kilometer auseinander liegen. Das Berghotel Obersteinberg liegt etwas weiter im Talhintergrund und bietet im Wesentlichen noch denselben Komfort, den auch Goethe mit seiner Gesellschaft genoss. Denn es gibt hier keinen Strom und auch keine Dusche, dafür umso mehr Nostalgie. Das Abendessen wird bei Kerzenlicht serviert, und um neun Uhr verziehen sich die meisten Gäste in ihre Zimmer. Das Berggasthaus Tschingelhorn liegt etwas weiter talauswärts und bietet den gängigen Berghaus-Komfort, inklusive Strom und Dusche; die Zimmer in den beiden Häusern unterscheiden sich aber kaum. In Erinnerung bleiben wird dem Besucher ohnehin weniger das Haus selbst als vielmehr die Aussicht, die besonders bei klarer Luft und frischem Schnee im Herbst kaum zu überbieten ist. Nach dem Aufstieg installiert man sich bequem an einem der Tische vor dem Haus, packt sich warm ein und geniesst dann für den Rest des Nachmittags die schroffe Szenerie aus Felswänden und Gletschern, die ganz links bei der Jungfrau beginnt und sich über Äbeni Flue, Mittaghorn, Grosshorn und Breithorn bis zum Tschingelhorn zieht.

Attraktive Wanderungen plus schöne Unterkünfte ist gleich Genusswandern. Hier beim Berggasthaus Tschingelhorn.

Charakter

Eine der feinsten Touren im Berner Oberland: Aussichten auf Drei- und Viertausender zwischen Jungfrau und Tschingelhorn, zahllose Gletscher, fast ebenso viele Wasserfälle und ein idyllischer, kleiner Bergsee. Dazu zwei Berghäuser, eines davon mit Kerzenlicht-Nostalgie, eines mit mehr Komfort.

Die Wanderung

Anfahrt: Mit dem Zug meist mehrmals stündlich nach Lauterbrunnen und von dort mit dem Postauto bis Stechelberg.
Ausgangspunkt: Haltestelle Stechelberg Hotel.
1. Tag: Von der Postautohaltestelle zuerst steil hoch Richtung Sefinental, nach einer guten halben Stunde links halten und dann allmählich ansteigend auf den Obersteinberg. Bis zum Berghotel Obersteinberg 5 km, 870 m Aufstieg, 2½ Std., T2, bis zum Berggasthaus Tschingelhorn 15 Minuten weniger.
2. Tag: Zuerst zum Oberhornsee, dann Richtung Schmadrihütte, nach Überquerung des Schmadribachs wieder talwärts, bei Breitlauenen steil talwärts (zwei Wege) und via Trachsellauenen (Restaurant) zurück nach Stechelberg. Fast auf dem ganzen Weg eindrückliche Aussicht. 15 km, 420 m Aufstieg, 1290 m Abstieg, 4¾ Std., T2.
Endpunkt: Stechelberg Hotel. Von hier meist mehrmals stündlich Postauto zum Bahnhof Lauterbrunnen.

Berggasthaus Tschingelhorn

Art und Ambiance: Einfaches, schmuckes Holzhaus auf 1678 Meter mit dazugehöriger renovierter Sennhütte. Helle Gaststube mit langer, durchgehender Fensterfront um den alten Hausteil herum. Tische vor dem Haus, gesprächiger Papagei im Haus.
Zimmer: 9 Doppel-, 1 Viererzimmer, einfach, aber schön und geräumig. Dusche, WC und Lavabo auf der Etage. Lager für 3 und 9 Personen, zwei Lager für 5 Personen.
Küche: Traditionelle Berghausküche. Spezialitäten: Rösti, Tschingelhorn-Topf (Schweins- oder Pouletmedaillons, Kräuterrahmsauce, Spätzli, Gemüse), selbstgemachte Früchtequarktorte. Vor allem Schweizer, einige italienische Weine.
Für Kinder: Spiele im Haus, Schaukel.
Hunde: In den Zimmern erlaubt (Zuschlag).
Preisklasse: Mittel.

Öffnungszeiten: 1. Juni bis 30. September.
Adresse: Berggasthaus Tschingelhorn, 3824 Stechelberg, Telefon 033 855 13 43, www.tschingelhorn.ch

Berghotel Obersteinberg

Art und Ambiance: Älteres, nostalgisches Berghaus auf 1778 Meter mit neuerem Bau aus den 1960er Jahren. Kein Strom, keine Dusche, dafür Kerzenlichtatmosphäre und bei kaltem Wetter Bettflaschen. Einfache Gaststube mit schöner Aussicht, Terrasse vor dem Haus.
Zimmer: 10 Doppel-, 1 Dreier-, 1 Viererzimmer, einfach, aber geräumig. Lavabo und WC auf der Etage. Lager für 8 und 12 Personen, zwei Lager für 6 Personen.
Küche: Einfache, traditionelle Berghauskost.
Spezialitäten: Käseschnitte, hausgemachte Nuss- und Fruchtkuchen. Für Vegetarier: Rösti oder Käseschnitte mit Spiegelei. Vor allem Schweizer Weine, einige aus Frankreich.
Für Kinder: Spiele im Haus.
Hunde: In den Zimmern erlaubt (Zuschlag).
Preisklasse: Mittel.
Öffnungszeiten: 1. Juni bis 30. September.
Adresse: Berghotel Obersteinberg, 3824 Stechelberg, Telefon 033 855 20 33, www.stechelberg.ch

Alternative

1 Verlängerung erster Tag: Wer schon am ersten Tag das Panorama zwischen Jungfrau und Tschingelhorn aus der Höhe geniessen will, steigt von Stechelberg ins Sefinental, zweigt kurz vor «Im Tal» links ab und gelangt über den Busen und das Tanzbödeli zum Obersteinberg. 9 km, 1090 m Aufstieg, 220 m Abstieg, 4 Std., T2.

Weitere Berghäuser

- Berghaus Trachsellauenen, Zimmer, Telefon 033 855 12 35, www.stechelberg.ch
- Schmadrihütte AACB, Lager, unbewartet, Telefon 033 855 23 65, www.aacb.ch
- Hotels in Lauterbrunnen und Stechelberg

Weitere Informationen

Landeskarte 1:50 000, 264 oder 264T Jungfrau
Landeskarte 1:25 000, 1248 Mürren

Da kann man sich kaum sattsehen. Im Hintergrund Breithorn und Tschingelhorn.

Tourist Office Stechelberg, 3824 Stechelberg, Telefon 033 855 10 32, www.stechelberg.ch.

Bücher

Christian Graf, Geschichte der Talschaft Lauterbrunnen, Einwohnergemeinde Lauterbrunnen, Lauterbrunnen 1989 (3 Bände)

ZWISCHEN WILDER FRAU UND JUNGFRAU

Kiental–Griesalp–Sefinenfurgge–Mürren
Berggasthaus Golderli, Berghaus Griesalp

- Anspruchsvolle Passwanderung
- Sicht auf viele Viertausender

Was ist das perfekte Berghaus? Ein schmuckes, einladendes Haus im traditionellen, lokalen Stil, abseits von Rummel und Trubel, mit einer Sonnenterrasse, von der aus man die Berge bewundern kann, mit komfortablen Zimmern und einem gemütlichen Restaurant – natürlich mit feinem Essen – und zu guter Letzt wird man im perfekten Berghaus auch mit einem Geist der Freundlichkeit und Herzlichkeit empfangen. Das «Golderli» auf der Griesalp kommt dem schon sehr nahe. Nach dem ersten Wandertag über die Chanzel und auf den Aabeberg deponiert man das Gepäck im Zimmer, duscht sich Staub und Müdigkeit weg und setzt sich dann auf die Terrasse, um bei einem Bier oder einem Apfelstrudel den Blick ins Gspaltenhorn- und Blüemlisalpgebiet zu geniessen.

Am liebsten würde man noch einen Tag länger auf der Griesalp bleiben, aber mit der Sefinenfurgge steht eine lange, alpine Passtour an – da heisst es früh aus den Federn steigen. Auf den Pass führen zwei Wege: Der direkte verläuft von der Griesalp

Oben: Das Berggasthaus Golderli: gemütlich, freundlich, rauchfrei – was will man mehr?
Mitte: Abstieg durch leichtes Geröll mit Blick auf die Blüemlisalp.
Rechts: Täuschend: Die Leiter ist nur ganz kurz, und auch die einzige auf dem Weg zur Sefinenfurgge.

auf den Dürreberg und dann auf den Pass. Die Alternative führt über das Gamchi. Sie ist zwar länger, aber die zusätzliche gute Stunde Marschzeit lohnt sich auf jeden Fall, denn die Route bietet nicht nur bessere Aussichten in die Berner Hochalpen, sondern ist auch wesentlich abwechslungsreicher.

Schon nach einer knappen Stunde geht es auf einer schmalen Naturstrasse, die kühn, hoch über dem schäumenden Bach in das rutschige, schottrige Gestein gehauen

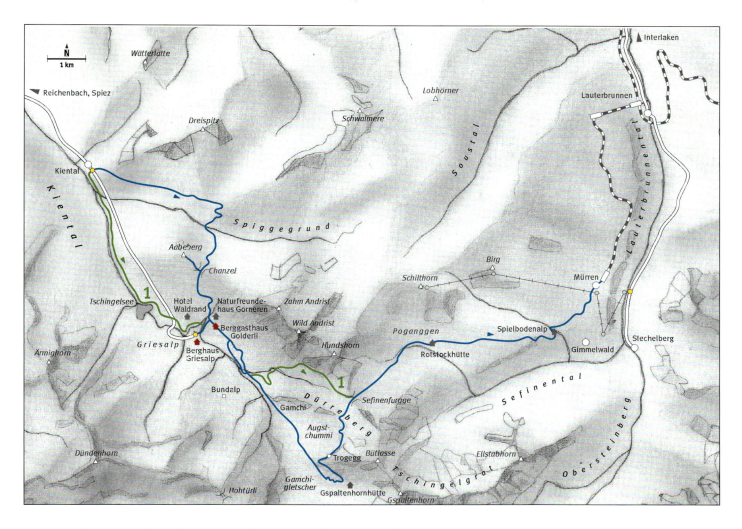

wurde, in die eindrückliche Gamchischlucht. Schnell öffnet sich die Klamm aber wieder, und unvermittelt steht man vor dem weiten, idyllischen Talkessel der Gamchialp, überragt von den schroffen Wänden der Wilden Frau und dem gleissenden Weiss des gletscherbedeckten Morgenhorns. Besonders nach Regenfällen oder während der Schneeschmelze ist der in den Fels gehauene Weg oberhalb des Gamchi spektakulär und einmalig, denn dann führt er hinter einem breiten Wasservorhang hindurch.

Über Seitenmoränen, einige Felsbänder mit luftigem Tiefblick und viel Schutt und Geröll geht es auf den Rücken beim Vorderen Bütlasse. Hier lohnt sich eine Pause. Immerhin hat man schon 1200 Meter Aufstieg in den Beinen und damit quasi die Höhe der Sefinenfurgge erreicht; vor allem aber ist es die beste Gelegenheit, die phänomenale Aussicht auf die ganze Blüemlisalpgruppe in Ruhe auf sich wirken zu lassen. Auf der Sefinenfurgge ist es eng, und oft drängen sich hier die Mittagspäusler.

Der durch Weiden verlaufende Weiterweg auf der Ostseite des Passes ist nicht so spannend wie jener auf der Westseite. Trotzdem zieht den Wanderer die Fernsicht in ihren Bann. Über lange Zeit hat man hier nämlich das berühmteste Gipfeltrio der Schweiz – Eiger, Mönch und Jungfrau – direkt und bequem vor sich, und bei gutem, klarem Wetter muss man sich immer wieder zwingen, den Blick auf den Weg unter den Füssen zu lenken, will man nicht gedankenverloren stolpern und im Gras oder gar in einem braunen «Naturkuchen» landen.

Schweiz wie aus dem Bilderbuch: bei Mürren mit Eiger, Mönch und Jungfrau.

Charakter

Alles, was man sich von einer Genuss-Passtour im Berner Oberland erwünschen kann: ein schönes Haus, ein überaus abwechslungsreicher, alpiner Aufstieg und schliesslich die berühmteste Aussicht der Region: Über Stunden liegen Eiger, Mönch und Jungfrau ideal im Blickfeld der Wandererinnen.

Die Wanderung

Anfahrt: Mit dem Zug via Spiez bis Reichenbach im Kandertal. Von dort mit dem Postauto nach Kiental (ca. fünf Kurse täglich).

Ausgangspunkt: Postautohaltestelle Kiental Post.

1. Tag: Von Kiental durch den Spiggegrund und nach etwa 1½ Stunden, auf 1400 Meter Höhe, rechts Richtung Chanzel. Von hier einen kurzen Abstecher auf den Aabeberg mit schöner Aussicht auf das ganze hintere Kiental und die Blüemlisalp. Zurück zur Chanzel und hinab zum Berggasthaus Golderli bzw. zum Berghaus Griesalp. 11 km, 1020 m Aufstieg, 520 m Abstieg, 4½ Std., T2. Zum Berghaus Griesalp sind es nur zehn Minuten mehr.

2. Tag: Von der Griesalp via Gamchi und Trogegg auf die Sefinenfurgge. Auf der Ostseite steil durch Geröll, dann durch Weiden hinab via Rotstockhütte nach Mürren. 21 km, 1220 m Aufstieg, 1020 m Abstieg, 8 Std., T3, einige Querungen mit luftigem Tiefblick, eine Leiter, Halteseile.

Endpunkt: Mürren. Von hier entweder mit dem Zug zur Grütschalp und mit der Standseilbahn zum Bahnhof Lauterbrunnen oder mit der Luftseilbahn zur Postautohaltestelle in Stechelberg.

Berggasthaus Golderli

Art und Ambiance: Schlichtes, aber schmuckes, einladendes Berner Oberländer Haus in einer Wiese oberhalb der Griesalp. Grosse Terrasse mit Blick auf Ärmighorn und, über den Baumwipfeln, auf das Blüemlisalp- und Gspaltenhorngebiet.

Zimmer: 9 Doppel-, 2 Viererzimmer, einfach und rustikal. WC und Lavabo auf der Etage, Dusche im Haus. Lager für 4, 6 und 10 Personen.

Küche: «Gesund und währschaft» mit Bioprodukten, hin und wieder internationale Menüs. Spezialitäten: Rösti, nepalesische Gerichte, gebrannte Creme, selbstgemachte Früchtekuchen. Vor allem Schweizer Weine.

Für Kinder: Spiele im Haus.

Hunde: Nur in den Zimmern erlaubt (Zuschlag).

Preisklasse: Hoch.

Öffnungszeiten: Mitte Mai bis Mitte Oktober.

Adresse: Berggasthaus Golderli, 3723 Kiental/ Gornern, Telefon 033 676 21 92, www.golderli.ch

Berghaus Griesalp

Art und Ambiance: Vier zusammengehörige unterschiedliche Gebäude, vom einfachen Jugendhaus über das traditionelle Berghaus bis zum edlen Seminarhaus. Gaststube mit der Ambiance eines durchschnittlichen Mittelland-Restaurants.

Zimmer: Im Berghaus und Kurhaus 14 Doppel- und 1 Dreierzimmer, einfach bis komfortabel, etwa die Hälfte der Zimmer mit Lavabo. Dusche und WC auf der Etage. Luxuriösere Zimmer im «Rastpintli». Mehrere Lager für insgesamt 68 Personen.

Küche: Unterschiedliche Karten in den beiden Sälen, die eine mit eher teureren Fleischgerichten, die andere mit traditioneller Berghauskost. Spezialitäten: Alpkräuter-Spaghetti, geröstete

Mit dem gelben Bus direkt vors Hotel: das Berghaus Griesalp.

Griesssuppe. Schweizer Weine.

Für Kinder: Spielplatz mit Rutsche, Klettergerüst.

Hunde: In den Zimmern und im Restaurant erlaubt.

Preisklasse: Hoch.

Öffnungszeiten: Ganzjährig geöffnet ausser November.

Adresse: Hotelzentrum Griesalp, 3723 Kiental, Telefon 033 676 71 71, www.griesalp-hotelzentrum.ch

Alternativen

1 Wildwasserweg: Von Kiental via Tschingelsee und Griesschlucht vorbei an spektakulären Wasserfällen und durch enge Schluchten auf

die Griesalp (siehe Seite 132). 8 km, 500 m Aufstieg, kein Abstieg, 3½ Std., T2.

2 Direkte Passroute: Von der Griesalp direkt über den Dürreberg auf die Sefinenfurgge. Bis Mürren 16 km, 1210 m Aufstieg, 1010 m Abstieg, 6¾ Std., T2–3.

Weitere Berghäuser

- Naturfreundehaus Gorneren, Zimmer und Lager, Telefon 033 676 11 40, www.naturfreundehaeuser.ch
- Hotel Waldrand, Zimmer, Telefon 033 676 12 08, www.waldrand-pochtenalp.ch
- Gspaltenhornhütte SAC, Lager, Telefon 033 676 16 29, www.gspaltenhornhuette.ch
- Rotstockhütte, Lager, Telefon 033 855 24 64, www.rotstockhuette.ch
- Spielbodenalp, Zimmer und Lager, Telefon 079 646 91 16, www.staegerstuebli.ch
- verschiedene Hotels in Kiental, Gimmelwald und Mürren

Nach diesem Frühstück sollte man auch die Sefinenfurgge schaffen.

Weitere Informationen

Landeskarte 1:50 000, 254 oder 254T Interlaken, 264 oder 264T Jungfrau

Landeskarte 1:25 000, 1228 Lauterbrunnen, 1248 Mürren

Verkehrsverein Kiental, Telefon 033 676 10 10, www.kiental.ch

Mürren Tourismus, Telefon 033 856 86 86, www.muerren.ch

DAS HOHTÜRLI IST AUCH EIN LANGES «TÜRLI»

Kiental–Griesalp–Hohtürli–Oeschinensee
Berghaus Bundalp

- Anspruchsvolle Passwanderung
- In der Nähe von Gletschern
- Eindrückliche Wasserfälle

Links: Spektakulärer Aufstieg auf das Hohtürli.
Hinten der Blüemlisalpgletscher.
Rechts: Beim Pochtenfall.

Der Höhepunkt dieser Zweitagestour ist zwar das Hohtürli, der strenge, 2778 Meter hohe Passübergang nach Kandersteg. Der erste Tag ist in seiner Art aber vielleicht noch spektakulärer, auch wenn ihm hochalpine Landschaften, Gletscher und weite Panoramen fehlen. Der Name Wildwasserweg soll hier schon etwas verraten.

Dabei beginnt alles ganz sanft und unverdächtig. Von der Postautohaltestelle in Kiental führt der Wanderweg tadellos unterhalten und perfekt ausgeschildert durch Wiesen und Wälder, immer in der Nähe der Chiene – weiter oben nennt sich der Bach Gornerewasser und oberhalb der Griesalp schliesslich Gamchibach. Spannend, zumindest aus «hydrologischer» Sicht, wird es zum ersten Mal beim Tschingelsee, übrigens ein Naturschutzgebiet. Bei dem See können die Kräfte des Wassers und die Prozesse der Geologie noch «live» mitverfolgt werden. Auf seiner ganzen Ost- und Südseite ist der See nämlich von einer grossen Schwemmebene gesäumt, die von ständig wechselnden, mäandrierenden, in der Sonne glitzernden Wasseradern durchzogen ist. Nach einer Nacht mit viel Regen kann man hier förmlich zusehen, wie der Bach seine graue Fracht in der Schwemmebene deponiert – und den See mit der Zeit auffüllen wird. Die Erklärung, warum es den See überhaupt noch gibt, ist einfach: Er entstand erst 1972. Damals, am 18. Juli, ging ein heftiges Gewitter mit Hagel über dem Kiental nieder. Das Gornerewasser schob dabei so viel Schutt und Geröll vor sich her, dass der Bach den Durchfluss bei der Tschingelalp verstopfte und sich dabei zu einem See aufstaute.

Noch eindrücklicher wird es kurz danach dort, wo der flache Talgrund in eine steile, bewaldete Wand übergeht. Hier liegt der eigentliche Wildwasserweg. Und diesen Namen kann man getrost wörtlich nehmen. Wer schon einmal «slot canyons» im amerikanischen Südwesten besucht hat, wird bezeugen, dass die Schluchten und Schlitze hier im Kiental ihren amerikanischen Kollegen in nichts nachstehen. Im Gegenteil, denn hier donnern praktisch das ganze Jahr grosse Wassermassen durch die

Das perfekte Pausenplätzchen.
Hinten das Doldenhorn.

Charakter

Zwei ganz unterschiedliche Tage charakterisieren diese spannende Tour im Berner Oberland. Höhepunkt des ersten Tages ist der Wildwasserweg durch die Griesschlucht mit tiefen, engen Canyons, einem brodelnden Hexenkessel und Wasserfällen. Der zweite Tag führt durch die hochalpine Welt bei der Blüemlisalp. Eine lange, strenge Tour, nicht speziell schwierig, aber nichts für Ungeübte. Die Nacht verbringt man auf der urchigen Bundalp – einer veritablen Alp mit Berghauskomfort.

Die Wanderung

Anfahrt: Mit dem Zug via Spiez bis Reichenbach im Kandertal. Von dort mit dem Postauto nach Kiental (ca. fünf Kurse täglich).
Ausgangspunkt: Postautohaltestelle Kiental Post.
1. Tag: Von Kiental auf gutem, einfachem Wanderweg zum Tschingelsee. Hier kurz der Strasse entlang (wenig Verkehr) und hinten im Talgrund den Wildwasserweg hoch. Kurze Seitenwege zu Aussichtspunkten (Dündenfall, Pochtenfall, Pochtenschlucht). Über die Pochtenalp und via Berghaus Golderli und Steineberg zum Berghaus

mit Halteseilen durch ein steiles Schuttfeld. Auf der anderen Seite etwas weniger steil über einen langen Schutthang und über grasige Rücken, an Felsbändern entlang und über Seitenmoränen hinab zum Oberbärgli. Von hier an einem steilen Hang, aber ohne speziell exponierte Stellen zur Bergstation der Luftseilbahn beim Oeschinensee. 13 km, 970 m Aufstieg, 1130 m Abstieg, 6 bis 6½ Std., T3. Nur für geübte Bergwanderer.
Endpunkt: Bergstation der Luftseilbahn Kandersteg–Oeschinensee. Mit der Luftseilbahn hinab (letzte Fahrt im Sommer 18.30 Uhr) und in zehn Minuten zum Bahnhof Kandersteg.

Berghaus Bundalp

Art und Ambiance: Schmuckes Berner Oberländer Bauernhaus, oben die Zimmer, unten die Kühe. Restaurant und Lager in einem schlichteren Nebengebäude. Kleine Terrasse mit schöner Aussicht ins Gamchi und zum Gspaltenhorn.
Zimmer: 2 Einzel-, 5 Doppel-, 1 Dreier-, 2 Viererzimmer, einfach, rustikal. Dusche, WC und Lavabo im Haus. Lager für 8, 10, 12 und eins für 40 Personen.
Küche: Bodenständig-einheimisch, viele Produkte aus dem eigenen Biobetrieb. Spezialitäten

Hunde: In den Zimmern ohne Zuschlag erlaubt.
Preisklasse: Tief.
Öffnungszeiten: Mitte Juni bis Ende September.
Adresse: Berghaus Bundalp, 3723 Kiental, Telefon 033 676 11 92, www.bundalp.ch

Alternative

1 Bis Kandersteg: Vom Oberbärgli über eine steile, mit Seilen gesicherte Felspassage zum Underbärgli, hinab zum Oeschinensee und dem Öschibach entlang nach Kandersteg. Zusätzlich 3 km, 300 m Abstieg, knapp 1 Std., T3.

Weitere Berghäuser

- Vier Berghäuser auf der Griesalp (siehe Seite 128): Berggasthaus Golderli, Hotelzentrum Griesalp, Hotel Waldrand und Naturfreundehaus Gorneren
- Alp Bundläger, Lager, Schlafen im Stroh, Telefon 033 676 26 09
- Blüemlisalphütte SAC, Lager, Telefon 033 676 14 37, www.bluemlisalphuette.com
- Bergrestaurant Unter- und Oberöschibärgli, Lager, Telefon 033 675 13 49 oder 079 386 10 60 (je nach Jahreszeit ist die Familie Heiniger auf der unteren oder der oberen Alp)
- Zwei Hotels am Oeschinensee: Berghaus Oeschinensee, Zimmer und Lager, Telefon 033 675 11 66, www.berghausoeschinensee.ch, und Berghotel Oeschinensee, Zimmer und Lager, Telefon 033 675 11 19, www.oeschinensee.ch

Weitere Informationen

Landeskarte 1:50 000, 254 oder 254T Interlaken, 264 oder 264T Jungfrau, für die Region Kandersteg evtl. 263 oder 263T Wildstrubel
Landeskarte 1:25 000, 1228 Lauterbrunnen, 1248 Mürren, für die Region Kandersteg evtl. 1247 Adelboden
Verkehrsverein Kiental, Telefon 033 676 10 10, www.kiental.ch
Kandersteg Tourismus, Telefon 033 675 80 80, www.kandersteg.ch

Bücher

Kandersteg – Natur, Geschichte, Menschen, Altels Verlag, erhältlich bei Kandersteg Tourismus

Kurze Pause vor Fründenhorn und Doldenhorn.

Bundalp. 11 km, 900 m Aufstieg, kein Abstieg, 4½ bis 5 Std., T2.
2. Tag: Von der Bundalp stetig aufwärts auf das Hohtürli (2778 m), zuletzt über Holztreppen und

und für Vegetarier: Rösti mit Spiegelei, Fondue, Käseschnitten. Schweizer Weine.
Für Kinder: Hund, Katzen, Kaninchen und Schweine auf dem Hof.

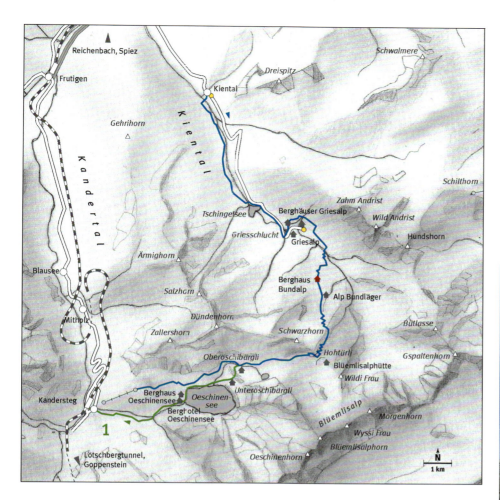

Spalten, während das im trockenen nordamerikanischen Südwesten nur nach heftigen Regenfällen der Fall ist. Schwierig zu sagen, was am eindrücklichsten ist. Ist es der Pochtenfall, wo das Wasser aus einem versteckten Schlitz hoch oben in einer Felswand schiesst? Ist es der Hexenkessel, bei dem das Wasser unter der Wanderwegbrücke hindurch in einen riesigen, brodelnden Kessel braust? Oder ist es der Fall gleich darunter, wo die Wassermassen dröhnend in ein schwarzes Loch fallen?

Beim Berghaus Bundalp fühlt man sich durch und durch auf der Alp. Neben dem Betrieb des Gasthauses ist die Bundalp denn auch eine richtige Alp mit einer Herde von etwa dreissig Kühen. So kann es gut sein, dass die Besitzer am Morgen und am Abend gerade nicht die Gäste bedienen können, weil sie am Melken sind. Die Schlafgelegenheiten verteilen sich auf zwei Gebäude: Die Zimmer für zwei, drei oder vier Personen befinden sich in einem schmucken Berner Oberländer Bauernhaus, während die Lager in einem einfacheren Bau daneben liegen.

Die Bundalp ist idealer Ausgangspunkt für die Überquerung des Hohtürli, denn im Vergleich zum Start auf der Griesalp spart man sich damit bereits 400 Höhenmeter. Das ist gut so, denn auch von der Bundalp sind es noch 1000 Meter bis auf den Pass unter der Blüemlisalp. Und auf der anderen Seite geht es gut 1100 Meter hinab. Das Hohtürli ist also nur etwas für konditionell gute Wanderer. Schwierig ist die Route nicht: Nirgends gibt es wirklich exponierte Stellen, wo es neben dem Weg senkrecht in die Tiefe geht. Steil ist es zwar teilweise schon, besonders auf der Nordseite des Passes. Hier hilft eine Serie von Holztreppen über den rutschigen Schutt. Für die Mittagspause bietet sich ideal die Blüemlisalphütte an, sie liegt noch etwas höher, über dem eigentlichen Passübergang. Für ein kühles Getränk oder eine stärkende Suppe in der windgeschützten Stube lohnen sich die zusätzlichen fünf Minuten allemal.

Oben: Noch eine Minute, dann hat auch sie es geschafft, das Hohtürli.
Unten: Die Bundalp ist noch eine richtige Alp. Hinten das Gspaltenhorn.

«EIN SEHR GRAUSENVOLLER ORT» – UND DENNOCH GENUSS PUR

Kandersteg–Schwarenbach–Kandersteg
Berghotel Schwarenbach

- Eher einfache Wanderung (mit anspruchsvollerer Alternative)
- Eine steilere Passage
- Gratwanderung

Wer heute an einem sonnigen Sommertag über die Gemmi wandert, ist nicht allein. Von beiden Seiten, von Kandersteg und von Leukerbad, führt eine Luftseilbahn bequem aus dem Talgrund den schroffen Felsen entlang zum Rand des flachen, weiten Hochtals, und die beiden Bergstationen sind mit einer guten Naturstrasse verbunden. So verwundert es nicht, hier eine Parade von Knickerbocker-Wanderern, Hardcore-Bergsteigern, Nordic Walkern, Sandalen-Spaziergängern, Mountainbikern, Nostalgie-Kutschengästen und Bergjoggern anzutreffen.

Wenige wissen dabei, wie geschichtsträchtig dieser Pass ist und wie viel Tragisches und Furchterregendes sich im alten Berghotel Schwarenbach abgespielt hat. Bereits 1252 wird der Gemmipass zum ersten Mal erwähnt, er wurde aber wahrscheinlich bereits zur Eisenzeit regelmässig als Übergang vom Berner Oberland ins Wallis benutzt. Es war ein gefährlicher Pass, und auf der Leukerbader Seite musste ein schwindelerregender Weg in die fast senkrechten Felswände gehauen werden. Wie vielen Passagieren auf schaukelnden Pferderücken mag es hier auf den schmalen Absätzen beim Blick senkrecht hinab auf die Dächer Leukerbads wohl im Bauch gekribbelt und im Kopf gepocht haben? Mit dem Aufkommen des Automobils und der Bahn gab es immer wieder Pläne, die Gemmi befahrbar zu machen. Dabei dachte man nicht nur an eine Strasse über die Gemmi, sondern auch an einen Basistunnel, an Zahnradbahnen und eine Eisenbahnlinie. Bei Letzterer wären die Waggons einzeln auf eine eigens erbaute Seilbahn gefahren und nach Leukerbad hinabgelassen beziehungsweise von dort hochgezogen worden. All diese Projekte scheiterten aus wirtschaftlichen Gründen. Entweder fehlte das Geld, oder sie hatten gegen die grosse Konkurrenz am Gotthard, am nahen Lötschberg oder am Grossen Sankt Bernhard keine Chance.

Genau in der Mitte des Hochtals der Gemmi liegt in der Felsenlandschaft das Berghotel Schwarenbach, und über seine Geschichte könnte fast so viel berichtet werden wie über den Pass selbst. Schon im Sommer 1741 wurde hier eine Unterkunft für fünfzig Tiroler gebaut, die am Gemmiweg arbeiteten. Schon ein Jahr später wurde sie zum Gast- und Zollhaus ausgebaut, wurde aber im ersten Winter von einer Lawine weggefegt. In den folgenden Jahrzehnten und Jahrhunderten wurde das Gasthaus kontinuierlich vergrössert. Mit dem Haus wuchs auch die Speisekarte. Gab es zu Beginn lediglich «Brot und Wein», schrieb Johann von Weissenfluh 1840 immerhin schon: «Der Wirth war gastfreundlich, nicht wolfeil und auch nicht thür. Man trinkt hier Walliser Win, welcher ziemlich gut ist; Fleisch und Butter und Geiskäs ist hier die Nahrung der Reisenden» (aus: 250 Jahre Berghotel Schwarenbach).

Berühmt wurde das abgelegene Berghotel vor allem als Schauplatz einer Reihe von tatsächlichen oder erfundenen Schauergeschichten. In der Tragödie «Der vierundzwanzigste Februar» von Zacharias Werner ermordet hier an einem 24. Februar der Vater den Grossvater, der Sohn die Tochter und schliesslich der Vater den Sohn. Schwarenbach hatte damit einen Ruf als Mörderhöhle erhalten. Einen Mord hat es hier aber tatsächlich gegeben: 1807 soll hier die zwanzigjährige Tochter der Besitzer auf abscheuliche Art umgebracht worden sein.

Oben: Neu und doch historisch: das Berghotel Schwarenbach.

Unten: Diese Rauchzeichen verheissen schönes Wetter. Hinten der Üschenengrat.

Alte Lärche auf der Spittelmatte, mit dem Altels.

Charakter

Für viele ist die Gemmi zwischen Kandersteg und Leukerbad nicht mehr und nicht weniger als ein wunderschönes Hochtal mit einem einfachen, zweistündigen Spazierwanderweg. Dabei

Bei der Wyssi Flue, im Hintergrund das Doldenhorn.

lassen sich hier auch richtige Bergwanderungen abseits der «Hauptstrasse» machen: im Osten auf das Untere Tatelishorn hoch über dem Gasterental, im Westen auf den Üschenengrat. Technisch sind die Routen nicht schwierig, bei Nässe ist aber Vorsicht geboten.

Die Wanderung

Anfahrt: Mit dem Zug bis Kandersteg und vom Bahnhof mit Lokalbus zur Talstation der Sunnbüel-Luftseilbahn.
Ausgangspunkt: Bergstation der Luftseilbahn Kandersteg–Sunnbüel.
1. Tag: Von der Bergstation leicht abwärts auf die weite Spittelmatte, an deren Südende, beim Arvenwald, auf das 2498 Meter hohe Untere Tatelishorn, oben durch etwas Schutt. Auf dem Gipfel grandiose Sicht über das Gasterental und zum Doldenhorn. Auf demselben Weg zurück zur Spittelmatte und weiter auf der Naturstrasse zum Berghotel Schwarenbach. 11 km, 790 m Aufstieg, 660 m Abstieg, knapp 4 Std., T2.
2. Tag: Vom Berghotel Schwarenbach auf das Schwarzgrätli (kurze Zeit wunderschöner Blick auf das Matterhorn). Dann rechts über den

Üschenengrat mit eindrücklicher Rundumsicht, links zum Grossen Lohner, rechts zum Doldenhorn und zum Altelsmassiv. Zurück zur Bergstation der Luftseilbahn (mit Restaurant). 10 km, 480 m Aufstieg, 610 m Abstieg, gut 3 Std., T2.

Der Weg über den Üschenengrat ist trotz seines Namens nicht ausgesetzt, nur der Abstieg am Schluss nach Sunnbüel ist steil und bei Nässe nicht empfehlenswert.
Endpunkt: Bergstation der Luftseilbahn Kandersteg–Sunnbüel.

Berghotel Schwarenbach

Art und Ambiance: Währschafter, grosser Steinbau auf einem kleinen Pass auf 2060 Meter Höhe mit direktem Blick auf Altels und Rinderhorn. Innen neu und zweckmässig, aber mit einem Schuss Nostalgie eingerichtet: hier ein altes Sofa, dort eine grosse Standuhr. Schönes, helles Restaurant, grosse Terrasse.
Zimmer: 2 Einzel-, 6 Doppelzimmer jeweils mit Lavabo, 6 Sechserzimmer ohne Lavabo, hell, freundlich und komfortabel. WC und Duschen auf der Etage. Daneben 3 Lager mit je 15 Plätzen und 1 Lager mit 28 Plätzen.
Küche: Gutbürgerlich, Spezialitäten und für Vegetarier: Käseschnitte, Schwarenbach-Makkaronen. Himmlisch: die Früchtekuchen. Ausschliesslich Walliser Weine.

Für Kinder: Kinderspielplatz mit Riesenhängematte, Karussel.
Hunde: In den Zimmern erlaubt (Zuschlag).
Preisklasse: Mittel.
Öffnungszeiten: Anfang Juni bis Ende Oktober plus Skitourenzeit.
Adresse: Berghotel Schwarenbach, 3718 Kandersteg, Telefon 033 675 12 72, www.schwarenbach.ch

Alternativen

1 Von Leukerbad aus: Das Berghotel Schwarenbach ist auch von der Walliser Seite erreichbar. Von der Talstation der Luftseilbahn auf einem sehr gut ausgebauten Weg eine fast senkrechte Felswand hoch (zahlreiche Geländer). 8 km, 880 m Aufstieg, 240 m Abstieg, 3 bis 3½ Std., T2.
2 Über die Rote Chumme: Am zweiten Tag statt direkt in einem grossen Bogen über die Rote Chumme (steiler Aufstieg) und vorbei am Tälliseeli zum Schwarzgrätli. Distanz und Zeitdauer für den zweiten Tag dann: 14 km, 750 m Aufstieg, 880 m Abstieg, 4½ bis 5 Std., T2–3, luftige Stelle, nicht empfohlen bei Nebel.

Weitere Berghäuser

Berghotel Wildstrubel, Zimmer und Lager, Telefon 027 470 12 01, www.gemmi.ch

Weitere Informationen

Landeskarte 1:50 000, 263 oder 263T Wildstrubel
Landeskarte 1:25 000, 1247 Adelboden, 1267 Gemmi
Kandersteg Tourismus, Telefon 033 675 80 80, www.kandersteg.ch
Leukerbad Tourismus, Telefon 027 472 71 71, www.leukerbad.ch

Bücher

Otto Stoller-Berger, 250 Jahre Berghotel Schwarenbach, zu beziehen im Berghotel Kandersteg. Natur, Geschichte, Menschen, Altels Verlag, erhältlich bei Kandersteg Tourismus

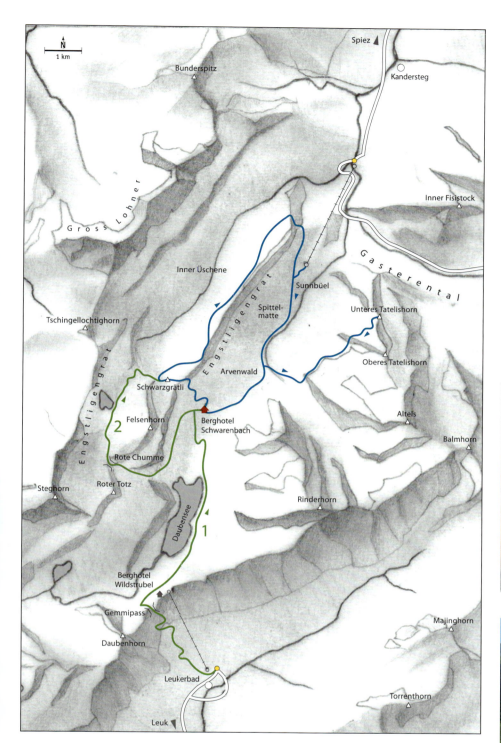

Oben: Durch-, Aus- und Tiefblick (über das Gasterental) auf dem Unteren Tatelishorn.
Unten: Der Tag ist noch lang. Auf der Spittelmatte, hinten das Rinderhorn.

Auch Guy de Maupassant schrieb eine schauerliche Geschichte, die sich im einsamen Berghaus ereignete. Der Knecht Ulrich soll mit einem Freund das Haus den langen Winter hindurch hüten. Als Letzterer von einem Jagdausflug nicht mehr zurückkehrt, sucht ihn Ulrich mehrere Tage in der weissen Hölle und entgeht nur knapp dem Erfrierungstod. Zurück im Berghaus übermannt ihn das schlechte Gewissen, nicht lange genug gesucht zu haben, und er verfällt langsam dem Irrsinn. Nacht für Nacht wird er nun von der gequälten Seele seines Freundes gerufen, während er sich im Haus verbarrikadiert. Erst im Frühling, als die Besitzer für die Sommersaison wieder hochkommen, befreien sie Ulrich aus seinem selbstgezimmerten Grab.

WILDE WASSER ZWISCHEN WILDSTRUBEL UND WILDHORN

Lenk–Iffigenalp–Lauenensee
Berghaus Iffigenalp

- Mittelschwere Wanderung
- Eindrückliche Wasserfälle

Mit lautem Tosen und Rauschen beginnt diese Zweitagestour im westlichen Berner Oberland. Kaum hat man das Postauto nach Lenk verlassen, steht man unvermittelt vor den mächtigen Simmenfällen. Das ist kein «normaler» Wasserfall, bei dem der Bach einfach über eine Kante stürzt. Vielmehr schiesst hier das Wasser über eine steil geneigte, mehrere hundert Meter lange Felsplatte in die Tiefe. Was den Wasserfall noch spektakulärer macht: Der Wanderweg klettert nur einige Schritte neben dem herabstürzenden Wasser in die Höhe, und als Wanderer hat man so die donnernden und stiebenden Wassermassen nur Meter neben sich und dabei auf Augenhöhe! Damit gehören die Simmenfälle zweifellos zu den eindrücklichsten Wasserfällen in der Schweiz.

Den topografischen Höhepunkt des ersten Tages erreicht man nach etwa zwei Stunden, auf Ritzmad, und wer Lust hat, erklimmt in zwanzig Minuten das Oberlaubhorn – von beiden Punkten hat man eine schöne Aussicht auf die Nordwände des Wildstrubels. Von Ritzmad ist es dann keine Stunde mehr zum Berghaus Iffigenalp.

Links: Bernerisch gemütlich und nostalgisch: das Berghaus Iffigenalp.
Mitte: Einladendes Haus in einer Welt aus Fels und Geröll: die Wildhornhütte.
Rechts: Urig: die Alp Groppi vor dem Schnidehorn.

Im gemütlichen «Stübli» hat sich zum Abendessen eine bunte Gruppe eingefunden: Englische «hardcore hiker» planen die nächste Etappe ihrer Berner-Oberland-Traverse, zwei ältere Herren aus Deutschland bewunderten heute zum ersten Mal auf dem Rawilpass einen Viertausender – wohl etwas zu lange, scheinen ihre rot leuchtenden Köpfe zu sagen. Im Nebenraum plaudert eine Gruppe Mountainbiker, die von Lenk auf einen Feierabendtrunk auf die Iffigenalp hochkamen. Es geht unkompliziert

und familiär zu und her in diesem einfachen und sympathischen Berghaus. In einer Ecke steht der grosse Familientisch, auf dem noch unerledigte Hausaufgaben der Jungmannschaft und die Buchhaltung des Hauses liegen. Helen Gfeller, die freundliche Wirtin, schwatzt und lacht mit den Gästen, während ihr Mann Ernst in der Küche die kulinarischen Kreationen und den rumpelnden Geschirrspüler überwacht. Besonders angenehm ist, dass es zwei durch eine teilweise verglaste Wand getrennte Abteile gibt, eines für Raucher und eines für Nichtraucher.

Am zweiten Tag lohnt sich der kleine Umweg vom Iffigsee zur Wildhornhütte gleich aus drei Gründen. Erstens gibt es da kühle Drinks und feines Essen, zweitens eröffnen sich auf dem Rückweg zur Direktroute schöne Aussichten in die Wildstrubelregion, die beim direkten Aufstieg unbeachtet im Rücken liegen, und drittens ist das Ganze für kaum mehr als eine halbe Stunde Mehrzeit zu haben.

Mit Tosen und Rauschen endet die Tour auch. Oder sie würde es zumindest. Denn beim steilen Abstieg vom Chüetungel zum Lauenensee hört man zwar das Rauschen eines offensichtlich mächtigen Wasserfalls, der aber irgendwo rechts abseits im Wald versteckt ist. Erst beim Blick zurück aus dem abfahrenden Postauto auf dem Weg nach Gstaad öffnet sich der Blick auf den Talabschluss des hinteren Lauenentals. Nun wird nicht nur der Tungelschuss sichtbar, der wie die Simmenfälle über eine Felsplatte schiesst, sondern weiter rechts auch der Geltenschuss unter dem gleissenden Weiss des gleichnamigen Gletschers.

Sonne tanken, einen Bissen essen und die Karte studieren. Bei der Wildhornhütte.

Frühmorgens im Iffigtal, mit dem Schnidehorn.

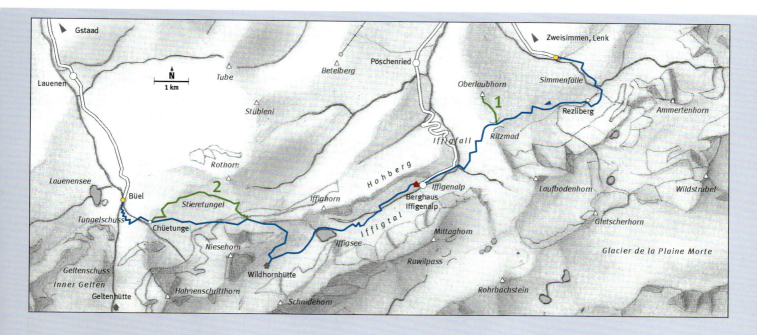

Charakter

Eine sehr abwechslungsreiche Tour im westlichen Berner Oberland mit spektakulären Wasserfällen, zwei einfachen Pässen, einem Bergsee und schönen Ausblicken in die Wildstrubel- und Wildhornregion. Am eindrücklichsten sind die Wasserfälle bei der Schneeschmelze, je nach Witterungsverlauf Mitte Mai bis Anfang Juli. Das Berghaus Iffigenalp ist einfach, nostalgisch und sympathisch.

Die Wanderung

Anfahrt: Mit dem Zug via Spiez und Zweisimmen bis Lenk und von dort mit dem Bus (alle ein oder zwei Stunden) zu den Simmenfällen.
Ausgangspunkt: Bushaltestelle Simmenfälle.
1. Tag: Von der Bushaltestelle den eindrücklichen Simmenfällen entlang hoch und über den Rezliberg (Alpbeizli) auf die Ritzmad (zwei Alpwirtschaften). Schöne Ausblicke auf den Wildstrubel und das hintere Simmental. Auf der anderen Seite hinab zur Iffigenalp. 9 km, 800 m Aufstieg, 320 m Abstieg, 3½ Std., T2.
2. Tag: Von der Iffigenalp durch Wiesen und Weiden hinauf zum Iffigsee. Von hier zur Wildhornhütte und auf einem schönen Panoramaweg zurück zum Pass bei Punkt 2378. Von hier über eine kurze, steile, etwas luftige Stelle hinab nach Chüetungel (einfachere, aber längere Variante siehe unten) und auf gutem Weg durch den Wald zum Lauenensee (Restaurant). 15 km, 800 m Aufstieg, 1000 m Abstieg, 4¾ Std., T2, eine ausgesetzte Stelle.

Endpunkt: Postautohaltestelle Lauenensee. Von hier mit dem Postauto nach Gstaad (alle ein oder zwei Stunden) und weiter mit dem Zug.

Berghaus Iffigenalp

Art und Ambiance: Hundertjähriges ehemaliges Kurhaus mit viel Nostalgie, teilweise renoviert. Am Rand eines grossen Talbodens mit Blick auf die steilen Felswände des Rawilpasses. Alle Zimmer in der Dépendance, Lager in separatem Haus. Einfaches, gemütliches Restaurant. Terrasse.
Zimmer: 4 Einzel-, 8 Doppel-, je 1 Dreibett- und Vierbettzimmer, alle einfach, nostalgisch. Lavabo, Dusche und WC auf der Etage. Lager für 12, 16 und 22 Personen, Waschgelegenheit am Brunnen.
Küche: Traditionell-lokal mit vielen regionalen Produkten. Spezialitäten: Iffigenalp-Käseschnitte, Leber mit Rösti, hausgemachte Wähen. Vor allem Schweizer Weine.
Für Kinder: Spiele im Haus.
Hunde: In den Zimmern erlaubt (Zuschlag).
Preisklasse: Tief.
Öffnungszeiten: Mitte Mai bis Mitte Oktober.
Adresse: Berghaus Iffigenalp, 3775 Lenk, Telefon 033 733 31 20, www.iffigenalp.ch

Alternativen

1 Oberlaubhorn: Von der Ritzmad auf einfachem Weg auf das Oberlaubhorn mit schöner Rundsicht. Hin- und Rückweg zusätzlich 1,5 km, je 140 m Auf- und Abstieg, ¾ Std., T2.

2 Einfacherer Abstieg nach Chüetungel: Etwa einen halben Kilometer nach dem Pass bei Punkt 2378 rechts halten. Diese Route ist einfacher, führt aber in einem grösseren Bogen über Stieretungel zum Chüetungel. Zusätzlich 1 km, 20 Minuten, T2.

Weitere Berghäuser

Wildhornhütte SAC, Lager, Telefon 033 733 23 82, www.wildhornhuette.ch

Weitere Informationen

Landeskarte 1:50 000, 263 oder 263T Wildstrubel
Landeskarte 1:25 000, 1266 Lenk und 1267 Gemmi
Lenk-Simmental Tourismus, Telefon 033 736 35 35, www.lenk.ch
Tourismusbüro Lauenen, Telefon 033 765 91 81, www.lauenen.ch

WEIDEN UND EGGEN IM FREIBURGERLAND

Im Fang bei Jaun–Euschelspass–Kaiseregg–Schwarzsee
Bergrestaurant Ritzli-Alp

- Anspruchsvolle Wanderung (mit einfacher Alternative)
- Gipfelbesteigung
- Speziell lange Wandersaison

Auf der Ritzlialp fühlt man sich nicht nur wohl, man fühlt sich wie zuhause. Das schmucke Jauner Alphaus, in seinem Stil eher dem Berner Oberland als dem Freiburgerland verwandt, sitzt in den saftigen Weiden etwas unterhalb des Euschelspasses mit direktem Blick auf die Zackenreihe der Gastlosen. Es ist eine sympathische Mischung aus Bauernhaus, Bergrestaurant und kleiner Herberge. Während im Kellergeschoss die Hühner ein und aus gehen, weiden an den Abhängen des Chällihorns Simmentaler Rinder, und hinter dem Haus erproben einige Ziegen ihre Kletterkünste an einem Felsblock. Oben auf der Terrasse geniessen die Wanderer und Tagesgäste derweil einen währschaften Teller oder einen kühlenden Trunk.

Silvia und Beat Buchs, die Gastwirte, haben die 1961 erstellte Ritzli-Alp 1996 zu einem kleinen Berghaus umgebaut. Das meiste haben sie dabei mit viel Liebe zum Detail selbstgemacht. Da hat es ein kleines, geschnitztes Räf unter der Decke, alte Fotos vom Haus und von der Familie hängen an der Wand, und in einer Ecke steht eine kleine, geschnitzte Truhe zum Verkauf. Hier ist man nicht Kunde bei der Berghaus AG, hier ist man Gast bei der Familie auf ihrer Alp. Das spiegelt sich auch in der Grösse des Hauses, denn im ehemaligen Dachstock hat es neben dem Lager nur gerade vier Zimmer. Am Abend treffen hier nicht nur Wanderer ein, sondern auch Einheimische, die für eine Ritzli-Rösti oder einen knackigen Salat heraufkommen. Natürlich ist es hier am schönsten bei Sonnenschein auf der kleinen Terrasse. Aber auch bei Regenwetter oder wenn die Nebenfetzen aus dem Tal hochsteigen und um

Links: Keine Frage – die Ritzlialp ist noch eine richtige Alp.
Mitte: Auch Einheimische kommen auf ein Nachtessen auf die Ritzlialp.
Rechts: Einfaches Ziel auch für Spaziergänger: der Euschelspass.

die Gastlosen streichen, fühlt man sich hier wohl, und niemand in der Gaststube hat es eilig mit dem Aufbruch.

Ein Problem könnte man allerdings schon haben im Jaunbiet. Das ist die Sprache. Das Jaundeutsch ist – das wird man bei einem Gespräch mit Einheimischen bald feststellen – eine höchst eigenartige Sprache. Linguistisch gehört sie zur sogenannten höchstalemannischen Mundart. Unter dieser Bezeichnung werden die Dialekte der nördlichen Voralpen zusammengefasst, die sich wesentlich von den übrigen, hochalemennischen Dialekten der Deutschschweiz unterscheiden. Als kleine Kostprobe sei

Frühling auf dem Jaunpass. Im Hintergrund die Gastlosen.

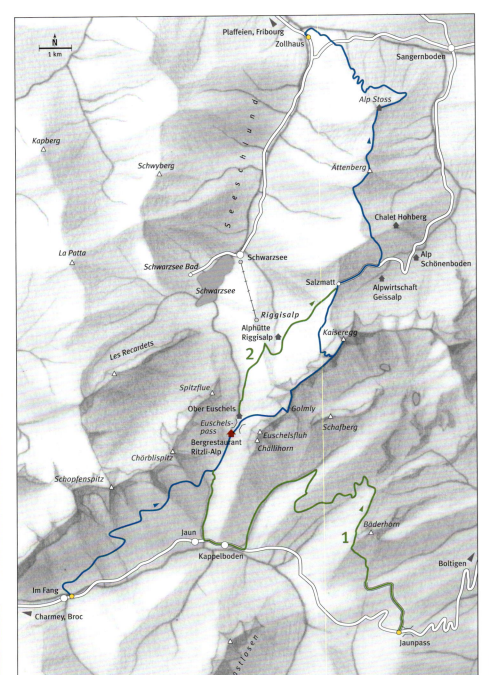

Oben: Und morgen scheint wieder die Sonne über den Gastlosen.
Unten: So ist's!

hier eine Geschichte von der Hexe Apela wiedergegeben, die über den Euschelspass zu ihrem Scheiterhaufen gebracht werden sollte. (1644 wurde tatsächlich eine Hebamme aus Jaun, Appolonia Schuwey, erhängt, da man ihr die Schuld am Tod einiger Kinder gab. Zur Erinnerung wurde in Jaun ein Kreuz errichtet, das noch heute steht.)

«D Apela isch mengesch im Sùnteg im morge, wi d Lüt hei wele goo fer z Chùuche, ùnder de Bùrg uehi zùnderobna ufgheechti gsy, an dera Zieia. De hei s ere aube ghùuret: ,Da hät er di ùmhi amau, hä?' ,Oo, as isch baud verbyy, asch baud verbyy', hät si nùme gmacht. Wa si d Apela hei wele ùfe Schytterhuuffe bringe, hei sie sa ùfem na Esù pùndni über en Üischùs gfergget. Aber sia hät absulet draab wele, sia müessi i d Studi. Nahi hei si sa draab glaa, ù sùbaud as si d Füess ùfem Bode hät koo, hei si sa niena mia gsia. Z zweit Mau hei si sa dùù net mia draab glaa, nahi hät si über en Esù aab gmacht. Das heigi im Esù z Haar aus uustribe» (aus: «Jaun im Greyerzerland»). Und da dachte man schon, die Sankt Galler hätten einen schwierigen Dialekt ...

Charakter

Die Freiburger Voralpen sind ein kleinräumiger Mix aus Hügeln und saftigen Alpweiden, aus denen immer wieder schroffe Kalkberge aufragen. Die Wanderungen können dementsprechend unvermittelt von sehr einfach zu anspruchsvoll wechseln. Die hier beschriebene Route führt von der Nähe von Jaun auf die Ritzlialp, zu einem kleineren, familiären Berghaus, und am zweiten Tag wahlweise über einen anspruchsvollen Weg auf die Kaiseregg oder über einfache Wege am Fuss des Berges entlang.

Die Wanderung

Anfahrt: Mit dem Zug bis Boltigen im Simmental, von dort mit dem Postauto über den Jaunpass nach Im Fang. Oder von Fribourg mit dem Postauto nach Im Fang.

Ausgangspunkt: Postautohaltestelle Im Fang, einige Kilometer westlich von Jaun.

1. Tag: Von Im Fang auf einfachem Weg durch Wälder und Wiesen über Schoresberg, die Untere und Obere Jansegg (dazwischen kurz auf der Strasse) auf die Ritzlialp. 7 km, 830 m Aufstieg, 240 m Abstieg, 2½ Std., T2.

2. Tag: Von der Ritzlialp steil hinauf auf das Golmly, auf dem Grat auf die Kaiseregg, wieder steil hinunter nach Salzmatt und schliesslich auf einfachem Weg nach Zollhaus, einige Kilometer südlich von Plaffeien. 18 km, 890 m Aufstieg, 1630 m Abstieg, 5–6 Std., T3–4. Achtung: Der Aufstieg auf das Golmly ist wirklich steil und nur für trittsichere Personen. Für nicht Schwindelfreie und generell bei nassem Wetter nicht empfohlen (dann die unten beschriebene Alternative wählen).

Endpunkt: Postautohaltestelle Zollhaus. Von hier mit dem Postauto zum Bahnhof Fribourg.

Bergrestaurant Ritzli-Alp

Art und Ambiance: Prächtiges, sonnengebräuntes Bauernhaus in den Freiburger Voralpen auf der Südseite des Euschelspasses auf 1510 Meter mit Sicht auf die eindrückliche Gastlosenkette, zu einem heimeligen Restaurant mit einigen Gästezimmern erweitert. Gemütliche, kleine Gaststube um die zentrale Küche, daneben ein separates Stübli. Teilweise gedeckte Sonnenterrasse. Sympathischer Familienbetrieb.

Zimmer: 2 Zweier-, 2 Viererzimmer mit Kajütenbetten (davon eines nur mit Dachfenster), neu im Dachstock eingebaut, einfach, eher klein. Lager

für 7 und für 11 Personen. Dusche, Waschtrog auf der Etage, WC im Haus.

Küche: Traditionell. Spezialitäten: Ritzli-Rösti mit Käse und Ei, in der Pfanne serviert, Fondue, am Mittwoch Pizza aus dem Holzofen. Für Vegetarier: Ritzli-Rösti, Älplermagronen, Käseschnitten. Schweizer Weine.

Für Kinder: Kleiner Spielplatz mit grosser Rutschbahn, Sandkasten, Schaukel.

Hunde: In einem kleinen Vorbau erlaubt (Zuschlag).

Preisklasse: Tief.

Öffnungszeiten: Anfang Mai bis Ende Oktober, an Winterwochenenden auf Anfrage.

Adresse: Bergrestaurant Ritzli-Alp, 1656 Jaun, Telefon 026 929 81 24, www.ritzli-alp.ch

Weitere Berghäuser

Alle Häuser nur mit Lager, Verpflegung in der Regel nur auf Anmeldung:

- Oberer Euschels, Telefon 026 929 82 62
- Alphütte Riggisalp, Telefon 026 412 11 07
- Alpwirtschaft Geissalp, Telefon 026 412 12 72
- Alp Schönenboden, Telefon 026 412 14 20
- Chalet Hohberg, SAC, Telefon 026 466 60 63, www.cas-moleson.ch
- Alp Stoss, Telefon 079 408 94 25, www.stoss.ch

Weitere Informationen

Landeskarte 1:50 000, 252 oder 252T Bulle, 253 oder 253T Gantrisch
Landeskarte 1:25 000, 1225 Gruyères, 1206 Guggisberg, 1226 Boltigen

Abgelegen und doch gut erschlossen. Die Alp Ober Euschels.

Alternativen

1 *Start auf dem Jaunpass:* Vom Jaunpass am Bäderhorn vorbei, durch das Oberbachtobel hinab nach Jaun (Restaurant) und von dort direkt hoch zur Ritzlialp. 14 km, je 750 m Auf- und Abstieg, 4½ Std., T2.

2 *Einfachere Variante am zweiten Tag:* Von der Ritzlialp durchwegs auf einfachen Wegen zur Riggisalp (zwei Restaurants), weiter zur Salzmatt (Restaurant) und über den Ättenberg nach Zollhaus. 16 km, 410 m Aufstieg, 1050 m Abstieg, 4 Std., T2.

Verkehrsverein Jaun, Telefon 026 929 81 81, www.jaun.ch
Schwarzsee Tourismus, Telefon 026 412 13 13, www.schwarzsee.ch.

Bücher

Jaun im Greyerzerland, Deutschfreiburger Heimatkundeverein, Freiburg 1988

ETWAS GANZ ANDERES, GANZ IM WESTEN

Châtel-Saint-Denis–Les Pléiades–Gorge du Chauderon–Montreux
Hotel Les Pléiades, Hotel Les Sapins

- Mittelschwere Wanderung hoch über dem Genfersee
- Eines der Häuser speziell gediegen
- Speziell lange Wandersaison

Was gehört zur typischen Wochenend-Bergtour? Welche Bilder sehen Sie? Ein strenger Aufstieg, der muss sein in den Bergen, ein Pass, meist einiges über 2000 Meter, mit viel Aussicht und dann wieder ein langer Abstieg durch Weiden und Wälder zur Postautohaltestelle. Und nun schliessen Sie die Augen und stellen sich ein komplett andersartiges Wochenende vor, immer noch mit Bergerlebnissen, aber doch neu, anders und ungewohnt. Das ist schon schwieriger. Wie wär's damit: ein einfacher Aufstieg auf einen Berg, vielleicht mit dem weitesten Seepanorama der Schweiz, dazu natürlich Zimmer mit Seeblick, Zehntausende von Narzissen statt Edelweiss, eine Schlucht, als wäre sie im fernen Dschungel, und zum Abschluss ein kühler Drink an einer glamourösen Seepromenade? Und das alles in der Romandie.

Klingt gut und ist gut, doch alles der Reihe nach. Start zu dieser andersartigen Wanderung ist in Châtel-Saint-Denis, das man bequem mit dem Zug erreicht. Der erste Tag ist beileibe nicht streng, und so hat man genügend Zeit, die schmucke Ort-

Links: Bei Montreux.
Rechts: Unbekanntes Juwel: die Gorge du Chauderon bei Montreux.

schaft zu erkunden. Die Pfarrei wurde 1228 erstmals erwähnt, die heutige Kirche wurde allerdings erst zwischen 1872 und 1875 erbaut. Die Wurzeln der Siedlung reichen aber noch viel weiter zurück. Beim kleinen See nördlich des Ortes wurden Werkzeuge entdeckt, die aus der Altsteinzeit stammen und auf ein Alter von 15500 Jahren geschätzt werden. Damals hatte noch immer die letzte Eiszeit die Schweiz im Griff, und Amerika war wahrscheinlich noch gänzlich unbesiedelt.

Nach etwas mehr als zwei Stunden erreicht man Les Pléiades. In der griechischen Mythologie bezeichnen die Pleiaden die sieben Töchter von Atlas und Pleione. Nachdem sie sieben Jahre vom Riesen Orion verfolgt worden waren, wurden sie durch Zeus in Sterne verwandelt. Sie sind noch heute am Nachthimmel erkennbar, bezeichnen die Pleiaden doch (auch) einen Sternenhaufen, von dem sechs oder sieben mit blossem Auge erkennbar sind. Und nicht zuletzt ist Les Pléiades auch ein fantastischer Aussichtsberg 1000 Meter über dem Genfersee. Ein Nachtessen auf der grossen Terrasse mit einem Sonnenuntergang über dem Léman wird man so schnell nicht vergessen.

Der erste Höhepunkt des zweiten Tages ist die «neige du mai», die man allerdings nur im Mai und Anfang Juni entdeckt. Dann überziehen Zehntausende von weissen Bergnarzissen (Narcissus radiiflorus) die Wiesen in der Region. In der Belle Epoque organisierten die noblen Hotels an der Waadtländer Riviera Wanderungen durch die weiss leuchtenden Felder, und jedes Jahr gab es eine «Fête des Narcisses». Durch übermässiges Pflücken, die Intensivierung der Landwirtschaft und auch durch den Bau von Ferienhäusern schrumpften die Narzissenfelder immer mehr. 1957 fand die «Fête des Narcisses» zum letzten Mal statt. Glücklicherweise konnte in den letzten Jahren durch ein Schutz- und Förderungsprojekt eine Trendwende bewirkt werden. Federführend ist die Association Narcisses Riviera, unterstützt wird das Projekt durch den Fonds Landschaft Schweiz.

Ein weiterer Höhepunkt ist die Gorge du Chauderon, eine mehrere Kilometer lange, wilde und naturnahe Schlucht, die in der Nähe von Les Avants beginnt und sich bis vor die ersten Häuser von Montreux hinunterschlängelt. Ein guter Weg führt durch die kleine Wildnis, an mächtigen, alten Bäumen vorbei, zu Wasserfällen und an senkrecht aufsteigenden Schluchtwänden entlang. Das überraschende Finale: Kaum entlässt einen die grüne Klamm, steht man an den Gestaden des weiten, glitzernden Genfersees. Auch wenn es schon später Nachmittag ist und die Heimfahrt noch an-

Abendstimmung über dem Genfersee.

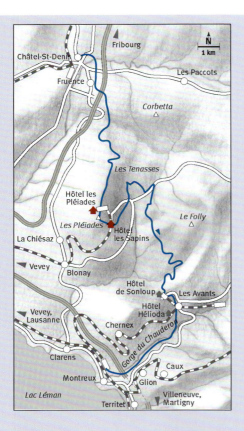

Charakter

Keine gewöhnliche Bergtour, aber umso überraschender und für Vielwanderer eine echte Abwechslung. Die Höhepunkte: Aussicht über fast den ganzen Genfersee, Narzissenwiesen, eine wilde Schlucht und der Abschluss an der Uferpromenade von Montreux. Speziell lohnend im Mai und Anfang Juni, wenn die Narzissen blühen.

Die Wanderung

Anfahrt: Mit dem Zug stündlich bis Châtel-Saint-Denis.
Ausgangspunkt: Bahnhof Châtel-Saint-Denis.
1. Tag: Vom Dorf auf einfachen Wegen über den Dorfteil Fruence auf Les Pléiades. 9 km, 630 m

Aufstieg, 80 m Abstieg, 3 Std., T1. Bis Fruence auch mit dem Postauto möglich. Zum Hotel Les Sapins gelangt man in etwa 15 Minuten Abstieg.
2. Tag: Hinab zum Hochmoor Les Tenasses, dann durch Wald und Wiesen nach Les Avants und durch die Gorge du Chauderon nach Montreux. 18 km, 280 m Aufstieg, 1240 m Abstieg, 5 Std., T2. Kleine Bahn bei Les Avants erspart einem knapp 200 m Abstieg.
Narzissenfelder auf Les Pléiades, bei Les Tenasses und Les Avants.
Endpunkt: Bahnhof Montreux, nur wenige Minuten vom Seeufer. Von dort stündliche Zugsverbindungen.

Hotel Les Pléiades

Art und Ambiance: Mischung aus Bahnhofsgebäude, Chalet und Brasserie, üppig dekoriert. Grosse Aussichtsterrasse mit Blick über den Genfersee.
Zimmer: 3 Doppelzimmer, 1 Dreierzimmer, komfortabel, drei davon mit Lavabo. Dusche und WC auf der Etage.
Küche: Traditionell. Spezialitäten: Fondue, Croûte au fromage, im Herbst Wild. Für Vegetarier: spezielles Gericht auf Anfrage, Salate. Weine ausschliesslich aus der Region. Frühstück vor 9 Uhr auf Anfrage möglich.
Für Kinder: Spielplatz vor dem, Spiele im Haus.
Hunde: In den Zimmern erlaubt (Zuschlag).
Preisklasse: Tief.
Öffnungszeiten: Ostern bis Mitte November und Mitte Dezember bis Mitte März.
Adresse: Hotel Les Pléiades, 1807 Blonay, Telefon 021 943 11 23.

Hotel Les Sapins

Art und Ambiance: Hotel mit gehobenerem Komfort etwas unterhalb Les Pléiades, Seeblick kurz

hinter dem Haus. Stilvoll, fast luxuriös eingerichtet, mit kleiner Terrasse, Sauna und Jacuzzi auf Anfrage (nur für Hotelgäste).
Zimmer: 6 Einzel-, 6 Doppel-, 2 Dreier-, 1 Viererzimmer, komfortabel, schön eingerichtet, alle mit Lavabo, etwa die Hälfte der Zimmer mit Dusche und WC.
Küche: Kreative Küche, u.a. mit Wildpflanzen und -früchten (wie Wiesenknopf, Wilder Ampfer, Guter Heinrich, Schafgarbe), Bärlauchspätzle usw. Weine vor allem aus der Region.
Für Kinder: Spiele im Haus.
Hunde: In den Zimmern erlaubt (Zuschlag).
Preisklasse: Hoch.
Öffnungszeiten: Ganzjährig geöffnet, Betriebsferien um Weihnachten.
Adresse: Hotel Les Sapins, 1807 Blonay, Telefon 021 943 13 95, www.les-sapins.ch

Weitere Berghäuser

• Hotel de Sonloup ob Les Avants, Schlösschen, Zimmer, Telefon 021 964 34 31, www.sonloup.com
• Hotel Hélioda in Les Avants, Zimmer, Telefon 021 964 39 50

Weitere Informationen

Landeskarte 1:50 000, 262 oder 262T Rochers de Naye
Landeskarte 1:25 000, 1244 Châtel-St-Denis, 1264 Montreux
Office du Tourisme, La Résidence, 1619 Les Paccots, Telefon 021 948 84 56, www.chatel-st-denis.ch. Montreux-Vevey Tourisme, Telefon 021 962 84 84, www.montreuxriviera.com
Association Narcisses Riviera: www.narcisses.ch

Bücher

Marie-Christine Hotz, Au pays des narcisses. Histoire et avenir d'un patrimoine paysager entre l'agriculture, l'urbanisation et le tourisme, Association pour la sauvegarde et la promotion des narcisses de la Riviera, Montreux

Links: In der Gorge du Chauderon.
Rechts: Im Hotel Les Sapins fühlt man sich zuhause wie im eleganten B & B.

«Neige de mai» (Maischnee) bei Les Avants.

steht, muss man sich da in eines der Cafés setzen, ein Bier oder einen kühlen Weisswein bestellen und dem Flanieren und Savoir-vivre zuschauen. Ganz klar ein Genuss-Wochenende. Es müssen nicht immer 2000 Meter sein, und es muss definitiv auch nicht immer die Deutschschweiz sein.

KURZ UND RUND: DIE TOUR DE L'ARGENTINE

Solalex–Anzeindaz–Solalex
Refuge Giacomini, Refuge de la Tour

- Relativ kurze Rundwanderung mit steiler Passage
- Oft längere Wandersaison

Ganz im Südosten der Waadt, an der Grenze zum Wallis, türmen sich die Alpen zwar nicht zu ihrer Höchstform, dafür zu umso schrofferen Bergkämmen auf. Die eisgepanzerten, gut 3200 Meter hohen Diablerets fallen auf ihrer Südseite in steilen Felswänden ab. Aus dem lockeren Gestein lösten sich 1714 und 1749 gewaltige Felsmassen, donnerten zweitausend Meter ins Tal und begruben die Alp Derborence unter sich.

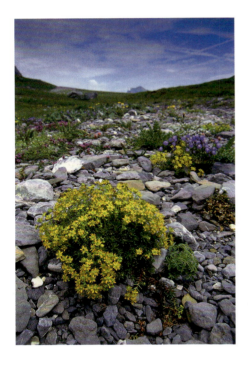

Links: Bewimperter Steinbrech im Flussbett; seine Samen sind bis zu drei Wochen schwimmfähig.
Mitte: Fast eine kleine Ranch: das Refuge de la Tour.
Rechts: Es muss nicht stets der Standard sein. Bei Solalex.

Etwas weiter südlich liegt die Kette des Grand Muveran, nicht ganz so hoch wie die Diablerets, aber dafür mit noch kühneren Türmen und Wänden, etwa dem Pierre qu'Abotse, dem «Stein, der sich neigt», einem imposanten Felsturm, der senkrecht aus den Weiden in den Himmel schiesst. Zwischen diesen beiden grossen Bergkämmen liegt – wen wundert's – eine kleine, aber nicht minder schroffe Kette, L'Argentine. Überraschend ist, dass sich zwischen diesen drei Bergkämmen eine viele Quadratkilometer grosse, fast ebene, aus Sennensicht erstklassige Alpwiese ausdehnt: Anzeindaz. Es soll die grösste und schönste Alp des ganzen Kantons sein.

Im Roman «Derborence» von Charles Ferdinand Ramuz beschreiben die Sennen von Anzeindaz das furchtbare Schauspiel des Bergsturzes: «Wir sind ja auch hier auf dem Joch gar nicht weit unter der Stelle, wo sich der Bergsturz gelöst hat, nur ein wenig zurück und zur Seite. Und der erste Lärm kam vom Überhang, der hinunterkrachte; und dann ging der Krieg los von einer Kette zur anderen; wie Donner ging

Alte Föhre vor den Diablerets.

das um jedes der Hörner, die da im Halbkreis nebeneinander stehen, von der Argentine bis zu den Dents de Morcles, von den Rochers du Vent bis zum Saint-Martin» (aus: Charles Ferdinand Ramuz, Derborence).

Auf Anzeindaz gibt es zwei Berghäuser, die an der hier beschriebenen Route rund um die Argentine liegen. Beim Refuge de la Tour fühlt man sich so richtig auf der Alp. Kaum hat man auf dem Weg zum Haus den Ziegen guten Tag gesagt, wird man links von ein paar neugierigen Pferdeaugen beobachtet, um schliesslich über den grossen Vorhof des Kuhstalls zum eigentlichen Refuge zu gelangen. Es ist ein stattliches Steinhaus, das bereits 1904 für Wanderer und Tagesgäste errichtet wurde. Mit seiner etwas ungewohnten Architektur, dem weiss leuchtenden Anstrich und der grosszügigen Anlage mit allerlei Tieren fühlt man sich fast auf eine kleine spanische Hacienda versetzt.

Keine zwei Minuten entfernt liegt das Refuge Giacomini. Es hat alles, was ein gemütliches Berghaus bieten soll. Das Haus hat eine schöne Sonnenterrasse, fast aber wünschte man sich, dass es regnet und stürmt. Dann kann man sich nämlich in die neue, angebaute Essstube zurückziehen. Sie ist halb Wintergarten, halb Jägerstube. Auf zwei Seiten wurden grosse Fenster eingebaut, die einen direkten Blick auf die Muverankette und den kleinen Glacier de Paneirosse erlauben. Die Seele des Raumes ist das grosse, offene Cheminée, das geschickt an die ehemalige Aussenwand des alten Refuge gebaut wurde. Wenn hier am Abend ein grosses Feuer knistert, fühlt man sich vollends in einer rustikalen Lodge in den kanadischen Rocky Mountains. Nur die ausgestopften Gemsen und Rothirsche und die grossen Kupferkessel an der Holzdecke erinnern daran, dass man immer noch in den Schweizer Alpen ist.

Oben: Und wenn's kalt wird, setzt man sich ans Feuer. Refuge Giacomini.
Unten: Unerwarteter Komfort erwartet einen im Refuge Giacomini. Im Hintergrund die Tête à Grosjean.
Rechts oben: Auf dem Col des Essets, hinten der Fer à Cheval.

Charakter

L'Argentine ist ein kleiner, steil aufragender Bergkamm zwischen den mächtigen Massiven der Diablerets und des Grand Muveran. Die Tour führt mit zwei eher kurzen Etappen um diese Kette. Auf Anzeindaz, einer weiten Alp, stehen zwei schöne Unterkünfte zur Verfügung. Ein sehr lohnender alternativer Aufstieg zu den zwei Berghäusern beginnt beim Weisstannen-Urwald in Derborence.

Die Wanderung

Anfahrt: Mit dem Zug bis Bex, mit der Privatbahn nach La Barboleuse und von dort mit dem Bus nach Solalex (zweimal täglich).

Ausgangspunkt: Bushaltestelle Solalex.

1. Tag: Von Solalex der Avançon d'Arzeindaz entlang auf die Hochebene von Anzeindaz. (Beide vorgestellten Berghäuser bieten einen Taxidienst von Solalex aus an.) 2½ km, 410 m Aufstieg, 1 Std., T2.

Wem dies zu wenig ist, kann in 45 Minuten auf den Pas de Cheville spazieren, mit Blick auf die Abrissstelle der grossen Bergstürze und hinab in den Talkessel von Derborence.

2. Tag: Von Anzeindaz auf den Col des Essets, unter den steilen Felswänden des Pierre qu'Abotse zur Alp La Vare (Buvette, kleines Restaurant), kurz hinauf nach Sur Champ mit Blick hinab in die Rhoneebene und zu den Dents du Midi und schliesslich wieder hinab nach Solalex. 12 km, 440 m Aufstieg, 850 m Abstieg, 4 Std., T3. Kurze, oft glitschige Waldpassage beim Roc du Châtelet mit Ketten gesichert.

Endpunkt: Bushaltestelle Solalex.

Refuge Giacomini

Art und Ambiance: Traditioneller Steinbau in SAC-Manier, 2004 durch einen zusätzlichen Esssaal und neue Zimmer erweitert. Durch und durch gemütliches und komfortables Berghaus (vom brummenden Dieselmotor etwas unterhalb des Hauses sollte man sich nicht abschrecken lassen).

Zimmer: 5 Doppel-, 4 Dreierzimmer, gut die Hälfte davon mit Lavabo, alle aber schön und einladend. Dusche, WC auf der Etage. Zusätzlich 4 Lager für insgesamt 35 Personen, plus 38 Plätze in der Dépendance (ohne Dusche).

Küche: Berghauskost. Spezialitäten: Gratin montagnard (Kartoffeln, Schinken, Käse), Gratin paillasson (Kartoffeln mit Tomme), Hirschsteak, im

September Wildmenü. Weine aus der Waadt und dem Wallis.

Hunde: In den Zimmern erlaubt (Zuschlag).

Preisklasse: Tief.

Öffnungszeiten: Ende Mai bis Ende Oktober plus die Wochenenden ab Februar.

Adresse: Refuge Giacomini, 1882 Gryon, Telefon 024 498 22 95, www.anzeindaz.com

Refuge de la Tour

Art und Ambiance: Währschaftes, 1904 eröffnetes Steinhaus mit viel originalem Holz im Innern. Mit den danebenliegenden Ställen, den Pferden im nahen Korral und dem grossen Esssaal mit schweren Holztischen und Säulen aus dicken Baumstämmen fühlt man sich fast wie auf einer Western-Ranch.

Zimmer: 3 Doppel-, 1 Viererzimmer, einfach, aber gemütlich, alle mit Lavabo. Diverse Lager für insgesamt 75 Personen. Dusche, WC auf der Etage.

Küche: Berghauskost. Spezialitäten: Rösti mit Schinken, Käse und Ei, in der Pfanne serviert, Wildfondue. Waadtländer Weine.

Für Kinder: Dank den Ziegen, Kühen, Pferden und Schweinen auf dem Hof nebenan wie Bauernhofferien.

Hunde: In den Zimmern und einem Teil der Lager erlaubt.

Preisklasse: Tief.

Öffnungszeiten: Anfang Juni bis Mitte Oktober.

Adresse: Refuge de la Tour, 1882 Gryon, Telefon 024 498 11 47, www.anzeindaz.ch

Alternative

Start in Derborence: Am ersten Tag von Derborence (erreichbar mit Postauto von Sion, zweimal täglich) über den Pas de Cheville nach Anzeindaz. 5 km, 580 m Aufstieg, 160 m Abstieg, 2 Std., T2.

In Derborence lohnt sich ein Rundgang um den See; auf seiner Südseite liegt einer der letzten Urwälder und zudem der einzige Weisstannen-Urwald der Schweiz.

Weitere Berghäuser

- Refuge de Solalex, 1 Zimmer, Lager, liebevoll zubereitete Essen, Telefon 024 498 27 09, www.refugesolalex.ch
- Refuge du Lac, Lager, Telefon 027 346 14 28

Weitere Informationen

Landeskarte 1:50 000, 272 oder 272T St-Maurice
Landeskarte 1:25 000, 1285 Les Diablerets, 1305 Dent de Morcles
Office du Tourisme, Gryon, Telefon 024 498 00 00, www.gryon.ch

Bücher

Charles Ferdinand Ramuz, Derborence, Limmat Verlag, Zürich 2003 (deutsche Übersetzung).

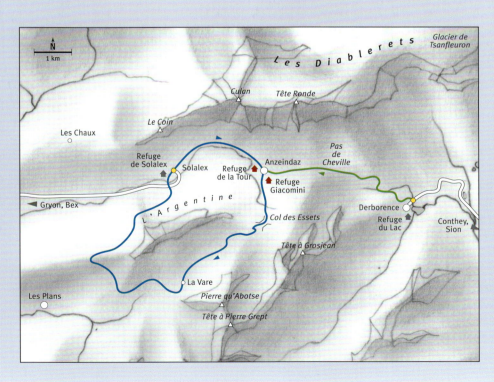

MILCH, ARSEN UND WEISSES GOLD

Vallon de Van–Lac de Salanfe–Les Marécottes
Auberge de Salanfe

- Einfache Wanderung (mit anspruchsvollerer Alternative)
- Mit steilem Passübergang
- Haus am Bergsee

Am Anfang war nur Gras. Im Südwesten des Wallis, einem Kanton mit sehr viel Fels, Eis und schroffen Abhängen, breitete sich am Fuss der Dents du Midi auf einer Höhe von knapp 2000 Metern eine mehrere Quadratkilometer grosse schöne Alpweide aus. Und sie war nicht nur gross, sondern auch herrlich flach. Umso wertvoller waren solche Weiden, als die nächstgelegenen ebenen und damit landwirtschaftlich einfach nutzbaren Flächen unten in der Rhoneebene lagen. Diese aber waren vielerorts sump-

Links: Der Chantier Robert war die wichtigste Mine.
Mitte: Nur kurz ist es richtig steil, beim Pass La Golette.
Rechts: Sonnenterrasse mit Aussicht, bei der Auberge de Salanfe.

fig und mückengeplagt und wurden auch immer wieder überschwemmt. So waren die Alpen in den Bergen eine Art Lebensversicherung für die Bevölkerung. Bereits im 14. Jahrhundert wird die Alp auf Salanfe erwähnt, und über viele Generationen stritten sich die umliegenden Gemeinden, unter ihnen St-Maurice, Vérossaz, Evionnaz und Massongex, um die Alp. Noch zu Beginn des 20. Jahrhunderts wollte Salvan Beweise haben, nach denen die Alp auf Salanfe ihnen zustehe. Heute gehört sie der Gemeinde Evionnaz.

Die industrielle Neuzeit brach zum ersten Mal 1904 über Salanfe herein. In den Hängen des Luisin auf etwa 2200 Metern Höhe war einige Jahre zuvor Gold und Arsen gefunden worden. Bis ins Jahr 1928 wurden insgesamt mehr als 700 Tonnen Arsen und etwa 50 Kilogramm Gold gefördert. In den achtziger Jahren kursierten Pläne, hier wieder Gold und daneben auch Wolfram zu gewinnen. Der sinkende Goldpreis auf dem Weltmarkt sorgte aber dafür, dass diese Projekte wieder in den

Beim Lac de Salanfe mit den Dents du Midi.

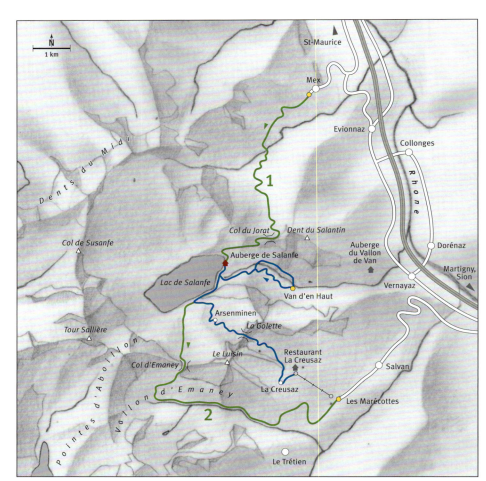

Oben: Die Auberge de Salanfe sitzt wunderschön
hoch über dem See.
Unten: Ein schönes Plätzchen für die Morgenrast
mit Blick auf die Dents du Midi.

Schubladen verschwanden. Einige der Schachteingänge und Anlagen sind heute noch
gut sichtbar. Wer vom Stausee zum Col d'Emaney aufsteigt, kommt am Eingang des
Chantier Robert vorbei, der zur wichtigsten Lagerstätte führt. Vor dem Eingang liegt
ein kleines, gedrungenes Steinhaus, die ehemalige Kantine und Mannschaftsunter-
kunft, die 2004 durch eine engagierte Gruppe von Höhlenforschern restauriert
wurde.

In den fünfziger Jahren des 20. Jahrhunderts veränderte die industrielle Nut-
zung endgültig das Gesicht der Alp Salanfe. Um den wachsenden Energiehunger der
Schweiz zu stillen, errichtete die Energie Ouest Suisse eine gewaltige Staumauer. In
den Fluten verschwand nicht nur eine der grössten Alpen der Region, sondern gleich
auch noch das kleine Dörfchen, komplett mit Kirche und Hotel. Im Vorfeld des Mau-
erbaus kam es zu hitzigen Diskussionen, denn Salanfe war ein Symbol für die heile Al-
penwelt. Dutzende von Dichtern und Literaten hatten das kleine Paradies am Fuss
der Dents du Midi besucht und besungen, und so hallte eine Aufschrei der Empörung
durch die Presse. Einen Nationalpark wollte man hier sogar einmal einrichten. Es
fruchtete alles nichts, 1947 wurde mit dem Bau der mehr als 600 Meter langen Staumauer begonnen.

Interessantes Detail für den Wanderer von heute: Das auf einer Anhöhe ste-
hende Betonwerk wurde nach vollendetem Bau in eine Herberge umgewandelt, die
heutige Auberge de Salanfe. Dass das Haus einen Stammbaum von Kraftwerkserbau-
ern und Elektroingenieuren hat und nicht aus der Hand eines nostalgieverliebten
Chaletarchitekten stammt, erklärt den etwas kühlen Charme der Auberge. In der
Nacht aber, wenn man sich in den geräumigen Zimmern unter die Bettdecke zurück-
gezogen hat, sieht man nichts mehr von Schächten, Dämmen und Stollen, und das
entfernte Bimmeln von Kuhglocken versetzt einen zurück in die Zeit, als die Alp von
Salanfe nichts weniger als die «schönste Alp der Schweiz» war.

Charakter

Durch eine für viele unbekannte Ecke der Schweiz führt diese Wanderung, die auch als Rundtour vom und zum Ausgangspunkt durchgeführt werden kann. Zu den landschaftlichen Höhepunkten zählen der Blick auf die Dents du Midi und am Schluss der Wanderung auf das Massiv des Montblanc. Technisch ist die Route nicht schwierig – der Abstieg vom Pass La Golette ist zwar steil, aber langsam und mit guten Schuhen gut zu bewältigen.

Die Wanderung

Anfahrt: Mit dem Zug via Martigny bis Salvan. Von dort mit einem lokalen Bus nach Van d'en Haut.

Ausgangspunkt: Haltestelle Van d'en Haut, beim Zeltplatz.

1. Tag: Von Van d'en Haut durch einen steilen, mit Felsplatten durchsetzten Lärchenwald zur Staumauer und zur Auberge de Salanfe hinauf. Einige steile Stellen sind mit Gitterrost-Treppen versehen. 4 km, 680 m Aufstieg, 20 m Abstieg, 1½ Std., T2, etwas improvisierte Markierungen. Wer einen gemächlicheren Aufstieg vorzieht, kann beim Zeltplatz die Salanfe überqueren und die Naturstrasse benützen. Beide Wege vereinigen sich nach gut der Hälfte der Strecke.

2. Tag: Von der Auberge über die Staumauer und auf gutem Weg zum Pass La Golette auf 2466 Meter (nach Steinböcken Ausschau halten!). Auf der Ostseite zuerst steil und etwas rutschig, später sanfter hinab nach La Creusaz mit schönem Blick ins Gebiet der Aiguille d'Argentière und das Montblanc-Massiv. Von La Creusaz mit der Luftseilbahn oder zu Fuss nach Les Marécottes. Bis zur Bergstation der Luftseilbahn 8 km, 550 m Aufstieg, 820 m Abstieg, 3½ Std., T2. Etwas improvisiert markiert.

Endpunkt: Talstation der Luftseilbahn in Les Marécottes. Von hier mit Bus zurück nach Van d'en Haut. Alternativ zum Bahnhof Les Marécottes absteigen.

Auberge de Salanfe

Art und Ambiance: Nüchterner Bau aus den fünfziger Jahren, etwas erhöht über der Staumauer auf 1950 Metern. Innen schnörkellos eingerichtet, mit dem gelben Anstrich und den Linoleumböden etwas kühl. Grosser, gemütlicher Speisesaal, Terrasse mit Blick über den See und auf die Dents du Midi.

Beim Abstieg von La Golette, links das Plateau du Trient.

Zimmer: 1 Einzel-, 3 Doppel-, 4 Dreierzimmer, funktionell, aber komfortabel, geräumig und hell, mit Lavabo und Balkon. WC und Dusche auf der Etage. Lager mit 100 Plätzen in 6 Räumen.

Küche: Jeweils ein Menü zum Abendessen. Für Vegetarier: Menü mit Käse oder Ei statt Fleisch. Walliser Weine.

Für Kinder: Einige Spielgeräte wie Rutschbahn und Schaukel vor dem Haus.

Hunde: In den Zimmern ohne Aufpreis erlaubt.

Preisklasse: Mittel.

Öffnungszeiten: Anfang Juni bis Mitte Oktober.

Adresse: Auberge de Salanfe, 1922 Salanfe/Salvan, Telefon 027 761 14 38, www.salanfe.ch

Alternativen

1 Zugang von Mex: Eine längere Route führt am ersten Tag von Mex (erreichbar mit Postauto vom Bahnhof St-Maurice) über den Col du Jorat zur Auberge de Salanfe. 9 km, 1090 m Aufstieg, 260 m Abstieg, 4 Std., T2.

2 Über den Col d'Emaney: Am zweiten Tag statt über den steilen Pass La Golette über den flacheren Col d'Emaney und durch das Vallon d'Emaney nach Les Marécottes. Bis zur Talstation der Luftseilbahn 13 km, 530 m Aufstieg, 1390 m Abstieg, knapp 5 Std., T2.

Weitere Berghäuser

• Auberge du Vallon de Van, 3 Zimmer, Telefon 027 761 14 40, www.vallondevan.ch
• Restaurant la Creusaz, Zimmer und Lager, Telefon 027 761 18 98, www.telemarecottes.ch

Weitere Informationen

Landeskarte 1:50 000, 272 oder 272T St-Maurice, 282 oder 282T Martigny
Landeskarte 1:25 000, 1304 Val d'Illiez, 1324 Barberine
Office du Tourisme, Les Marécottes, Telefon 027 761 31 01, www.salvan.ch

DEN MONTBLANC VOR DEM ZIMMERFENSTER

Verbier–Sentier des chamois–Fionnay
Cabane du Mont-Fort

- Mittelschwere Wanderung (mit anspruchsvollerer Alternative)
- Schöner Höhenweg
- Sicht auf viele Viertausender

Wer an Verbier denkt, denkt an Winter, Skifahren und zahllose Skilifte. Mit gutem Grund, denn fast hundert Anlagen überziehen die Hänge und Berge in den Quatre Vallées. Doch davon sollte man sich im Sommer nicht abschrecken lassen. Mit geschickter Routenwahl lässt sich hier eine fantastische zweitägige Wanderung zusammenstellen, die zweifellos in der ersten Liga mitspielen kann und nur ganz kurz durch

Oben: «A room with a view» – in der Cabane du Mont Fort ist's möglich.

Mitte: Auch in steileren Hängen ist der Weg bestens ausgebaut.

Rechts: Auch Steinböcke dürfen sich auf dem «Sentier des chamois» tummeln.

das Gebiet der Bahnen führt. Weitere Trümpfe gefällig? Eine Gratwanderung mit Aussicht über das ganze Unterwalllis, das zweitgrösste Naturschutzgebiet der Schweiz, Sicht auf die ganze Montblanc-Gruppe und (fast) eine Garantie für Steinbock- und Gemsensichtungen.

Doch alles der Reihe nach. Für den ersten Tag gibt es eine kurze und eine lange Variante, je nachdem, wann man das Unterwallis erreicht. Wer erst relativ spät ankommt, lässt sich von Verbier mit der Luftseilbahn nach Savoleyres bringen. Von hier führt eine Gratwanderung nach Les Attelas und hinab zur Cabane du Mont-Fort. Wer am ersten Tag mehr Zeit hat, fährt mit dem Postauto nach Mayens-de-Riddes und steigt über Chassoure nach Les Attelas auf. Für diese längere Route wird man mit dem malerischen Lac des Vaux unterhalb des Mont Gelé belohnt.

Die Cabane du Mont-Fort hat zwei Gesichter. Es ist eine typische SAC-Hütte, auf respektablen 2457 Metern, aber eben doch noch halbwegs im Skigebiet. Seit

kurzem hat sie auch architektonisch zwei Gesichter. Der untere, talzugewandte Teil stammt aus dem Jahr 1925 und ist im charakteristischen SAC-Stil gehalten: eine heimelige Essstube mit viel altem, dunklem Holz, mit Bergbildern und Landkarten an den Wänden, roten Vorhängen und der Decke entlang Regalen für die Körbe, in denen die Gäste ihren Proviant zwischenlagern können. Der obere, 2001 eingeweihte Teil überrascht, ja verblüfft die Besucher. Denn wer würde in einem SAC-Haus (fast)

Da bleiben wir doch lieber auf dem Weg. Im Hintergrund das Montblanc-Massiv.

Charakter

Die Südseite des Unterwallis beherbergt einige der eindrücklichsten Berglandschaften der Schweiz. Dazu gehören die Zacken und Türme im Gebiet der Aiguille d'Argentière und das mächtige Eismassiv des Grand Combin. Eine einmalige Sicht auf diese Berge hat man auf der hier beschriebenen Höhenwanderung von der Cabane du Mont-Fort nach Fionnay im hinteren Val de Bagnes, dazu beste Chancen, Gemsen und Steinwild zu sehen. Die Route ist nicht schwierig, einige abschüssige Stellen sind mit Seilen gesichert, die aber geübte Wanderer gar nicht brauchen werden.

Die Wanderung

Anfahrt: Mit dem Zug via Martigny und Sembrancher bis Le Châble. Von dort stündlich mit dem Postauto nach Verbier (Haltestelle La Poste).
Ausgangspunkt: Bergstation der Luftseilbahn Verbier–Savoleyres. Die Talstation ist in etwa 20 Minuten von der Postautohaltestelle erreichbar.
1. Tag: Von der Bergstation der Luftseilbahn (Restaurant) auf dem Grat nach Croix de Cœur, weiter zum Col des Mines, nach Les Attelas hinauf und schliesslich hinab zur Cabane du Mont-Fort. 10 km, 560 m Aufstieg, 460 m Abstieg, 3½ Std., T2.
2. Tag: Von der Cabane du Mont-Fort auf dem Sentier des chamois zum Col Termin, hier links zum Plan da Gole, hinab zum Lac de Louvie (Restaurant bei der Cabane de Louvie) und dann steil hinunter nach Fionnay. 13 km, 310 m Aufstieg, 1280 m Abstieg, 4 bis 4½ Std., T2.
Endpunkt: Fionnay. Von hier mit dem Postauto zurück zum Bahnhof in Le Châble.

Cabane du Mont-Fort

Art und Ambiance: Kern im Stil einer traditionellen SAC-Hütte, Anbau und obere Stockwerke 2001 neu gebaut, mit SAC-unüblichem Komfort. Auf einer kleinen Schulter auf 2457 Meter mit Sicht auf das Montblanc-Massiv.
Zimmer: 6 Zweier-, 2 Dreier-, 8 Vierer-, 2 Sechserzimmer, eher klein, z.T. mit Kajütenbetten, 1 Lager mit 10 Plätzen. WC und Duschen auf der Etage.
Küche: Berghauskost mit einigen Walliser Spezialitäten, Fondue, Trockenfleisch. Ausschliesslich Walliser Weine.
Hunde: Im Haus nicht erlaubt.
Preisklasse: Tief.
Öffnungszeiten: 15. Juni bis 15. September plus Wintersaison.
Adresse: Cabane du Mont-Fort, 1936 Verbier, Telefon 027 778 13 84, www.cabanemontfort.ch

Alternativen

1 Start in Mayens-de-Riddes: Von der Postautohaltestelle «Télécabine» über Chassoure und den Lac des Vaux nach Les Attelas und von hier hinab zur Cabane du Mont-Fort. 12 km, 1240 m Aufstieg, 280 m Abstieg, 5 Std., T2.
2 Verlängerung bis Bonatchiesse: Bei Plan da Gole oberhalb des Lac de Louvie nicht nach Fionnay absteigen, sondern weiter via Le Dâ zur Ecurie du Crêt und erst hier hinab ins Tal zur Postautohaltestelle bei Bonatchiesse. Ganzer zweiter Tag dann: 15 km, 740 m Aufstieg, 1620 m Abstieg, 6 bis 7 Std., T2.

Weitere Berghäuser

- Cabane de Louvie, Lager, Telefon 027 778 17 40, www.louvie.ch
- Hotel du Grand Combin, Zimmer und Lager, Telefon 027 778 11 22, www.fionnay.ch
- Hotel de Mauvoisin, Zimmer, Telefon 027 778 11 30, www.hoteldemauvoisin.ch

Weitere Informationen

Landeskarte 1:50 000, 282 Martigny, 283 Arolla; für Alternative 1 auch: 272 St-Maurice, 273 Montana oder Zusammensetzung, z. B. 282T Landeskarte 1:25 000, 1325 Sembrancher, 1326 Rosablanche; für Alternative 1 auch: 1305 Dent de Morcles, 1306 Sion
Office du Tourisme Verbier, Telefon 027 775 38 88, www.verbier.ch
Office du Tourisme Val de Bagnes, Telefon 027 775 38 70, www.verbier.ch

Bücher

François Perraudin, Tour du Val de Bagnes et tour des villages, zu beziehen beim Autor via www.frperraudin.ch

Der Grand Combin mit dem Glacier de Corbassière.

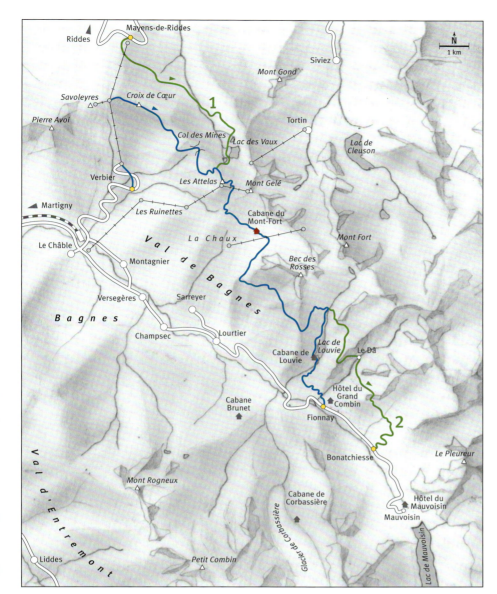

ausschliesslich Zimmer, vor allem Zweier- und Viererzimmer erwarten? Dazu Dusche auf der Etage? Und als Zugabe gibt es noch Zimmer mit direktem Blick auf das ganze Montblanc-Massiv und unten eine grosse Terrasse mit noch grossartigerer Aussicht. Die Cabane du Mont-Fort ist eines der SAC-Häuser, in denen das neue «Komfortkonzept» mit Zimmer und Dusche umgesetzt wurde. Traditionelle SAC-Hütten sind gut, aber ein bisschen Luxus gönnt man sich hie und da ganz gerne.

Was die Wanderung betrifft, ist der zweite Tag der Höhepunkt. Es ist eine Höhenwanderung, die Aussicht, Pflanzen- und Tierwelt vom Feinsten bietet. Zur Aussicht: Sie reicht zuerst vom Petit Combin über den Montblanc bis zu den Dents du Midi. Und nach der Umrundung der ersten Krete steht man unvermittelt vor dem mächtigen, massiv vergletscherten Massiv des Grand Combin. Zu den Pflanzen: Die bekannterweise reiche Flora des Unterwallis zeigt sich hier in ihrer ganzen Pracht, die steilen Grashänge sind übersät mit Männertreu, Arnika, Berghauswurz, der Federigen Flockenblume und der Bärtigen Glockenblume. Und schliesslich zur Tierwelt: Der Höhenweg heisst nicht umsonst auch Sentier des chamois, was so viel wie Gemsenweg bedeutet. Mehrere hundert Gemsen tummeln sich im Jagdbanngebiet um den Mont Pleureur, und noch mehr Steinböcke. Letztere haben eine so geringe Fluchtdistanz, dass sie den Wanderer unbeeindruckt von einer Steinplatte oberhalb des Weges beäugen. Die Gemsen sind wesentlich scheuer, und es lohnt sich, sich ab und zu auf einen Stein zu setzen und mit dem Feldstecher die Hänge abzusuchen.

Oben: Höhenweg mit Blick auf den Montblanc.
Unten: Die Gewöhnliche Kartäusernelke heisst dank ihrer intensiven Farbe auch «Fürnägeli».

DAS MATTERHORN VON DER BAHNENFREIEN SEITE AUS

Zermatt–Panoramaweg Höhbalmen–Zermatt
Berggasthaus Trift

- Eher einfache Wanderung (mit anspruchsvollen Alternativen)
- Speziell nostalgisches Haus
- Sicht auf viele Viertausender

Zermatt als Top-Destination der Schweizer Alpen zu beschreiben hiesse Eulen nach Athen zu tragen. Darum nur so viel: Der berühmteste Berg der Schweiz, das Matterhorn, thront einer Galionsfigur gleich über dem Dorf, kaum weiter weg erhebt sich die Dufourspitze mit 4634 Metern – der höchste Punkt der Schweiz –, und daneben haben sich noch etwa zwei weitere Dutzend Viertausender hier versammelt.

Links: Auch die Nummer eins der Schweizer Berge hüllt sich manchmal in Wolken.
Mitte: Hallers Greiskraut gedeiht in der Schweiz nur im südöstlichen Wallis.
Rechts: Die kleine Kapelle bei Trift, im Hintergrund Monte Rosa, Gornergrat und Lyskamm.

Die Lage Zermatts im Herzen dieser imposanten Bergwelt hat über lange Zeit als Magnet für Touristen und Tourismusinvestoren gleichermassen gedient, und so erklimmen heute zahlreiche Bähnchen und Bahnen die Hänge, Grate und Gipfel im Süden und Osten Zermatts. Und dennoch hat auch Zermatt seine ruhigen Seiten. Das Dorf ist (fast) autofrei, und die ganze Bergkette im Westen ist von Seilbahnen und Skiliften frei geblieben. Natürlich sind die höheren Lagen den Alpinisten vorbehalten, doch auch das Wanderwegnetz steigt zuweilen hoch hinauf, und einige Routen führen auf Gipfel von weit über 3000 Meter.

Die vorgeschlagene Wanderung führt in diese unverdorbene, hochalpine Landschaft und bietet dabei einige ungewöhnliche Blickwinkel und Aussichten. Die erste Tagesetappe führt von Zermatt durch die wilde Schlucht des Triftbaches zum Berggasthaus Trift, einem schlichten, trutzig wirkenden Steinhaus am Rand einer kleinen Geländeterrasse. Es hat eine wortwörtlich bewegte Geschichte: Das erste, 1887 von Peter Aufdenblatten etwas oberhalb des heutigen Hauses erbaute «Hôtel du Trift» wurde nur zwölf Jahre später von einer Jahrhundertlawine in die Tiefe gerissen. Nach der Legende tauchten im folgenden Frühjahr unten in Zermatt intakte Weinflaschen aus dem schmelzenden Schnee auf. Im Jahr 1900 errichtete Aufdenblatten ein neues Hotel und dahinter eine Kapelle, die noch heute dort steht. 1949 brachen schwierigere Zeiten an, denn in diesem Jahr eröffnete der SAC auf 3198 Metern die Rothornhütte, die eineinhalb Stunden näher an den hochalpinen Routen der Kletterer und Hochtourengänger lag. Das «Hotel du Trift» blieb nun sich selbst überlassen. Erst

1970 wurde dem Haus mit einer Renovation neues Leben eingehaucht, und 1995 übernahmen es Hugo und Fabienne Biner, eine Urenkelin des Erbauers. Heute ist es vor allem bei Wanderern wieder sehr beliebt.

Ausstattung und Regime des Hauses ähneln einer SAC-Hütte, mit Pantoffeldepot, gemeinsamem Essen und Zehnuhr-Nachtruhe (inklusive Lichterlöschen, da dann der Generator ebenfalls zur Ruhe geht). Neben dem Lager gibt es aber auch acht Zimmer, in die sich etwas mehr Komfort liebende Wanderer zurückziehen können. Die Gaststube strahlt mit einem alten Matterhornbild an der Wand und einer gerahmten Landkarte den Charme eines Bergsteigerhauses aus. Eine Dusche gibt es nicht, aber das macht das Wirtepaar spielend mit seiner Freundlichkeit wett: Alle an-

Vor dem Berghaus: der Triftbach mit dem Zinalrothorn.

kommenden Gäste werden wenn immer möglich persönlich begrüsst – in ihrer eigenen Sprache.

Der zweite Tag führt auf die einmalige Aussichtsterrasse Höhbalmen mit freiem Blick auf die Walliser Viertausender, von der Mischabelgruppe über den Monte Rosa zum Matterhorn und weiter in den Gletscherkessel unter der Dent d'Hérens. Bei Arben fällt der Weg wieder in den Talgrund ab und führt zurück Richtung Zermatt. Botanisch Interessierte sollten unbedingt einen Pflanzenführer mitnehmen, denn die Wiesen und lockeren Lärchenwälder sind, einen «normalen» Sommer vorausgesetzt, äusserst blumenreich.

Der an einem heissen Sommertag leicht aufkommende Durst lässt sich trefflich in einem kleinen Restaurant gegenüber Biel oder dann in Zmutt, eine Ansammlung alter kleiner Speicher und gleichzeitig eine Art Freiluftrestaurant, löschen.

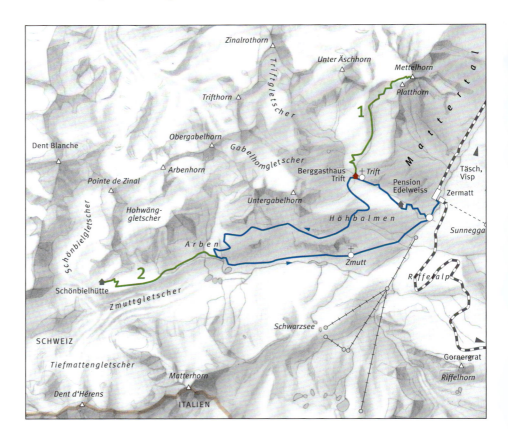

Charakter

Die Tour führt auf durchwegs guten und einfachen Wegen von Zermatt in den Felskessel am Fuss des Obergabel- und des Zinalrothorns. Am zweiten Tag eröffnen sich auf Höhbalmen einmalige Panoramablicke auf die Zermatter Bergwelt und auch ungewöhnliche Blickwinkel auf das Matterhorn. Es ist vielleicht die schönste Tour in der Region, da sie durch die unverfälschte, von Bahnen und Skipisten verschonte Landschaft im Westen Zermatts führt und dennoch klassische Blicke auf das «Horu» erlaubt.

Die Wanderung

Anfahrt: Mit dem Zug bis Brig und von dort stündlich mit der Matterhorn-Gotthard-Bahn nach Zermatt.
Ausgangspunkt: Bahnhof Zermatt.
1. Tag: Da auf dem Bahnhofplatz Zermatt Wegweiser fehlen (!), hier detailliert: Auf der Hauptstrasse nach Süden und etwa 50 Meter nach dem Hotel Seiler Mont Cervin unmittelbar vor dem «GramPi's Pub» rechts hoch. Von hier an ist die Route gut ausgeschildert. Auf gutem, meist breitem Weg durch die Triftschlucht zum Berggasthaus Trift. Im Frühsommer müssen allenfalls einige Schneefelder überschritten werden. 4 km, 720 m Aufstieg, 2 Std., T2.
2. Tag: Vom Berggasthaus Trift nach Höhbalmen mit fantastischem Rundblick, dann einige Kilometer meist flach nach Westen und schliesslich bei Arben wieder in den Talgrund und über Zmutt zurück nach Zermatt. 15 km, 410 m Aufstieg, 1030 m Abstieg, 4 bis 4½ Std., T2.
Endpunkt: Bahnhof Zermatt. Von hier stündlich Züge zurück nach Brig.

Berggasthaus Trift

Art und Ambiance: Gedrungener, älterer Steinbau auf 2340 Metern am Rand einer kleinen Hochebene. Direkte Sicht auf Monte Rosa, Lyskamm und Obergabelhorn. SAC-Hütten-ähnlicher Betrieb. Keine Dusche, nur Kaltwasser.
Zimmer: 1 Einzel-, 8 Doppel-, 1 Dreierzimmer, sehr einfach, teilweise mit Betten, teilweise mit Matratzen auf dem Boden. Kein Wasser in den Zimmern. WC und Lavabo auf der Etage, keine Dusche im Haus. Lager für 5, 6, 8 und 10 Personen, mit Duvets.
Küche: Währschafte Berghauskost. Spezialitäten: hausgemachtes Trockenfleisch, Trift-Teller, Eistee, Apfelkuchen: Für Vegetarier: Menü mit Käse statt Fleisch, Mettelhornteller, Salatteller, Rösti mit Ei. Walliser Weine.
Für Kinder: Kleiner Sandkasten, Bach vor dem Haus.

Ein Haus mit Aussicht: das Berggasthaus Trift.

Hunde: In den Zimmern erlaubt, kein Zuschlag.
Preisklasse: Mittel.
Öffnungszeiten: Ende Juni bis Ende September.
Adresse: Berggasthaus Trift, 3920 Zermatt, Telefon 079 408 70 20, www.zermatt.net/trift

Alternativen

1 Besteigung des Mettelhorns: Der 3406 Meter hohe Berg erhebt sich wie ein Aussichtsturm in der Mitte des hinteren Mattertals und bietet eine einmalige Rundsicht auf die Zermatter Viertausender. Für geübte Bergwanderer bei günstigen Bedingungen gut machbar (bei den Hüttenwarten nachfragen!). Hinweg: 4 km, 1070 m Aufstieg, 3 Std., T3–4.
2 Verlängerung Schönbielhütte: Wer drei Tage zur Verfügung hat, kann am zweiten Tag zur Schönbielhütte, hoch über dem Zmuttgletscher, wandern (nur Lager). Vom Berggasthaus Trift zur Hütte: 11 km, 790 m Aufstieg, 430 m Abstieg, gut 3 Std.
Falls die ganze Strecke am zweiten Tag bewältigt wird, sind es: 23 km, 790 m Aufstieg, 1510 m Abstieg, 6 Std., T2.

Weitere Berghäuser

• Pension und Restaurant Edelweiss, Zimmer, Telefon 027 967 22 36, www.edelweiss-zermatt.ch

Schmusepause.

• Schönbielhütte SAC, Lager, Telefon 027 967 13 54, www.schoenbielhuette.ch

Weitere Informationen

Landeskarte 1:50 000, 283 oder 283T Arolla, 284 oder 284T Mischabel; alternativ die Zusammensetzung 5006 Matterhorn - Mischabel
Landeskarte 1:25 000, 1328 Randa, 1347 Matterhorn, 1348 Zermatt oder die Zusammensetzung 2515 Zermatt - Gornergrat
Nur in Zermatt erhältlich: Zusammensetzung 1:25 000, Zermatt - Cervinia (Breuil) - Täsch mit rot markierten Wanderrouten
Zermatt Tourismus, Telefon 027 966 81 00, www.zermatt.ch.

Bücher

Christoph Käsermann, Fabian Meyer, Arnold Steiner, Die Pflanzenwelt von Zermatt, Serie «Die Reichtümer der Natur im Wallis», Rotten Verlag, Visp 2003
Henri Rougier, Zermatt und seine Bergwelt. Wandel einer hochalpinen Kulturlandschaft, Orell Füssli Verlag, Zürich 2002

SUONENWASSER-GEKÜHLTE DREIPÄSSEWANDERUNG

Simplonpass–Bistinepass–Gebidumpass–Gspon–Saas Grund
Berghotel Alpenblick

- Anspruchsvolle Wanderung (mit etwas einfacherer Alternative)
- Höhenweg der Suone entlang
- Sicht auf viele Viertausender

Drei Pässe an einem Tag? Das klingt nach unerträglich vielen Höhenmetern, ebenso vielen Schweisstropfen, aber bestimmt nicht nach einer Genusswanderung. Doch mit einem zugedrückten Auge und dem Kartenstudium wird schnell klar, dass der erste Tag dieser Wochenendtour zwar lang, aber keineswegs überaus streng ist. Denn den ersten Pass, den Simplonpass, «besteigt» man bequem mit dem Postauto – hier oben beginnt die Tour. Und kaum ist man nach einer guten Stunde Aufstieg durch sanft ansteigende Weiden richtig warmgelaufen, steht man bereits auf dem zweiten Pass des Tages, dem Bistinepass mit 2440 Metern. Den dritten Pass des Tages, den Gebidumpass, erreicht man gar sanft bergab wandernd.

Im Herzen der ersten Tagesetappe liegt das Nanztal, ein ursprüngliches, nur durch eine Naturstrasse erschlossenes Tal, das sich von Gamsen bei Brig südlich zum Fletschhornmassiv zieht. Die schönsten und zugleich für eine Mittagspause idealen Orte liegen ganz hinten im Tal, beim Fulmoos. Es ist eine kleine Geländeterrasse, die

Morgenfrischer Nebel am Fletschhorn.

der Gamsagletscher geschaffen hat, als er noch ein, zwei Kilometer länger war. Zurückgelassen hat er zwar viel Schutt; die Zeit und die Kraft der Natur haben die Hochebene aber in ein kleines Paradies verwandelt, mit einem mäandrierenden Bach, weiten Matten mit gelb leuchtendem Steinbrech und weichen Moospolstern, in denen das Wollgras im kühlen Wind zittert. Die Walliser Schwarzhalsziegen, eine mehr als tausend Jahre alte Rasse, gehören zwar nicht zur ursprünglichen Fauna, passen aber wunderschön ins Bild dieser abgelegenen Walliser Landschaft.

Viele Touren in diesem Buch bieten fantastische Aussichten in die Hochalpen. Einmalig an dieser Zweitagestour ist, dass man in ihrem Verlauf gleich vier verschiedene Walliser Bergmassive im Blickfeld hat. Beim Start auf dem Simplon ist es das Fletschhorn, zwar nicht ganz 4000 Meter hoch, aber kaum von geringerer Ausstrahlung als seine grösseren Brüder. Auf dem Bistinepass und während der ganzen Umrundung des Nanztales hat man die Oberwalliser Viertausender vor sich mit dem kühnen Zacken des Bietschhorns und dem noch höheren Aletschhorn als imposanten Fixpunkten. Beim Gebidumpass rücken unvermittelt die mächtige Pyramide des Weisshorns und das Balfringebiet ins Bild. Und gegen das Ende der Tour öffnet sich schliesslich der Blick auf den langen Kranz der Viertausender der Mischabelgruppe hoch über Saas Fee.

Neben so vielen Höhepunkten in der Ferne könnte man leicht die Schönheiten am Wegrand übersehen. Zum Beispiel die Ausgeschnittene Glockenblume, Campanula excisa, eine ziemlich seltene Art, die in der Schweiz nur im Simplongebiet und im nordwestlichen Tessin vorkommt. Auf den ersten Blick scheint die Krone der zierlichen Glockenblume von Löchern durchbohrt zu sein, bei näherem Hinsehen entdeckt man allerdings, dass es sich dabei um Ausbuchtungen an der Basis der Kronblattzipfel handelt.

Auffällig ist beim Blick auf die Landkarte, dass der Weg auf der Westseite des Nanztales als quasi perfekter Höhenweg angelegt ist. Das hat seinen guten Grund, denn er folgt der viele Kilometer langen Heido-Suone, in der das Wasser aus dem hinteren Nanztal nach Visperterminen geleitet wird. Wie alt diese Leitungen sind, ist nicht klar, es gibt aber schriftliche Quellen, die bereits im 12. und 13. Jahrhundert Suonen im Wallis beschreiben, möglicherweise wurden sie aber von den Römern angelegt.

Auch am zweiten Tag, zwischen Gspon und Saas Grund, trifft man immer wieder auf Suonen. Besonders verträumt wirken sie, wo sie sich durch uralte Wälder mit

Links: Kein Gentechprodukt, sondern eine alte Rasse: Walliser Schwarzhalsziegen.
Oben: Am Suonenweg ist kühlendes Wasser stets zur Stelle.
Unten: Sicht auf Viertausender vom Berghotel Alpenblick.

Der Gamsagletscher ganz hinten im Nanztal.

tausendjährigen Lärchen und Arven schlängeln, und besonders modern sind sie, wo sie in neusten Hängebrücken über tiefe Runsen geführt werden. Die «Gschponeri» bringt Wasser über 15 Kilometer vom Siwibach zu den sonnigen Hängen von Gspon.

Der erste Tag ist mit etwa 7½ Stunden Wanderzeit lang, und so freut man sich, im «Alpenblick» in Gspon anzukommen. Zeit für eine Dusche, Zeit für ein leckeres viergängiges Essen und ideale Gelegenheit, ein Gläschen Heida, den Weisswein von den höchsten Weinbergen Europas bei Visperterminen, zu verkosten. Und nach einer geruhsamen Nacht und dem vielleicht reichhaltigsten Frühstück in der Wandergeschichte des Autors ist man bestimmt wieder fit für den zweiten Wandertag.

Charakter

Eine lange, aber nicht zu strenge Tour, die mit zahlreichen Höhepunkten aufwartet: schönste Aussichten auf mehrere Walliser Viertausendermassive, das wildromantische Nanztal, kilometerlange Suonen und urwüchsige, alte LärchenArven-Wälder. Die Marschrichtung ist so gewählt, dass die eindrücklichsten Berge besonders lange im Blickfeld sind.

Die Wanderung

Anfahrt: Mit dem Zug bis Brig und von dort mit dem Postauto auf den Simplonpass (drei Kurse am Morgen).

Ausgangspunkt: Postautohaltestelle Simplonpass, Monte Leone.

1. Tag: Nach einem kurzen Abstieg auf den Bistinepass hinauf, dort links, südwestlich abbiegen (Richtung Sirwoltesee). Im hinteren Nanztal zum Oberen Fulmoos, dann viele Kilometer der Suone entlang zum Gebidumpass und durch schönen Lärchenwald nach Gspon. 26 km, 790 m Aufstieg, 860 m Abstieg, 7½ Std., T2, eine luftige Stelle im Nanztal.

2. Tag: Von Gspon via den Weiler Finilu, Schwarzwaldalp (Kaffee und Tee, wenn Älpler anwesend), Heimischgartu (einfaches Restaurant) nach Saas Grund, abwechslungsweise durch Wälder, über Weiden und einige Runsen. 19 km, 460 m Aufstieg, 820 m Abstieg, 5 Std., T2.

Endpunkt: Saas Grund. Von hier stündlich mit dem Postauto zum Bahnhof Visp oder weiter zum Bahnhof Brig.

Berghotel Alpenblick

Art und Ambiance: Schlichtes, aber schmuckes Holzhaus auf 1920 Meter Höhe. Einfache, schön getäferte Gaststube mit geschnitzter Decke, Restaurant mit kleiner Bar. Sonnenterrasse mit Grillhäuschen und Aussicht auf das Weisshorn, die Mischabelgruppe mit Balfrin und die Augstbordregion.

Zimmer: 2 Einzel-, 5 Doppel-, 5 Dreierzimmer, komfortabel, alle mit Lavabo. Dusche und WC auf der Etage.

Küche: Währschafte Walliser und originelle Schweizer Gerichte. Spezialitäten: Alpkäseschnitte, Hüttenfondue, grilliertes «Chämi»Schweinssteak. Für Vegetarier: verschiedene Gerichte auf der Karte. Walliser Weine. Äusserst reichhaltiges Morgenessen.

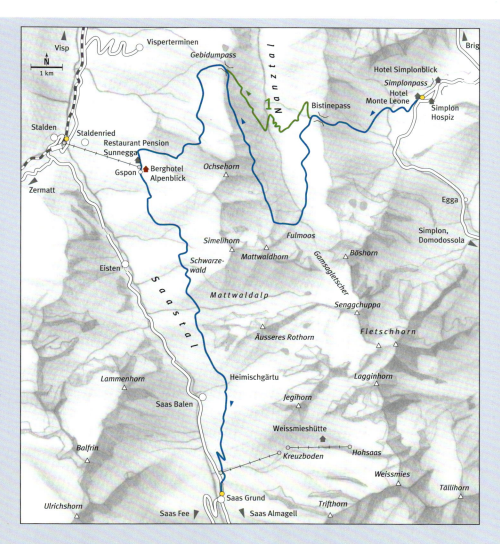

Für Kinder: Spiele im Haus.
Hunde: In den Zimmern ohne Zuschlag erlaubt.
Preisklasse: Mittel.
Öffnungszeiten: Anfang Mai bis Ende Oktober und Dezember bis März.
Adresse: Berghotel Alpenblick, 3933 GsponStaldenried, Telefon 027 952 22 21, www.alpenblick-gspon.ch

Alternative

1 Abkürzung erster Tag: Vom Bistinepass hinab ins Nanztal und auf der anderen Seite hoch zum Gebidumpass. Erster Tag dann: 21 km, 990 m Aufstieg, 1060 m Abstieg, 6 Std., T2.

Weitere Berghäuser

- Hotels auf dem Simplon: Hotel Simplon-Blick, Zimmer, Telefon 027 979 11 13; Hotel Monte Leone, Zimmer, Telefon 027 979 12 58; Simplon Hospiz, Zimmer und Lager,

Telefon 027 979 13 2, www.gsbernard.net
- Restaurant Pension Sunnegga, Vierbettzimmer, Lager, grosses Lager für Schulen, Telefon 027 952 16 94, www.gruppenunterkunft-gspon.ch
- Diverse Hotels in Saas Grund

Weitere Informationen

Landeskarte 1:50 000, 274 oder 274T Visp, 284 oder 284T Mischabel
Landeskarte 1:25 000, 1289 Brig, 1308 St. Niklaus, 1309 Simplon, 1329 Saas
Simplon Tourismus, Telefon 027 979 10 10, www.simplon.ch
Verkehrsverein Staldenried/Gspon, Telefon 027 952 16 46,www.staldenried.ch
Saas-Tal Tourismus, Telefon 027 958 18 55, www.saas-grund.ch

AUF DEM LÖTSCHENTALER HÖHENWEG UND BIS LEUKERBAD

Fafleralp–Restipass–Leukerbad
Berghäuser Lauchernalp, zur Wildi und Kummenalp

- Mittelschwere Wanderung (mit anspruchsvollerer Alternative)
- Drei Berghäuser zur Auswahl
- Sicht auf viele Viertausender

Oben: Wer es urchig liebt, geht ins Berghaus Lauchernalp.
Rechts: Auf dem Restipass, rechts das Torrenthorn.

Wer einen einfachen, ungefährlichen Höhenweg sucht, sollte sich diese Tour ganz dick auf die Wunschliste des nächsten Wandersommers schreiben. Dass sie auch noch landschaftlich sehr lohnend ist, macht sie doppelt attraktiv. Ohne viele Höhenmeter ist man meist im Bereich der Baumgrenze unterwegs, und auf der Südseite des Tales reiht sich eine ganze Palisade schroffer, vergletscherter Felszacken auf. Die sonnige Nordseite des Tales, auf der der Höhenweg verläuft, ist sanfter, und immer wieder

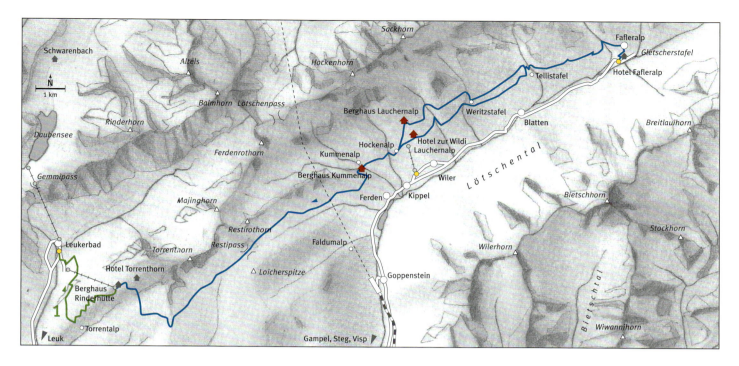

schlängelt sich der Weg durch einen kleinen Weiler mit sonnengeschwärzten Speichern oder Ferienhäuschen wie etwa Tellistafel, Weritzstafel oder die Hockenalp.

Für die müden Füsse und den leeren Bauch bieten sich gleich drei Häuser an, und je nach Lust und Komfortwünschen kann man einfach, originell oder gar luxuriös nächtigen. Traditionell und einfach ist das Berghaus Kummenalp, ein gut hundertjähriges Steinhaus mit einem etwas jüngeren Anbau. Die Zimmer sind schlicht und einfach, aber gemütlich, das «Essstübli» klein und einfach eingerichtet. Originell ist zweifellos die Architektur des Berghauses Lauchernalp. Es sitzt ganz oben auf der gleichnamigen Alp – mit den zahlreichen Chalets eher schon ein Dorf als eine Alp – und ist ein abenteuerlich verschachteltes, aber organisch gewachsenes Holz- und Steinhaus. Begonnen hat es 1936 mit einer einfachen Hütte, die Willy Lehner erwarb. Zehn Jahre später kaufte er die danebenliegende ausgediente Militärbaracke dazu und verband die beiden Bauten. Immer wieder wurde gewerkelt, um- und ausgebaut, und Willys Frau Ida musste dabei mindestens sechsmal ihre Küche zügeln. In diesem Haus kann man sich verirren, und sogar meine Hausführerin stand einmal unvermittelt vor einer verschlossenen Tür und wusste beim besten Willen nicht, wohin diese führt. In einer anderen Liga schliesslich spielt das Berghotel zur Wildi, ebenfalls auf der Lauchernalp. Es ist ein neueres Dreisternehotel mit allem entsprechendem Komfort.

Wer den Luxus eines Mittelklassehotels möchte, meldet sich also im Hotel zur Wildi an. Wer es rustikaler vorzieht, trifft die Wahl wohl am besten nach der Lage. Von den insgesamt acht Stunden der zweitägigen Tour erreicht man das Berghaus Lauchernalp nach etwa drei Stunden, das Berghaus Kummenalp nach vier Stunden, was zwei gleich lange Tagesetappen ergibt. Das Berghaus Kummenalp hat zurzeit (noch) keine Dusche und auch kein fliessendes Wasser im Haus, und sein Geschäft erledigt man in einem separaten WC-Häuschen. Das Berghaus Lauchernalp hat eine Dusche, dafür sind die Zimmer sehr einfach und mit Kajütenbetten ausgestattet.

Die zweite Tagesetappe hat einen ganz anderen Charakter als die erste. Sie führt durch eine einsamere und vor allem im Bereich des Restipasses kargere und felsigere Bergwelt. Schwierig ist der Weg aber in keiner Weise. Auf dem gut 2600 Meter hohen Pass zwischen der dunklen Pyramide der Loicherspitze zur Linken und dem kühnen Zackenturm des Torrenthorns zur Rechten eröffnet sich dann ein fantastischer Blick ins mittlere Wallis. Aber das Schönste kommt zum Schluss: Läuft der Schweiss auch noch so grosszügig und zittern die Knie noch so unkontrollierbar, in den Bädern, Spas und Wellnesspalästen von Leukerbad ist das alles im Nu weggespült und vergessen.

Dreisterne-Komfort auf 2100 Metern: das Hotel zur Wildi.

Bergfrühling im Lötschental, mit dem Breithorn.

Charakter

Angenehmer und typischer kann man im Wallis kaum wandern: Der Lötschentaler Höhenweg ist einfach, führt durch schmucke Weiler und bietet dabei schönste Aussichten auf verg etscherte Bergriesen. Für die Übernachtung stehen gleich drei Häuser zur Verfügung, zwei davon einfach, eines luxuriös. Am zweiten Tag geht es über den einsamen, kargen, aber unschwierigen Restipass nach Leukerbad.

Die Wanderung

Anfahrt: Mit dem Zug durch den Lötschbergtunnel oder vom Wallis nach Goppenstein, von dort stündlich mit dem Postauto zur Fafleralp.
Ausgangspunkt: Postautohaltestelle Fafleralp.
1. Tag: Von der Fafleralp auf dem Lötschentaler Höhenweg über Tellistafel (Restaurant) und Weritzstafel zur Lauchernalp und allenfalls weiter via Hockenalp (Restaurant) zur Kummenalp. Westlich von Tellistafel gibt es einen unteren und einen oberen Weg zur Auswahl. 10 km, 340 m Aufstieg, 120 m Abstieg, 3 Std. (bis zum Hotel zur Wildi), T2. Zur Kummenalp ist es zusätzlich 1 Std. mit nur wenig Auf und Ab.
2. Tag: Von der Lauchernalp oder der Kummenalp via Restialp (Imbissrestaurant) auf den Restipass (oben etwas geröllig) und zur Rinderhütte. Von der Lauchernalp 16 km, 780 m Aufstieg, 470 m Abstieg, 5 Std. (von der Kummenalp 1 Std. weniger), T2.
Endpunkt: Rinderhütte. Von hier mit der Luftseilbahn (oder zu Fuss) nach Leukerbad und mit dem Postauto zum Bahnhof Leuk.

Berghaus Kummenalp

Art und Ambiance: Schlichter Steinbau auf einer Schulter mit Aussicht auf das Bietschhorn. Sehr einfach. Kleines «Essstübli», Terrasse mit ein paar Tischen.
Zimmer: 1 Einzel-, 5 Doppelzimmer, einfach, mit viel Holz, Bachrauschen vor dem Fenster. 3 Zimmer nur durch das Lager erreichbar. WC vor dem Haus, Waschen am Brunnentrog, keine Dusche. Lager für 12 und 14 Personen.
Küche: Gutbürgerlich, meistens Abendmenü mit vier Gängen. Spezialitäten: Käseschnitten, Walliser Teller. Für Vegetarier: statt Fleisch im Menü z. B. Gemüseplätzli oder Röstirolle. Walliser Weine.
Für Kinder: Bach vor dem Haus.
Hunde: In den Zimmern und im Lager erlaubt.

Preisklasse: Tief.
Öffnungszeiten: Anfang Juli bis Ende September.
Adresse: Berghaus Kummenalp, 3917 Kippel, Telefon 027 939 12 80, www.rhone.ch/riederwerlen.

Berghaus Lauchernalp

Art und Ambiance: Von aussen einer rustikalen Alphütte ähnlich, innen ein origineller Mix aus Alphütte, Walliser Keller und Blockhaus. Heimeliges «Essstübli» mit viel schwerem Holz, Terrasse mit grandioser Aussicht.
Zimmer: Je 1 Doppel-, Dreier-, Vierer- und Sechserzimmer, alle sehr einfach, klein, mit Kajütenbetten. Lager für 40 Personen. WC, Dusche, Lavabo auf der Etage.
Küche: Währschafte Berghauskost. Spezialitäten: hausgemachte Pizzas. Kleine Weinkarte.
Hunde: Im ganzen Haus erlaubt.
Preisklasse: Tief.
Öffnungszeiten: Mitte Juni bis Ende Oktober plus Wintersaison.
Adresse: Berghaus Lauchernalp, 3918 Wiler, Telefon 027 939 12 50, www.berghauslauchernalp.ch

Hotel zur Wildi

Art und Ambiance: Luxuriös, Dreisternhotel auf 2100 Metern! 1989 eröffnet, durchwegs neuere Ausstattung. Separates Raclettestübli, grosse Aussichtsterrasse.
Zimmer: 8 Doppel-, 2 Viererzimmer, jeweils mit zusätzlichem Sofabett. Geräumig, hell, mit allem Komfort. Alle Zimmer mit Dusche und WC.
Küche: Gutbürgerlich. Walliser Spezialitäten wie Käseschnitten und Fondue. Drei Weine aus eigenem Anbau (Leetschar Grenadier, Tschäggätäbluäd und Goiggler).
Für Kinder: Separater Aufenthaltsraum.
Hunde: Auf Anfrage.
Preisklasse: Hoch.
Öffnungszeiten: Mitte Juni bis Ende Oktober jeweils Freitag bis Sonntag.
Adresse: Hotel-Restaurant zur Wildi, 3918 Wiler, Telefon 027 939 19 89, www.zur-wildi.ch

Alternative

1 Bis Leukerbad: Am zweiten Tag von der Rinderhütte via Torrentalp nach Leukerbad absteigen. Zusätzlich 6 km, 910 m Abstieg, 2 Std., T2, kurze luftige Stelle, gesichert.

Weitere Berghäuser

- Hotel Fafleralp, Suiten, Zimmer und Lager, Telefon 027 939 14 51, www.fafleralp.ch
- Berghaus Rinderhütte, Zimmer und Lager, Schlafsack mitnehmen, Telefon 027 472 81 30, www.torrent.ch
- Hotel Torrenthorn, 500 Betten in Zimmern und Lagern, 027 470 11 17

Für jene, die es ruhig wünschen: das Berghaus Kummenalp unterhalb des Hockenhorns.

Weitere Informationen

Landeskarte 1:50 000, 263 oder 263T Wildstrubel, 264 oder 264T Jungfrau
Landeskarte 1:25 000, 1267 Gemmi, 1268 Lötschental
Lötschental Tourismus, Telefon 027 938 88 88, www.loetschental.ch
Leukerbad Tourismus, Telefon 027 472 71 71, www.leukerbad.ch

Bücher

Ignaz Bellwald, Lötschental. Erinnern Sie sich, Rotten Verlag, Visp 2000 (Heimatkunde)
Stephan Andereggen, Thermen, Themen und Tourismus, Rotten Verlag, Visp 2002

MILLIARDÄRSKOMFORT HOCH ÜBER DEM ALETSCHGLETSCHER

Blatten–Massaweg–Riederfurka–Aletschwald–Bettmeralp
Villa Cassel, Berghotel Riederfurka

- Eher anspruchsvolle Wanderung (mit einfacherer Alternative)
- Suonen, Gletscher und Viertausender
- Ein Berghaus speziell nostalgisch-gediegen

Riederalp, im Sommer 1900. Die Sennenfamilien sind wie jedes Jahr vom Heimgut im Tal auf die Alp gekommen, um ihre Kühe zu sömmern. Man ist Selbstversorger – lediglich ein- oder zweimal im Jahr geht man nach Brig, um Salz und Tabak zu kaufen. Sonst lebt man in seiner eigenen Welt wie seit Jahrhunderten, und gar Kontakte zu den Nachbargemeinden sind sehr selten.

Doch ganz allein war man auch hier nicht mehr. Seit einiger Zeit tauchten immer wieder merkwürdige fremde Gestalten vor den Alphütten auf, aufwendig gekleidet und mit Hüten wie «verbeulte Schindeldächer». Noch sonderbarer: In der einen Hand hielten sie meist einen langen, eisenbeschlagenen Stock, in der anderen Steine, Kräuter oder verwelkte Blumen. Verständigen konnte man sich nicht mit ihnen, und die Ängstlicheren sahen in ihnen Berggeister oder verlorene Seelen. Die Mutigeren merkten aber bald, dass es Engländer waren, «übergeschnappte Städter», aber sonst ganz normale Menschen. Neckend nannte man sie «Kraut-, Stein- und Bergnarren». Es

Links: Auch so kann man auf einer Bergwanderung nächtigen. In der Villa Cassel.
Mitte: Tunnelausblick auf dem Massaweg.
Rechts: Spezialservice (nicht im Preis inbegriffen).

waren die ersten Touristen auf der Riederalp, und übernachten liess man sie in den Alphütten und Ställen – die Ziegen musste man dann allerdings anderswo unterbringen.

1902, also nur zwei Jahre später, bot sich auf der Riederalp ein noch viel sonderbareres Bild. Oben auf der Riederfurka, zwanzig Minuten oberhalb der oberen Sennhütten, erstrahlte ein nigelnagelneuer Prunkbau wie aus einer anderen Welt. Und das war er auch. Es war eine herrschaftliche 25-Zimmer-Villa im viktorianischen Stil, komplett mit Türmchen, Wetterfahnen und verspielten Ornamenten und mit einem Interieur, das einem Nobelhaus in London in nichts nachstand, mit Speisesaal, Salon und Fumoir, alle mit erlesenen Hölzern verkleidet, mit französischen Cheminées und Wandfriesen, Schlafgemächern für den Hausherrn und zahlreiche Gäste, und im Dachstock Kammern für Diener, Zofen und Hauspersonal.

Bauherr war Sir Ernest Cassel aus London, Sohn eines einfachen Geldverleihers, der in wenigen Jahren dank seinem Geschick auch in den diffizilsten Finanz-

(Immer noch) mächtig eindrücklich: der Grosse Aletschgletscher.

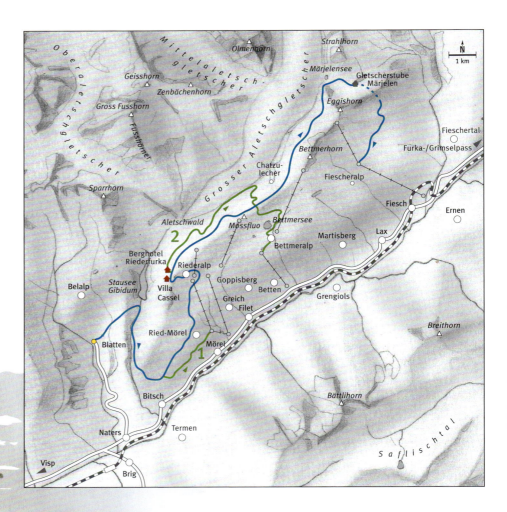

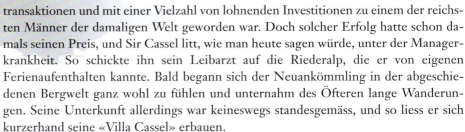

transaktionen und mit einer Vielzahl von lohnenden Investitionen zu einem der reichsten Männer der damaligen Welt geworden war. Doch solcher Erfolg hatte schon damals seinen Preis, und Sir Cassel litt, wie man heute sagen würde, unter der Managerkrankheit. So schickte ihn sein Leibarzt auf die Riederalp, die er von eigenen Ferienaufenthalten kannte. Bald begann sich der Neuankömmling in der abgeschiedenen Bergwelt ganz wohl zu fühlen und unternahm des Öfteren lange Wanderungen. Seine Unterkunft allerdings war keineswegs standesgemäss, und so liess er sich kurzerhand seine «Villa Cassel» erbauen.

Das Haus war alles andere als eine überdimensionierte Villa für einen etwas vereinsamten älteren Herrn. Schliesslich verkehrte er in den allerbesten Kreisen in England, und so reiste er im Sommer ausser mit seiner eigenen Familie stets mit einem auserwählten Kreis von illustren Gästen an. Während vier Sommern war auch ein junger Mann dabei, für den Cassel wie ein väterlicher Freund war. Zu Beginn war der junge Mann, obwohl aus einflussreicher Familie, nicht viel mehr als ein Offizier und Kriegsberichterstatter, bei seinem letzten Besuch auf der Riederalp, 1913, aber war er britischer Innenminister und Befehlshaber der grössten Kriegsflotte der Welt. Sein Name war Winston Churchill.

Ob solch spannender Geschichten, die sich um die Villa Cassel ranken, sollten die vielen Höhepunkte dieser Wanderung im Aletschgebiet nicht vergessen gehen. Da ist am ersten Tag der vor einigen Jahren neu erstellte Massaweg. Er führt viele Kilometer der «Riedere» entlang, der Suone, die früher Wasser aus der Massaschlucht einem steilen Felsabhang entlang nach Ried oberhalb von Mörel brachte. Und da ist der Aletschwald, einer der berühmtesten Wälder der Schweiz, ein uralter Arvenwald mit bis zu tausendjährigen Methusalemen. Und da ist natürlich der Aletschgletscher, mit seinen 24 oder inzwischen 23 Kilometern Länge der längste Eisstrom der Alpen.

Charakter

Eine einmalige Kombination Walliser Natur-, Kultur- und Hotelgeschichte mit einer Wanderung einer ehemaligen Suone hoch über der Massaschlucht entlang, durch den alten Aletschwald, dem Aletschgletscher entlang und mit einer Nacht in der legendären, viktorianisch anmutenden Villa Cassel.

Die Wanderung

Anfahrt: Mit dem Zug stündlich bis Brig und von dort nach Blatten bei Naters.
Ausgangspunkt: Blatten bei Naters, Post.
1. Tag: Auf dem Massaweg zuerst durch einen wahrlichen Märchenwald, dann der «Rieder»-Suone folgend einem steilen Abhang entlang und hoch auf die Riederfurka. 15 km, 880 m Aufstieg, 150 m Abstieg, 4½ Std., T2, etwas luftige, aber dann stets mit Ketten gesicherte Stellen auf dem Massaweg.
2. Tag: Von der Riederfurka auf dem obersten der drei Wege durch den Aletschwald, hoch über dem Gletscher bis zum Märjelensee und durch den Tunnel auf die Fiescheralp. 20 km, 460 m Aufstieg, 320 m Abstieg, 6½ Std., T2.
Endpunkt: Fiescheralp. Von hier mit der Luftseilbahn zum Bahnhof Fiesch.

Villa Cassel

Art und Ambiance: Ehemalige herrschaftliche Sommerresidenz von Sir Ernest Cassel, im viktorianischen Stil, von Pro Natura zu einem Hotel und Ausbildungszentrum umgebaut. Stilähnliches Chalet mit weiteren Zimmern. Bibliothek, Alpengarten.
Zimmer: 5 Doppel- und 3 Dreierzimmer, edelkomfortabel, mit Lavabo. Zusätzlich einfache Zimmer mit Kajütenbetten und Wolldecken: 1 Doppel-, 2 Vierer-, 4 Sechserzimmer, 1 Achterzimmer, einige mit Lavabo. Dusche und WC im Haus.
Küche: Traditionelle und regionale Gerichte, biologische Produkte. Spezialitäten: Cholera (Blätterteigkuchen mit Käse, Zwiebeln, Lauch und Äpfeln). Vegetarische Menüs auf Anfrage. Walliser Weine.
Für Kinder: Spielraum mit «Töggelikasten», Pingpong, Spielen. Draussen Volleyballnetz und Basketballkorb.
Hunde: In den Häusern nicht erlaubt.
Preisklasse: Tief bis hoch.

Öffnungszeiten: Mitte Juni bis Mitte Oktober.
Adresse: Pro Natura Zentrum Aletsch, Villa Cassel, 3987 Riederalp, Telefon 027 928 62 20, www.pronatura-aletsch.ch

Berghotel Riederfurka

Art und Ambiance: Schlichtes Steinhaus, etwa 200 Meter von der Villa Cassel entfernt. Rustikale Gaststube, Terrasse.
Zimmer: 3 Einzel-, 7 Doppel-, 1 Viererzimmer, komfortabel, mit Lavabo. WC und Dusche auf der Etage. Lager im Nebengebäude für je 2, 6, 8, 9, 10 Personen, 2 Lager für 11 Personen.
Küche: Traditionelle Gerichte und Walliser Spezialitäten: Fondue, Käseschnitten, hausgemachte Kuchen. Vegetarisches Menü auf Anfrage. Vor allem Walliser Weine.
Für Kinder: Spiele im Haus.
Hunde: Nur in der Nebensaison, auf Anfrage.
Preisklasse: Tief bis hoch.
Öffnungszeiten: Mitte Juni bis Mitte Oktober und Dezember bis April.
Adresse: Berghotel Riederfurka, 3987 Riederalp, Telefon 027 927 21 31, www.artfurrer.ch

Alternativen

1 Abkürzung erster Tag: Mit der Luftseilbahn von Ried-Mörel auf die Riederalp. Am ersten Tag dann: 11 km, 290 m Aufstieg, 270 m Abstieg, 3½ Std. T2 (siehe 1. Tag).
2 Abkürzung zweiter Tag: Auf dem mittleren

Weg durch den Aletschwald, zu den Chatzulechern beim Aletschgletscher und auf die Bettmeralp. 11 km, 400 m Aufstieg, 560 m Abstieg, 4 Std. T2.

Weitere Berghäuser

- Gletscherstube Märjelen, Lager, Telefon 027 971 47 83, www.gletscherstube.ch
- Zahlreiche Hotels in Betten, auf Riederalp, Bettmeralp und Fiescheralp

Weitere Informationen

Landeskarte 1:50 000, 264 oder 264T Jungfrau, 274 oder 274T Visp
Landeskarte 1:25 000, 1269 Aletschgletscher, 1289 Brig
Blatten Belalp Tourismus, Telefon 027 921 60 40, www.belalp.ch.
Riederalp und Bettmeralp Tourismus: Telefon 027 928 41 31, www.aletscharena.ch

Bücher

Laudo Albrecht, Aletsch, eine Landschaft erzählt, Rotten Verlag, Visp, 1997
Heinz Staffelbach, Die schönsten Wälder der Schweiz, Werd Verlag, Zürich 2002
Ulrich Halder, Die Villa Cassel im Spiegel der Zeit, Riederalp 2000 (erhältlich in der Villa Cassel)

Die Villa Cassel und rechts das Berghotel Riederfurka.

Märchenhaft: der alte Wald bei Blatten.

IN EINE WELT AUS FELS UND WASSER

Ossasco–Passo di Cristallina–Robièi–Bocchetta di Valle Maggia–Val Bedretto
Albergo Robiei

- Anspruchsvolle Wanderung
- Drei Passübergänge
- Zahlreiche Bergseen

Das Tessin hat zwei Gesichter. Eines ist sanft und weich, mit verträumten Seen, gesäumt von Palmen und umrahmt von grünen Hügeln. Das andere Gesicht ist hart und karg, mit viel rohem Fels, steilen Wänden und schroffen Gipfeln. Diese Tour führt in eine der markantesten Regionen dieses «zweiten» Gesichts des Tessins: in das Cristallinagebiet.

Der Aufstieg aus dem Bedrettotal auf den Passo di Cristallina ist lang, aber nirgends so steil, dass man, einigermassen gute Kondition vorausgesetzt, den Atem verlieren würde. Der Startpunkt Ossasco ist ein kleines, bequem von Airolo mit dem Postauto erreichbares Dorf. Kaum verhallt der Motor des gelben Busses, ist man von der urwüchsigen Tessiner Bergwelt eingenommen. Wild tost der Ri di Cristallina durch sein steinernes Bett, laut und überschäumend, als würde er sich selbst über seine ungebändigte Kraft freuen. Unbeeindruckt davon stehen neben dem Wanderweg mächtige Lärchen und Fichten und widmen sich ihrer eigenen, bedächtigeren Art des Seins: ruhig, still und doch kraftvoll. Am liebsten würde man sich für ein Stündchen hinsetzen, einfach schauen, aufsaugen und spüren, Energie tanken. Aber es sind doch noch ein paar Stunden bis zum Albergo, und so gönnt man sich ein paar Heidelbeeren und zieht weiter.

Das mittlere Drittel des Aufstiegs führt durch die Weiden oberhalb der Alpe di Cristallina. Eindrücklich die Wasserfälle unter den steilen Flanken des Madone, die durch eine steile Felsscharte hervorschiessen. Der oberste Teil des Aufstiegs schliess-

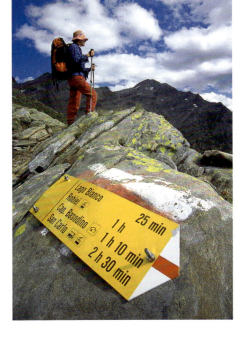

Oben: Bald geht es steil hinunter. Wegweiser bei Pianca.
Rechts: Island? Chile? Passo di Cristallina! Basòdino!

lich führt durch die steinerne Welt am Passo di Cristallina, durch Geröll, über grosse Gneisplatten und unter steilen Felsflanken hindurch. Immer wieder hallen die Warnrufe von Murmeltieren von den Wänden, weit oben durchqueren zwei Gemsen den Abhang.

Eine Pause auf dem Passo di Cristallina hat jede Besteigerin verdient, und ein Besuch in der neuen SAC-Hütte lohnt sich nicht nur wegen eines kühlen Trunks oder einer stärkenden Suppe. Nachdem die alte SAC-Hütte weiter unten 1986 und 1999 durch Lawinen zerstört worden war, entschloss man sich zu einem Neubau an einer wirklich lawinensicheren Lage. Der moderne, kubistisch anmutende Bau sitzt nun seit einigen Jahren selbstbewusst ganz oben auf dem Pass. Nichts erinnert hier an die Enge und Dunkelheit vieler älterer SAC-Hütten. Alles ist hell, offen und transparent. Ein ungewohntes Erlebnis ist es, im grossen Essraum zu sitzen und durch drei Fensterfronten drei verschiedene Bergansichten zu geniessen. Bei schönem Wetter aber sitzt man draussen auf der Terrasse und beobachtet das Kommen und Gehen unten auf dem Pass.

Auch das Albergo Robiei entspricht gar nicht dem Bild, das man sich von einem Berghaus gerne macht. Massiv und markant steht der sechsstöckige Turm bei der Bergstation der Luftseilbahn und wird dabei noch weit überragt von der mächtigen Staumauer des Lago di Robièi. Um 1960 erbaut, diente er in den ersten Jahren als Unterkunft für die Ingenieure und Techniker, die ihre Dienste in den Kraftwerks- und Staumauerbau stellten. Doch wenn es um eine erholsame Nacht nach einem langen Wandertag geht, zählen die inneren Werte eines Hauses. Zwar setzt sich die nüch-

Hier ist man noch fit. Das hintere Val Bedretto.

Alpenkratzdistel auf dem Passo di Cristallina, hinten der Basòdino.

terne Architektur im zentralen Treppenhaus fort. Die Gaststube überrascht aber doch mit einer freundlichen Einrichtung, und das dreigängige Abendessen serviert einem die freundliche Bedienung an mit rosa und weissem Leinen gedeckten Tischen, die einem gehobenen Restaurant im Tiefland in nichts nachstehen. Auch den Zimmern merkt man die äussere Strenge des Hauses nicht an, sind sie doch freundlich und hell eingerichtet.

Charakter

Eine zünftige Tessiner Urgesteinstour! Zwei recht lange Tage mit viel Fels und Stein, einem Dutzend kleineren und grösseren Seen und einem kurzen Ausflug nach Italien (Ausweis mitnehmen!). Das Albergo Robiei ist innen freundlicher, als es die kühle Kraftwerksarchitektur aussen vermuten lässt.

Die Wanderung

Anfahrt: Mit dem Zug bis Airolo und von dort mit dem Postauto nach Ossasco (ein Kurs am Morgen).

Ausgangspunkt: Postautohaltestelle Ossasco.

1. Tag: Von Ossasco zuerst durch Wald, dann über Wiesen und zuoberst etwas Geröll auf den Passo di Cristallina (2568 m), wo auch die neue, unkonventionelle und komfortable Capanna Cristallina des SAC liegt. Auf der Südseite des Passes hoch über dem Lago Sfundau vorbei, kurz Richtung Lago Nero, dann steil hinab zur Strasse und auf dieser zum Albergo Robiei. 14 km, 1300 m Aufstieg, 720 m Abstieg, 6½ Std., T2.

2. Tag: Vom Albergo am Lago di Matörgn vorbei zur Bocchetta di Valle Maggia (2635 m), zum Lago Toggia (Einkehrmöglichkeit im Rifugio Maria Luisa) und über den sanften Passo San Giacomo hinunter nach All'Acqua. 20 km, 890 m Aufstieg, 1170 m Abstieg, 6½ Std., T2 – T3, eine abschüssige Felsplatte.

Endpunkt: All'Acqua. Von hier mit dem Postauto zum Bahnhof Airolo (vier Kurse am Nachmittag).

Albergo Robiei

Art und Ambiance: Unkonventioneller achteckiger Turm mit sechs Stockwerken auf 1900 Metern bei der Staumauer des Lago di Robièi, mit direktem Blick auf den vergletscherten Basòdino. Luftseilbahn von San Carlo bis vor das Haus. Kühler Bau, aber freundlich eingerichtete Gaststube und ebensolche Zimmer.

Zimmer: 5 Einzel-, 20 Doppel-, 5 Dreierzimmer, komfortabel, 12 der Zimmer mit Dusche, die anderen mit Lavabo und Etagendusche. 1 Lager für 6, je 2 Lager für 4 und 8 Personen.

Küche: Traditionell mit italienischen und Tessiner Spezialitäten. Für Vegetarier ein spezielles Halbpensionsmenü auf Anfrage. Vor allem Tessiner Weine, weitere aus der Schweiz und Italien.

Unkonventionelles Berghaus: Albergo Robiei.

Für Kinder: Einige Geräte vor dem Haus, Billardraum.

Hunde: In den Zimmern ohne Aufpreis erlaubt, im Restaurant nicht.

Preisklasse: Tief bis mittel bis hoch.

Öffnungszeiten: Mitte Juni bis Mitte Oktober.

Adresse: Albergo Robiei, 6690 Cavergno, Telefon 091 756 50 20, www.robiei.ch

Alternative

1 Unterer Weg über Randinascia und Valletta di Fiorina zur Bocchetta di Valle Maggia. Man verpasst dann den Lago di Matörgn, kommt dafür aber durch eine bezaubernde, kleine, mit Wollgras übersäte Hochebene. Distanzen und Zeiten praktisch gleich. T2 – T3, streckenweise grobes Geröll.

Weitere Berghäuser

* Capanna Cristallina SAC, Lager, modernste Architektur, Telefon 091 869 23 30, www.capannacristallina.ch
* Capanna Basòdino SAC, Lager, Telefon 091 753 27 97, www.cas-locarno.ch
* Rifugio Maria Luisa CAI, Zimmer und Lager, Telefon 0039 0324 630 86, www.rifugiomarialuisa.it
* Ristorante All'Acqua, Zimmer, Telefon 091 869 11 85, www.allacqua.ch
* Hotels in Airolo, Bedretto, Ronco und Villa

Weitere Informationen

Landeskarte 1:50 000, 265 oder 265T Nufenenpass
Landeskarte 1:25 000, 1251 Val Bedretto, 1271 Basòdino
Leventina Turismo, Airolo, Telefon 091 869 15 33, www.leventinaturismo.ch

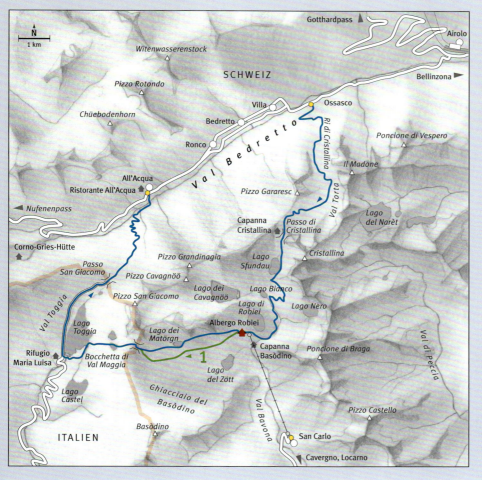

ZWISCHEN CENTOVALLI UND ONSERNONE –
IM NEUEN NATIONALPARK?

Intragna–Monte Comino–Pizzo Ruscada
Alla Capanna Monte Comino, Grotto al Riposo Romantico

- Mittelschwere Wanderung
- Gipfelbesteigung
- Speziell lange Wandersaison

Noch vor wenigen Jahren begann diese Wanderung beim Bahnhof Intragna mit der grossen Verwirrung, denn einen der ansonsten an solchen Stellen üblichen Wegweiser gab es hier nicht, und auf der Suche nach demselben verirrte man sich im Nu im dichten Strässchen- und Gässchen-Gewirr des zugegebenermassen pittoresken alten Dorfkerns. Doch heute ist alles besser, und ohne aufkommende Zweifel wird man an mehreren Grotti und dem «Museo regionale delle Centovalli e del Pedemonte» vorbei an den bergseitigen Rand des Dorfes geleitet.

Von hier weg führt einen der Weg sicher auf den Monte Comino. In den tieferen Lagen ist man dabei noch in Edelkastanienwäldern unterwegs, weiter oben dominieren Buchen, begleitet von einigen Birken. Besonders malerisch ist die «Mulina», die alte Mühle, und die Ponte della Valle unterhalb von Pila. Hier findet man das ganze Tessin auf wenigen Quadratmetern kondensiert: In einer engen Schlucht gibt es

Rechts: Und jetzt eine Pause auf dem Pianascio. Hinten der Pizzo Ruscada.

Unten: Eine kleine Oase in der rauhen Tessiner Bergwelt: Capanna Monte Comino.

hier ein kunstvoll ausgeschliffenes und von Edelkastanien gesäumtes Bachbett, eine alte Bogenbrücke, eine kleine Wegkapelle und daneben eine alte Getreidemühle samt grossem Wasserrad. Etwas weiter oben, auf Costa, das man alternativ auch von Intragna mit der Luftseilbahn erreichen kann, und vor allem noch weiter oben bei Selna ergeben sich zum ersten Mal schöne Aussichten über das Pedemonte, die weite Talebene zwischen Intragna und Ponte Brolla.

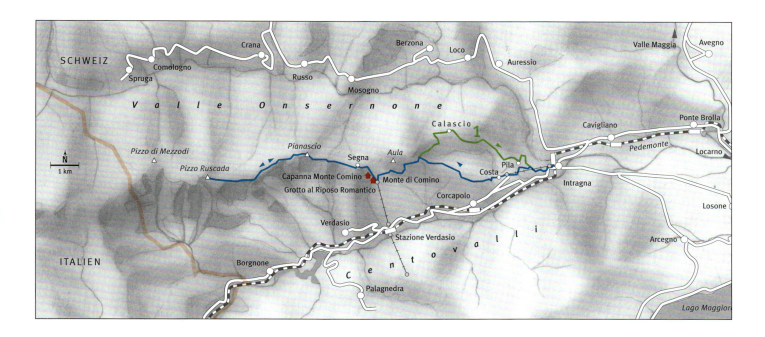

Der Monte di Comino ist nicht ein eigentlicher Berg, sondern eher eine ausgedehnte, nur wenig geneigte Lichtung am Fuss des Aula. Ein wunderbarer Ort, um sich im Spätherbst oder im Frühling, wenn in den Bergen schon oder noch zu viel Schnee liegt, zurückzuziehen, sich auszuruhen, Licht zu tanken und die Tessiner Küche zu geniessen. Zwei Plätze bieten sich dazu an: «Alla Capanna Monte Comino» ist ein schmuckes, 1999 aus einem Stall neu errichtetes «Ostello», zwei Wegminuten unterhalb befindet sich das ältere «Grotto al Riposo Romantico». Der topografische Höhepunkt der Zweitagestour ist der Pizzo Ruscada, den man in etwa drei Stunden vom Monte di Comino erreicht. Hier oben hat man nicht nur prächtige Blicke über das Valle Onsernone, das Centovalli und den nördlichsten Zipfel des Lago Maggiore, sondern im Süden bis zum italienischen Parco Nazionale Val Grande und im Westen bis zum schneebedeckten, leuchtenden Monte Rosa.

A propos Nationalpark: Der italienische Parco Nazionale Val Grande, 1992 errichtet, gilt als das grösste Wilderness-Gebiet ganz Italiens. Und das nur wenige Kilometer jenseits der Schweizer Grenze! Aber auch auf unser Seite der Grenze gibt es Potenzial für einen Nationalpark. Sämtliche fünf in der Schweiz festgestellten Regionen mit einer starken Tendenz zur Nutzungsaufgabe befinden sich im Tessin. Das mit Abstand ausgedehnteste Gebiet ist die Region westlich der Maggia. Es erstreckt sich vom Val Bedretto bis zum Centovalli und von der Landesgrenze bis zur Leventina und umfasst damit den ganzen Westen des Kantons. Mit der Nutzungsaufgabe in den letzten Jahrzehnten gingen nicht nur Arbeitsplätze verloren, es wurde auch die Abwanderung gefördert. Auf Initiative der Pro-Natura-Kampagne «Gründen wir einen neuen Nationalpark» haben sich mehr als ein Dutzend Gemeinden zusammengeschlossen, um das Projekt eines Nationalparks im Locarnese an die Hand zu nehmen. Ziel dabei ist es, gleichzeitig die Natur zu schützen, alte Kultur- und Naturlandschaften zu erhalten und mit der Förderung eines sanften Tourismus Arbeitsplätze zu schaffen. Das Projektgebiet würde etwa 220 Quadratkilometer umfassen, etwa doppelt so viel wie der bestehende Nationalpark im Unterengadin. Nicht nur die Grösse ist eindrücklich, auch die natürliche Vielfalt ist es: Hier leben nicht nur rund 180 Arten von Wirbeltieren, sondern auch nicht weniger als 1400 Pflanzenarten. Vielleicht schafft es die Schweiz, mehr als hundert Jahre nach ihrem ersten Wurf im Unterengadin hier im Tessin einen zweiten Nationalpark einzurichten.

Einfach und rustikal: Grotto al Riposo Romantico.

Charakter

Eine Tour, die sich ideal für den Herbst oder Spätherbst oder auch für den Frühling eignet, wenn das Wandern in den Bergen nicht (mehr) möglich ist. Und eine Tour, die alles typisch Tessinerische bietet: Edelkastanienwälder, Grotti, abgelegene Alpen und Gipfel mit weiter Rundsicht. Die Tour teilt sich in eine einfache und eine anspruchsvollere Etappe, für die Nacht stehen zwei Berghäuser auf dem Monte di Comino zur Auswahl.

Die Wanderung

Anfahrt: Mit dem Zug stündlich bis Locarno und von dort mit der Centovallibahn bis Intragna.
Ausgangspunkt: Bahnhof Intragna.
1. Tag: Von Intragna zuerst Richtung Pila/Calascio. Kurz vor Pila, 50 Meter vor Unterquerung der Luftseilbahn, auf 470 Meter, links in eine malerische Schlucht absteigen (Ponte della Valle und altes Mühlengebäude) und auf der anderen Seite hoch nach Costa (Grotto). Von hier weiter durch Wald und Wiesen und an zahlreichen Rustici vorbei nach Selna und durch Wald zum Monte di Comino. 7 km, 950 m Aufstieg, 150 m Abstieg, 3½ bis 4 Std., T2. Mit der Luftseilbahn von Intragna nach Costa (Telefon 091 796 11 27) lässt sich die Wanderung um eine Stunde verkürzen.
2. Tag: Vom Monte di Comino nach Segna (Kirche Madonna della Segna von 1647) und durch Buchenwald auf den Pianascio (auf der 50 000er-Karte nur mit P. 1643 markiert). Auf einem Gratrücken weiter auf den Pizzo Ruscada (2004 m). Zurück auf demselben Weg zum Monte di Comino und mit der Luftseilbahn ins Tal (Telefon 091 798 13 93, www.comino.ch, letzte Fahrt je nach Monat 17, 18 oder 19 Uhr). 15 km, je 1000 Meter Auf- und Abstieg, 5 Std., T2, nur für geübte Bergwanderer.
Endpunkt: Talstation der Luftseilbahn. Etwas unterhalb befindet sich die Haltestelle Verdasio der Centovallibahn, die einen wieder nach Locarno bringt.

Alla Capanna Monte Comino

Art und Ambiance: 1999 liebevoll aus einem Stall erbautes Albergo im Rusticostil. Gaststube mit grosser Cheminéenische zum Hinsitzen und Plaudern. Schöne Terrasse mit Blick ins Centovalli und zum Pizzo Ruscada.
Zimmer: 1 Zweier-, 1 Dreier-, 1 Vierer-, 1 Siebnerzimmer. Neue, einfache Zimmer mit Kajütenbetten. Dusche, WC, Lavabo im Haus. Lager, ebenfalls neu, für 12 Personen.
Küche: «Cucina casalinga» mit Tessiner Spezialitäten wie Risotto ai funghi, Polenta, in der Saison Wild. Für Vegetarier: Minestrone, Spaghetti, Risotto. Weine aus der Centovalliregion.
Für Kinder: Drehtisch, Bocciabahn.
Hunde: Übernachten im Nebenhaus.
Preisklasse: Tief.
Öffnungszeiten: Ganzjährig geöffnet, im Winter für Gruppen auf Anfrage.

Adresse: Alla Capanna Monte Comino, 6655 Intragna, Telefon 091 798 18 04, www.montecomino.ch

Weitere Berghäuser

Grotto al Riposo Romantico
Etwas unterhalb der Capanna Monte Comino steht das Grotto al Riposo Romantico. Es steht zurzeit zum Verkauf und öffnet möglicherweise 2015 wieder seine Türen. Infos auf www.ascona-locarno.com

Alternative

1 Rundweg zurück nach Intragna: Statt auf den Pizzo Ruscada nur bis auf den Pianascio (P. 1643). Zurück zum Monte di Comino und via Calascio und Pila nach Intragna. Zweiter Tag dann: 13 km, 600 m Aufstieg, 1400 m Abstieg, 5½ bis 6 Std., T2.

Weitere Informationen

Landeskarte 1:50 000, 276 oder 276T Val Verzasca, für Pizzo Ruscada auch 275 V. Antigorio
Landeskarte 1:25 000, 1312 Locarno, für Pizzo Ruscada auch 1311 Comologno
Ente Turistico Lago Maggiore, Telefon 0848 091 091, www.ascona-locarno.com
Informationen auch unter www.procentovalli.ch

Bücher

Carlo Weder, Peter Pfeiffer, Centovalli – Valle Vigezzo. Bahn, Land und Leute, AS Verlag, Zürich 1997.

Schöner als jedes Asphaltband: alter Steinplattenweg bei Dröi.

Bei Costa reicht der Blick weit über das Pedemonte.

Verträumtes Plätzchen bei der alten Mühle von Intragna.

HOCH ÜBER LUGANO: KASTANIENWEG UND GRATWEG-KLASSIKER

Arosio–Sentiero del Castagno–Monte Lema–Monte Tamaro–Alpe Foppa
Ostello Vetta Monte Lema

- Mittelschwere Wanderung (mit zwei Alternativen)
- Klassische Grattour mit Gipfelbesteigung
- Speziell lange Wandersaison

Die Edelkastanie gehört zum Landschaftsbild des Tessins wie die Lärche zum Engadin oder der Olivenbaum zur Toskana. Obwohl die Edelkastanie wohl erst mit den Römern ins Tessin gelangte, war sie für die Landbevölkerung schon bald überlebenswichtig. «La castagna è il pane dei poveri» – die Kastanie ist das Brot der Armen – hiess es im Volksmund. In der Mitte des 20. Jahrhunderts ging es mit ihr aber schnell bergab. Konkurrenzprodukte wurden erschwinglicher, die Landwirtschaft wich neuen Erwerbsformen, und schliesslich brach auch noch der Kastanienrindenkrebs aus. Die Kastanienhaine, während Hunderten von Jahren gehegt und gepflegt, wurden aufgegeben und verwilderten. Von den einst angeblich 260 Quadratkilometern Selven in der Südschweiz bestanden 1986 noch gerade 14 Quadratkilometer.

In einem einzigartigen Projekt haben es vier Gemeinden im Malcantone geschafft, die alte Kultur der Kastanienselven wieder aufleben zu lassen. Kernstück des Projekts ist der Sentiero del Castagno. Kurz nach Arosio gelangt man nicht nur zu einem schönen Aussichtspunkt, weiter oben führt der Weg auch an einigen der mächtigsten Edelkastanien vorbei. Fest verwurzelt stehen die eindrücklichen Bäume da, mit meterdicken Stämmen, einige geborsten, andere arg verdreht und mit zerrissener Borke. Aber auch nach Hunderten von Jahren tragen sie ihre reiche Frucht an alten, knorrigen Ästen oder auch an jungen, pfeilgerade aufschiessenden Stengeln.

Hoch über dem Malcantone erhebt sich der Monte Lema. Im Ostello Vetta übernachtet man nicht, um gehobenen Komfort in einem stilechten Berghaus zu geniessen – das Ostello bietet dem Wanderer eine schlichte Unterkunft mit einfachen Zimmern und Lagern. Hier zählt etwas anderes: die Lage. Den Monte Lema kann man mit Recht als den schönsten, einfach erreichbaren Aussichtsberg im südlichen Tessin bezeichnen. Konkurrenz hat er allenfalls noch vom Monte Tamaro – die Entscheidung darüber kann jeder nach dieser Wanderung selbst treffen.

Die Wanderung vom Monte Lema zum Monte Tamaro ist in mehrfacher Hinsicht ein Favorit. Sie ist ein Klassiker des Tessins, eine in ihrer Art einmalige Grattour,

Links: «Aussicht fantastisch – kommen wieder mal auf den Monte Tamaro.»
Mitte: Vezio, eines der verträumten Dörfer im Malcantone.
Rechts: Das Ostello Vetta Monte Lema.

Urkraft Baum. Edelkastanie auf dem
Sentiero del Castagno.

an beiden Enden mit einer Luftseilbahn erschlossen, und überdies eine ideale Tour
für Sonnenhungrige für die Zeiten, wenn im Deutschschweizer Mittelland die Sonne
schon am späten Nachmittag der Dunkelheit Platz macht, der Nebel drückt und an
den Marroniständen die Verkäufer etwas Tessiner Wärme unter die fröstelnden Spaziergänger zu bringen versuchen. Dann ist die Zeit für den Monte Lema, Zeit, um im
vollen Tessiner Licht zu baden und letzte Sonnenwärme in den Körper strömen zu
lassen.

Obwohl man die Route eine Gratwanderung nennen kann, ist sie nirgends gefährlich oder ausgesetzt. Der Grossteil der Strecke führt über einen breiten Gras-
rücken, nur ganz kurze Passagen sind etwas eng – und dann auch mit einem Geländer
gesichert. Phänomenal ist die Aussicht, und dies im ganzen 360-Grad-Bogen. Im
Osten funkeln die Arme des Luganersees, nach einiger Wanderzeit taucht im Westen
auch noch der Lago Maggiore auf. Und rundherum scheint man von der komplett

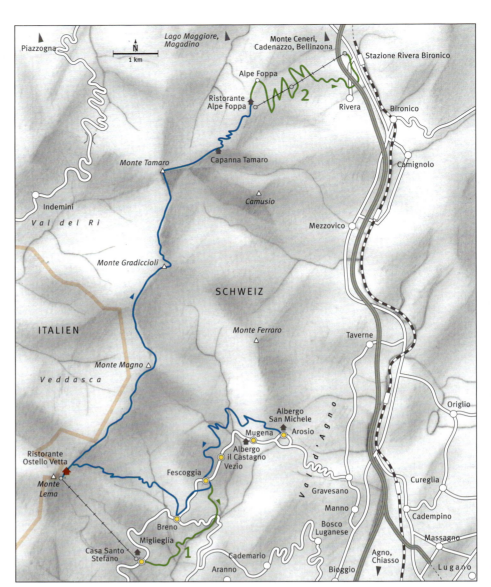

versammelten Tessiner Gipfelschaft umringt zu sein. Ganz im Westen gleisst der lange, schneebedeckte Kranz der Walliser Viertausender unter dem azurblauen Himmel, mit der Monte-Rosa-Gruppe und sogar dem obersten Häubchen des Matterhorns.

So verwundert es nicht, dass man an schönen Tagen und insbesondere an solchen mit klarer Sicht auf dieser Tour nicht allein ist. Speziell geschäftig ist es zwischen ein und zwei Uhr nachmittags, denn dann begegnen sich die Wanderer, die vom Nordende beziehungsweise vom Südende auf die Tour aufgebrochen sind. Obwohl man bereits kurz nach dem Start beim Monte Lema den Monte Tamaro in greifbarer Nähe wähnt, entpuppt sich die Strecke doch als länger als erwartet, und zudem weitet sich der Bergrücken auch immer wieder grosszügig und lädt mit ruhigen Plätzen zu einer genüsslichen Pause ein. Gut möglich, dass man Glück hat und neben dem Rucksack unverhofft süsse Heidelbeeren findet. Ist dann der Bauch voll, die Zunge blau und der Hosenboden ebenfalls, legt man sich wohlig auf das weiche Pflanzenbett und schaut den vorbeiziehenden Wölkchen zu. Dann ist nur noch das Rauschen des Windes im hohen, gelben Gras zu hören, das Zirpen einiger Grillen oder hin und wieder ein schwacher Widerhall von Kirchenglocken aus einem der verträumten Dörfer tief unten am Fuss der langen Bergkette.

Charakter

Zwei Seiten des Tessins an zwei Tagen kombiniert: am ersten Tag auf dem Sentiero del Castagno durch einige der schönsten Kastanienhaine der Schweiz, am zweiten Tag auf einem der schönsten Gratwege der Schweiz mit fantastischer Aussicht über die Berg- und Seenlandschaft des Tessins. Speziell lohnend im Frühling oder (Spät-)Herbst.

Die Wanderung

Anfahrt: Mit Zug und Postauto via Bellinzona oder Lugano praktisch stündlich nach Arosio, Posta.
Ausgangspunkt: Arosio, Posta.
1. Tag: Am Westende des Dorfes (beim Hotel San Michele) auf den Sentiero del Castagno und auf diesem an den Dörfern Mugena und Vezio vorbei nach Fescoggia. Weiter nach Breno und dann hoch auf den Monte Lema. 12 km, 900 m Aufstieg, 200 m Abstieg, 4½ Std., T2.
2. Tag: Vom Ostello Vetta immer dem Grat entlang zum Monte Gradiccioli und dann steil, aber nicht speziell schwierig auf den Monte Tamaro (1962 m). Abstieg, zuletzt auf einer Naturstrasse zur Bergstation der Luftseilbahn auf der Alpe Foppa. 16 km, 800 m Aufstieg, 840 m Abstieg, 4¾ Std., T2.
Endpunkt: Alpe Foppa. Von hier mit der Luftseilbahn ins Tal. Bei der Talstation nach Rivera-Bironico und von dort stündlich mit der Bahn weiter. (Einmal morgens und abends Shuttle-Bus in beiden Richtungen zwischen den Talstationen der beiden Luftseilbahnen.)

Ostello Vetta Monte Lema

Art und Ambiance: Zweckmässig eingerichtetes Steinhaus unter dem Gipfel des Monte Lema, bei der Bergstation der Luftseilbahn, die von Miglieglia hinaufführt. Sonnenterrasse mit Tiefblick auf den Luganersee und Weitblick in die Poebene. Schlichte Gaststube für Tagesgäste, separate Gaststube für Übernachtungsgäste.
Zimmer: 2 Doppel- und 2 Dreierzimmer, einfach, Dusche, WC und Lavabo auf der Etage. 2 Lager für 10, 1 Lager mit Kajütenbetten für 15 Personen, 1 Lager mit Matratzen auf dem Boden für 20 Personen.
Küche: Einfache Berghauskost mit italienischem Einschlag. Spezialitäten: Polenta con brasato, Arrosto di maiale usw. Für Vegetarier: Gerichte wie Spaghetti, Gemüseteller. Vor allem Tessiner Weine, einige aus Italien.

Für Kinder: Kleiner Spielplatz vor dem Haus.
Hunde: Kleine Hunde ohne Zuschlag in den Zimmern erlaubt.
Preisklasse: Mittel.
Öffnungszeiten: 2 Wochen vor Ostern bis Mitte November.
Adresse: Ostello Vetta Monte Lema, 6986 Miglieglia, Telefon 091 967 13 53, www.montelema.ch

Alternativen

1 Vereinfachung erster Tag: Die Luftseilbahn von Miglieglia auf den Monte Lema erspart einem etwa 600 Meter Aufstieg. Am ersten Tag dann: 9 km, 300 m Aufstieg, 450 m Abstieg, 2½ Std., T2.
2 Verlängerung zweiter Tag: Konditionsstarke können von der Alpe Foppa zu Fuss ins Tal absteigen. Zur Talstation sind es zusätzlich 9 km, 1250 m Abstieg, 2½ Std., T2.

Weitere Berghäuser

- Albergo San Michele in Arosio, Zimmer, Telefon 091 609 19 38, www.sanmichele.ch
- Albergo Il Castagno in Mugena, Zimmer, Telefon 091 611 40 50, www.ilcastagno.ch
- Casa Santo Stefano in Miglieglia, Zimmer, Telefon 091 609 19 35, www.casa-santo-stefano.ch
- Capanna Tamaro UTOE Bellinzona, Lager, Telefon 091 946 10 08, www.utoe.ch
- Ristorante Alpe Foppa, Lager, nur für Gruppen ab 10 Personen, Telefon 091 946 23 03, www.montetamaro.ch

Wer hier ist, hat es fast geschafft. Tiefblick auf die Magadinoebene.

Weitere Informationen

Landeskarte 1:50 000, 286 oder 286T Malcantone
Landeskarte 1:25 000, 1333 Tesserete, evtl. auch 1353 Lugano
Ente turistico del Malcantone, Telefon 091 606 29 86, www.malcantone.ch
Lugano Turismo, Casella, Telefon 058 866 66 00, www.lugano-tourism.ch

So ist es, wenn es in der Deutschschweiz regnet. Aussicht vom Monte Tamaro.

VERZEICHNIS DER UNTERKÜNFTE

Heinz Staffelbach
geboren 1961, ist promovierter Biologe und selbständig als Buchautor, Publizist und Fotograf tätig. Er ist Autor der Bestseller «Urlandschaften der Schweiz» und «Wandern und Geniessen in den Schweizer Alpen» sowie weiterer Titel im AT-Verlag. Zu seinen Werken gehört die grosse Naturenzyklopädie «Handbuch Schweizer Alpen», bekannt ist er ausserdem durch seine Wanderkolumne in der NZZ am Sonntag. Heinz Staffelbach wohnt in Winterthur.

www.heinz-staffelbach.ch

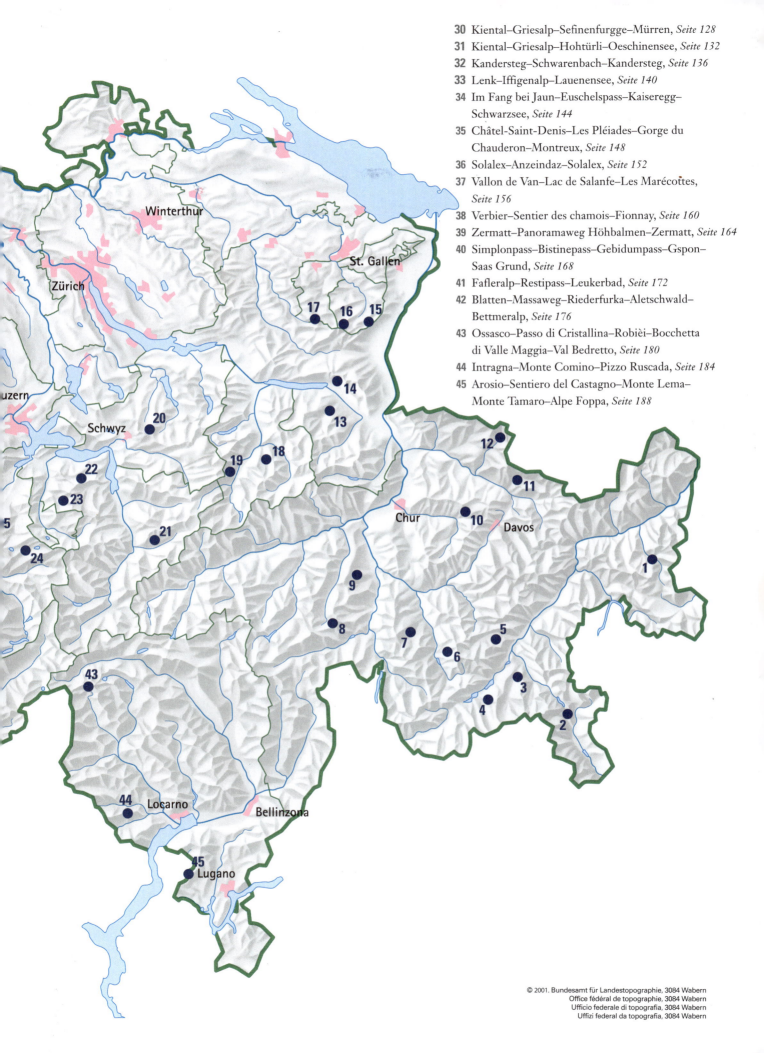